견고한 진을 무너뜨리는 성령님

Originally published under the title Holy Spirit:
The Bondage Breaker by Destiny Image

English copyright © David Diga Hernandez
Korean copyright © Yechansa

일러두기
이 책의 성구는 개역개정이 주로 사용되었으며,
그 외의 성경역은 따로 표기했습니다.

견고한 진을 무너뜨리는
성령님

데이비드 D. 헤르난데즈 지음
임은묵 옮김

들어가는 글

성령님보다 더 강한 영은 없습니다. 어떤 거짓말도 진리의 영의 빛에 머물 수 없습니다. 어떤 중독도 고통도 두려움도 혼란도 성령님의 능력에 대항하여 싸울 수 없습니다.

주는 영이시니 주의 영이 계신 곳에는 자유가 있느니라(고후 3:17).

하나님은 당신이 완전한 승리를 얻게 하실 뜻을 가지고 계십니다. 신자의 삶은 영적 활력과 힘과 자유를 누리도록 의도되었습니다. 당신이 어려움을 겪게 되더라도, 인생의 가장 어려운 상황에서도 영적으로 승리할 수 있고 승리해야 합니다. 슬프게도, 많은 신자는 마귀의 기만이라는 무거운 짐 아래에서 오랜 세월 고생합니다. 그 기만은 그것이 만들어내는 속박을 통해 그들의 삶을 파괴합니다. 설상가상으로 많은 하나님의 자녀가 알든 모르든 적어도 어떤 형태의 영적 패배를 운명처럼 받아들입니다. 그들은 영적 투쟁이 그리스도인 삶의 정상적인 부분이라고 생각합니다. 참으로 시련은 그리스도인 삶의 일부이지만, 영적 약함이나 속박은 그리스도인 삶의 일부가 아닙니다. 우리는 외적인 어려움이 있더라도 내면의 평화와 기쁨을 누리며 살아야 합니다.

어쩌면 당신은 영적 속박에 빠져 있을지도 모릅니다. 그 속박은 당신이 짊어져야 할 십자가가 아닙니다. 영적 패배는 하나님께 드리는 희생제사가 아닙니다. 나는 당신이 자유로워질 수 있고 또 그래야만 하며 마귀의 모든 영향력으로부터 영원히 자유로워져야 한다는 것을 믿고 있습니다.

당신이 영적 속박에 처해 있거나 단순히 다른 사람들을 자유롭게 하는 일을 더 잘하고 싶거나, 이 책에 있는 진리는 당신에게 도전하고 격려하고 변화시킬 것입니다.

성령님은 진리 안에 거하시며 당신을 자유롭게 해주실 동역자입니다. 당신을 속박하는 것이 무엇이든, 당신이 자유로워지려고 얼마나 많이 노력했든 상관없이, 나는 당신에게 이것만은 확신 있게 말할 수 있습니다. 당신의 삶에 있는 성령님의 임재가 모든 속박의 사슬을 영원히 끊는 열쇠가 될 것입니다. 이 책은 마귀의 권세를 타파하는 성령님의 권능을 강조하면서 구원과 영적 전쟁과 지옥의 전략에 대한 진리를 제시합니다. 내가 당신에게 나누는 원칙들은 성경에서 나온 것이기에 인간의 종교적 해법이 아니라 하나님의 해법입니다. 당신은 전설이 아닌 진리를 얻을 것입니다.

이 책을 최대한 활용하려면 건너뛰지 않고 처음부터 끝까지 읽으십시오.

> 대저 경계에 경계를 더하며 경계에 경계를 더하며 교훈에 교훈을 더하며 교훈에 교훈을 더하되 여기서도 조금, 저기서도 조금 하는구나 하는도다(사 28:10).

우리는 각각의 개별적인 악의 견고한 진에 관하여 자세히 다루기 전에 기본 성경 원칙들에 기초를 두어야 합니다.

- 견고한 진 식별하기
- 견고한 진 무너뜨리기
- 귀신의 힘
- 열린 문
- 진리
- 기만
- 영적 전쟁
- 기타 핵심 진리들

이 책은 또한 다음과 같은 특정 견고한 진들에 대해 사용할 수 있는 계시 전략을 제시합니다.

- 유혹 • 중독 • 두려움과 고통 • 참소
- 우울증 • 산만함 • 모욕 • 혼란

질병은 "견고한 진"이 아니라 원수의 "공격"으로 분류되지만, 나는 원수가 신자에 대해 질병을 어떻게 사용할 수 있는지에 대한 장을 포함했습니다. 또한, 나는 주님께서 어떻게 내 삶에서 염려의 권세를 깨뜨리셨는지에 대한 개인적인 간증을 나눕니다. 우리가 하나님의 말씀을 깊이 파고들 때 기만의 단계들이 드러나고 제거될 것입니다.

하나님은 당신이 어떤 형태의 영적 패배 속에서도 살도록 창조하시지 않았다는 것을 확신하십시오. 당신은 지상에 사는 모든 날 동안 절대적인 영적 승리 외 어떤 것에도 안주할 필요가 없습니다. 지금은 고통과 두려움과 습관적인 죄와 무거운 짐과 혼란의 순환을 깨뜨릴 때입니다. 당신은 영원히 자유로울 수 있습니다. 하나님의 말씀에 답이 있습니다. 당신은 극복할 것입니다. 평안과 기쁨을 누리게 될 것입니다. 영적 승리의 삶이 진리의 저 편에서 당신을 기다리고 있습니다. 소망을 품으십시오. 당신의 믿음을 높이십시오. 성령님은 당신의 속박을 풀어주시는 분입니다.

그러므로 아들이 너희를 자유롭게 하면 너희가 참으로 자유로우리라(요 8:36)

차 례

들어가는 글 • 04

Chapter 01   인제 그만! • 09
Chapter 02   견고한 진은 무엇인가? • 13
Chapter 03   어둠이 돌아오다 • 23
Chapter 04   진리의 영 • 28
Chapter 05   열린 문 • 36
Chapter 06   견고한 진 식별하기 • 55
Chapter 07   어둠의 세력들에게 명령하라 • 64
Chapter 08   견고한 진, 생각, 감정 • 96
Chapter 09   도와주세요, 성령님! • 124
Chapter 10   유혹의 견고한 진 • 133
Chapter 11   중독의 견고한 진 • 152
Chapter 12   질병의 공격 • 168
Chapter 13   그리스도인들과 귀신에게 소유됨 • 182
Chapter 14   두려움과 고통의 견고한 진 • 235
Chapter 15   참소의 견고한 진 • 261
Chapter 16   우울증의 견고한 진 • 269
Chapter 17   산만함, 모욕, 혼란의 견고한 진들 • 279

나가는 말 • 289

Chapter 01
인제 그만!

내 아내 제시카와 나는 일요일에 브런치(brunch)를 먹으려고 자리에 앉았습니다. 우리는 결혼기념일을 축하하고 있었고 우리의 계획은 식사를 마친 후에 도보로 여행하는 것이었습니다. 제시카와 나는 그날이 오기를 학수고대했습니다.

우리는 인생의 바쁜 시기를 보냈기에 그런 일을 할 기회를 몇 주 동안 찾지 못했습니다. 결혼기념일이 아니었다면 당일 여행을 그렇게 의도적으로 계획했을지는 모르겠습니다. 나는 제시카의 표정이 생각납니다. 그녀는 내 맞은편에 앉아 만족스러운 미소를 지었습니다. 마침내 "우리만"을 위한 시간을 얻었고, 우리는 기분이 아주 좋았습니다.

음식을 받은 지 불과 몇 분 만에 나는 익숙하면서도 달갑지 않은 느낌을 받았습니다. 마음으로 "제발 지금은 안돼, 지금은 안돼, 지금은 안돼"라고 애원했습니다. 그런 느낌이 결혼기념일 데이트 때에 일어난다는 것이 다른 때 보다 더 나쁜 시간이었습니다. 나는 그 느낌을 무시하고 억누르기 위해 최선을 다했지만, 결국에는 다시 통제력을 잃게 될 것임을 알고 있었습니다.

나는 내면에서 일어나는 싸움을 신경 쓰지 않으려고 애쓰면서 제시카가 무언가에 관해 말하는 것을 응시했습니다. 나는 그녀가 무슨 말을 하는지 알아들을 만큼 충분히 집중할 수 없었습니다.

그 후 그 증상은 악화했습니다. 귓가에 울림이 있었습니다. 나는 피가 내 얼굴로 몰리는 것을 느꼈습니다. 심장이 너무 세게 뛰기 시작해서 목에서 맥박을 느낄 수 있었습니다. 시야가 흐려지고 얼굴이 마비되었습니다. 나는 결혼기념일 브런치를 먹다가 아내 앞에서 공개적으로 본격적인 공황 발작을 겪었습니다.

공황의 순간에는 내 이성이 공황보다 우세한 경우는 거의 없습니다. 나는 그것이 "또 다른 공황 발작"이라는 것을 알았습니다. 그러나 나는 "혹시 공황 발작이 이것보다 더 심하게 오면 어떻게 하지?"라고 걱정했습니다. 나는 논리적으로 정리할 수 없었습니다. 거의 모든 다른 공황 에피소드에서 그랬던 것처럼, 나는 죽게 되는 최악의 시나리오를 상상했습니다. 논리는 나에게 "이건 단지 걱정일 뿐이야. 진정해라. 지나갈 거야."라고 말했습니다. 그러나 두려움이 "넌 죽어가고 있어! 당장 병원에 가!"라고 소리쳤습니다.

나는 나 외에는 누구도 신경 쓰지 않고서 지갑을 들고 종업원에게 달려가 요금을 지급했습니다. 나는 말을 더듬으면서 "지금 여기서 나가야 해요. 이 요금을 지급해야 해요. 돈을 받으세요. 잔돈은 가지세요."라고 말했습니다. 종업원은 거의 어머니 같은 태도로 나를 바라보며 "안색이 나쁘지 않아요. 당신은 정상적으로 이야기하고 있어요. 단지 공황 발작을 겪고 있을 뿐이에요."라고 말했습니다. 나는 전에 그 여성을 만난 적이 없었습니다. 나는 그녀의 담대함이 성령님에 의해 발생했다고 생각할 수밖에 없습니다. 그 순간 나는 너무 두려워서 성령님의 음성에 직접 귀 기울일 수 없었습니다. 돌이켜보면 성령님이 그녀를 통해 나에게 말씀하시려고 했음을 알 수 있습니다. 나는 성령님이 "두려움이 너를 이기지 못하게 해라. 두려움이 이 순간을 훔쳐가지 못하게 해라. 두려움이 제시카에게서 이 순간을 훔쳐가지 못하게 해라."고 말씀하시는 것을 알았습니다.

내가 조금이라도 이성적이었다면, 나는 잠시 멈추고 무슨 일이 일어나고 있는지 깨달았을 것입니다. 과거에 공황 발작에서 살아남았을 때를 확실하게 기억했을 것입니다. 나는 몇 분 동안 천천히 숨을 쉬고 기도한 후 그날 해야 할 일을 계속했을 것입니다. 불행히도 그날 나는 두려워하기를 선택했습니다.

이전에도 여러 번 그랬듯이, 나는 응급실에서 진료받기를 기다리는 나 자신을 발견했습니다. 제시카는 우리 차를 운전하여 나를 응급실에 데려다주었고 대기실에서 내 옆에 앉아 나를 위로했습니다. 나는 내가 대기실 의자에 앉아 손을 얼굴에 대고 구부정한 자세로 앉아 있던 것을 기억합니다. 마음을 가라앉히려고 얼굴을 가리고 있었지만 나는 이런 일이 부끄럽기도 했습니다. 내 몸은 떨리고 있었습니다. 제시카는 내 등에 손을 얹고 내 곁에 앉아 있었습니다. 나는 정말 할 말이 없었습니다.

응급실 직원이 내 이름을 부르기를 기다리는 중에 공황이 가라앉기 시작했습니다. 45분 정도 기다린 후, 나는 다시 평정을 찾았습니다. 나는 내 몸에서 공황이 사라지는 것을 느꼈습니다. 제시카와 나는 의사의 진찰을 받지 않고 병원을 떠났습니다. 나는 검사를 받을 필요가 없었습니다. 나는 나에게 무슨 일이 일어났는지 정확히 알고 있었습니다. 그것은 전에도 여러 번 나에게 일어났기 때문입니다.

제시카와 나는 차를 몰고 집으로 갔습니다. 나는 그녀에게 재삼재사 사과하는 것 외에 할 말이 없었습니다. 그녀는 너무 다정하고 이해심이 많았고, 그것에 대해 사과할 필요가 없다고 말했습니다. 그러나 나는 또 다른 공황 발작이 또 다른 아름다운 순간을 망치도록 내버려 둔 나 자신에게 너무나 화가 났습니다. 나는 불안감이 나를 압도하기 직전에 제시카가 어떻게 미소를 지었는지를 계속 생각했습니다.

그러자 물론 원수는 나를 집요하게 조롱하기 시작했습니다.

"너는 하나님의 사람이 아니더냐? 너는 너무 약해. 너는 가짜야."

나는 너무 무기력하고 부끄러웠습니다. 나도 혼란스러웠습니다. 나는 자신에게 진지한 질문을 던졌습니다.

'내가 아직 이것에서 해방되지 않은 것인가? 몇 번을 더 이 어둠을 물리쳐야 할까? 내가 성령님과 동행하는 동안에 어떻게 이런 일이 계속 일어날 수 있지? 믿음으로 충만한 신자의 삶에서 이것이 어떻게 가능할까?'

"주님, 저는 당신이 다른 많은 사람을 위해 기적을 행하시는 것을 보았습니다. 그런데 왜 저에게 이 기적을 행하지 않으시는 것인가요?"

나는 너무 지쳤고, 불안과 싸우는 것에 질렸습니다. 사실, 내가 싸운 것은 불안만이 아니었습니다. 나는 불안과 우울증이라는 파괴적인 짝패와 싸웠습니다. 정말로, 나는 이 싸움에 지쳤습니다. 나는 나를 짓누르는 무게에 지쳤습니다. 나는 내가 발버둥을 치는 것이 부끄러웠습니다. 나는 믿음이 없고 가짜라고 느꼈습니다.

나는 과거의 위대한 부흥운동가들과 복음 전도자들에 대해 읽은 적이 있습니다. 그중 일부는 사역의 압박과 정신적, 정서적 싸움의 무게로 인해 정신을 잃었습니다. 나는 그들의 실수를 반복할 것이었을까요? 나는 정신 나간 전도자로 기억될 것이었을까요?

어떻게 복음 전하는 사역자가 불안과 우울증으로 고통받을 수 있을까요? 이러한 속박이 어떻게 내 삶에서 자리를 잡을 수 있었을까요? 내가 공격당하고 있었던 것일까요? 내가 주술에 걸린 것이었을까요? 저주를 받은 것이었을까요? 귀신이 들렸거나 눌렸거나, 아니면 단지 감정적인 문제였을까요? 내 마음을 악한 영들에게 열어놓았기 때문에 발생한 일일까요? 정확히 무슨 일이 있었던 것일까요?

이것이 무엇이든, 나는 "인제 그만!"이라고 말했습니다.

Chapter 02
견고한 진은 무엇인가?

우리의 싸우는 무기는 육신에 속한 것이 아니요 오직 어떤 견고한 진도 무너뜨리는 하나님의 능력이라. 모든 이론을 무너뜨리며 하나님 아는 것을 대적하여 높아진 것을 다 무너뜨리고 모든 생각을 사로잡아 그리스도에게 복종하게 하니(고후 10:4-5).

위의 말씀은 바울이 자신의 사도적 권위를 변호하는 내용입니다. 분열을 일으키는 몇몇 사람은 고린도 성도들 앞에서 바울을 무시함으로써 바울이 받은 신성한 소명에 도전하기 시작했습니다. 사도가 되고자 했던 자들은 하나님이 주신 바울의 영향력을 시기했습니다. 바울은 자신이 중상하는 기만을 없애는 일을 "견고한 진을 무너뜨리는 것"이라고 언급했습니다. 이 말씀에서 우리는 기만이 견고한 진과 같다는 원리를 발견합니다.

자연적 영역에서, 견고한 진은 요새 또는 견고한 장소를 일컫습니다. 이것은 성, 탑 또는 모든 종류의 잘 방어된 요새와 같을 수 있습니다. 영적인 영역에서, 견고한 진은 기만에 근거한 사고방식을 일컫습니다. 견고한 진은 불경한 상상, 진리에 대한 논쟁 또는 기만적인 추리 방법입니다. 견고한 진은 기만적인 사고 패턴입니다. 이러한 기만적인 사고 패턴은 육체의 일과 마귀의 영향력에 안전한 피난처가 될 수 있습니다. 이러한 불경한 사고 패턴이 일단 자리를 잡으면 불경한 행동 패턴이 됩니다. 우리는 그러한 불경한 행동 패턴을 "영적 속박"이라고 일컫습니다.

당신이 영적 속박에서 영구히 해방되려면 문제의 근원에 도달해야 합니다. 당신은 자기의 행동과 감정의 증상을 넘어 문제를 해결해야 하며, 기만의 근원에 도달해야 합니다. 신자에게 있어 모든 종류의 영적 속박의 뿌리는 기만의 견고한 진입니다. 기만은 모든 패배의 근원입니다. 마귀는 모든 기만의 아비입니다. 영적 전쟁은 원수의 거짓말에 맞서 하나님의 진리를 믿는 싸움입니다. 우리가 믿는 것은 마귀와 죄의 본성에 힘을 줄 수도 있고 빼앗을 수도 있습니다. 감사하게도, 우리는 기만의 견고한 진을 다루는 방법을 배웠습니다.

바울은 "우리의 싸우는 무기는 육신에 속한 것이 아니요"라고 기록했습니다. 이것은 신자가 전투에 참여하는 방식의 영적 본질을 말해줍니다. 영적인 것은 종종 물질에 영향을 미치고, 물질적인 것이 영적인 것에 영향을 미치는 경우가 있지만, 당신과 나는 육적인 수단을 통해 우리의 원수와 싸우지 않습니다. 마귀와 기만은 물리적인 힘을 보여도 반응하지 않습니다. 그들은 우리가 그들이나 영적 세계에 관해 안다고 생각하는 것에 감동하지 않습니다. 원수에게는 감정도 불리하게 작용하지 않습니다. 기만이나 마귀는 우리를 동정하지 않으므로 우리의 좌절이나 슬픔이 그들에게 자비를 베풀도록 설득할 수 없습니다. 우리의 비명과 고함은 그들을 위협하지 못합니다. 인간의 노력으로는 마귀와 기만을 제거하거나 잠잠하게 할 수 없습니다. 게다가 우리는 그것들을 능가할 수 없습니다. 그래서 우리는 진리와 신성한 권위의 강력한 힘인 하나님의 무기를 사용합니다.

"하나님으로 말미암아 능한"이라는 말은 우리 무기의 효율성과 우리의 영적 무기가 하나님의 대의를 위해 어떻게 성취하는지를 말해줍니다.

"견고한 진을 무너뜨리는 것"은 특별히 강력합니다. 이것은 영적 장애물을 확실히 파괴하고 완전히 제거하는 것입니다. 이것을 시각화하려면 벽돌로 이루어진 벽을 상상해보십시오. 이 구절에 묘사된 방식으로 벽을 허물면 벽돌 하나도 벽돌 위에 남지 않을 것입니다. 이것은 구조물을 무너뜨리는 것 이상의 의미를 지닙니다. 성경은 손상된 견고한 진이나 부분적으로 제거된 벽을 묘사하지 않습니다. 잔해더미를 묘사하는 것도 아닙니다. 성경은 우리에게 완전히 청소된 길에 관하여 말씀합니다. 견고한 진이 그곳에 있었다는 것조차 생각할 수 없도록 해줍니다. 당신이 승리를 향해 나아갈 때 당신의 신발에 조약돌이 들어가는 것에 대해 걱정할 필요조차 없을 것입니다. 완전한 승리는 하나님이 약속하신 것입니다.

> 그러므로 아들이 너희를 자유롭게 하면 너희가 참으로 자유로우리라(요 8:36).

바울이 "모든 이론을 무너뜨리며"라고 쓴 것은 추리, 사고방식 또는 기만에 관해 말한 것입니다. 이러한 "이론"은 우리가 신성한 진리와 일치하지 않는 것을 우리 자신에게 말하는 것입니다. 이것은 귀신들이 우리에게 반복적으로 하는 거짓말이기도 합니다. 그러므로 "모든 이론을 무너뜨리는" 것은 기만을 몰아내는 것을 가리킵니다.

우리는 "하나님 아는 것을 대적하여 높아진 것"이 다 무너질 것이라고 들었습니다. 이것은 우리가 하나님을 알지 못하게 막는 모든 사고방식이나 기만일 수도 있고, 하나님에 대한 진리를 알지 못하도록 막는 모든 사고방식이나 기만일 수도 있습니다. 전자는 하나님과의 개인적인 관계와 관련이 있습니다. 후자는 하나님에 대한 개인적인 계시와 관련이 있습니다.

마지막으로, 성경은 "모든 생각을 사로잡아 그리스도에게 복종하게 하니"라고 말씀합니다. 나는 성경이 기만과 싸우는 행위를 포로로 잡는 것으로 묘사하는 것을 좋아합니다. 도시가 함락된 후에야 전쟁의 전리품을 가져가듯이, 당신은 견고한 진(사고방식)을 무너뜨리기 전에는 생각을 사로잡을 수 없습니다. 마귀적이고 육적인 힘은 우리가 믿는 거짓 위에 세워진 견고한 진에 숨어 있습니다. 우리는 견고한 진이 무너질 때 비로소 우리의 생각을 사로잡아 그리스도에게 굴복시킬 수 있습니다.

그렇다면 어떻게 견고한 진을 무너뜨립니까? 견고한 진을 무너뜨리고 마음을 사로잡으려면 기만의 본질을 알아야 합니다.

기만의 본질

기만은 거짓말과 정확히 같은 것이 아닙니다. 거짓말은 진리의 모순이지만, 기만은 누군가가 거짓말을 믿을 때 발생합니다. 누군가 당신에게 진리와 모순되는 것을 말한다면 당신은 거짓말을 들은 것입니다. 그들이 말하는 것을 당신이 믿는다면, 당신은 기만당한 것입니다. 거짓말은 믿기 전에는 기만이 되지 않습니다. 이것이 바로 원수가 자신의 거짓말을 그럴듯하고 교묘하며 심지어 진리와 섞이도록 만들기 위해 노력하는 이유입니다. 만일 그 거짓말이 교활하면, 사람들은 그것을 받아들일 가능성이 더 큽니다.

이것이 견고한 진이 작동하는 방식입니다. 원수는 그의 악한 영들, 세속 문화, 다른 사람들, 미디어, 심지어 당신을 통해 당신에게 거짓말을 합니다. 당신은 날마다 거짓말의 공격을 받습니다. 때때로 거짓말이 당신의 경계를 지나칠 것입니다. 거짓말은 한 번 믿으면 기만이 됩니다. 기만은 생각의 패턴이 됩니다. 생각 패턴은 행동이 됩니다. 행동은 습관이 됩니다. 습관은 장기적인 순환이 됩니다. 우리는 그 순환을 일컬어 영적 속박이라고 합니다.

대다수 신자는 나쁜 습관이나 부정적인 감정과 같은 견고한 진의 표면을 다루기 위해 수년을 보냅니다. 그들은 질병 대신 증상을, 뿌리 대신 열매를, 원인 대신 결과를 쫓습니다. 그들은 속박을 일으키는 견고한 진 대신에 속박을 쫓습니다. 이것은 나무를 뽑는 것이 아니라 나무를 자르는 것과 같습니다. 당신은 나무를 다듬어서 길들인 것처럼 보이게 할 수 있지만, 나무의 뿌리를 뽑지 않으면 잎이 다시 자랍니다. 이것은 몇몇 사람이 며칠, 몇 주 또는 몇 달 동안만 자유나 구원의 형태를 경험할 수 있는 이유를 설명합니다. 그들은 문제의 근원을 무시하면서 문제의 결과를 계속 언급합니다.

비록 당신이 긍정적인 경험이나 영적 체험을 통해 당신의 기분을 좋게 하고 일시적으로 나쁜 습관을 끊을 수 있다 하더라도, 거짓말의 뿌리를 해결하지 않으면 결국 이전의 방식으로 되돌아가게 될 것입니다. 당신이 오랜 시간 습관에 저항하기 위해 규율과 의지력을 사용하더라도 근본적인 기만을 해결하지 않으면, 결국 다시 습관으로 돌아갈 것입니다. 그리고 당신이 예전 방식으로 되돌아갈 때, 시도하고 실패한 데서 오는 낙심은 문제를 더욱 복잡하게 만들 것입니다.

거짓말은 기만이 됩니다. 기만은 사고방식이나 감정의 방식이 됩니다. 생각과 감정은 행동이 됩니다. 행동은 습관이 됩니다. 습관은 순환이 됩니다. 그것은 속박입니다.

거짓말 = 기만 = 생각/느낌의 방식 = 행동 = 습관 = 순환 = 속박

건고한 진에서 오는 속박은 끔찍할 정도로 파괴적일 수 있습니다. 그것은 고통, 우울증, 불안, 중독, 편집증, 죄스러운 욕망, 혼란, 심지어 정신적 불안정, 야경증, 자살 충동, 환각, 환청 같은 심각한 문제를 일으킬 수 있습니다. 건고한 진은 그만큼 파괴적입니다. 이것은 기만이 얼마나 효과적인지를 보여줍니다. 모든 증상의 근원은 기만의 건고한 진입니다. 그러므로 해법은 진리입니다. 그 진리 안에서 사는 것이 영적 싸움의 진수입니다. 감사하게도, 하나님은 우리가 승리할 수 있도록 준비시켜 주셨습니다.

하나님의 전신 갑주

당신의 마음은 전쟁터입니다. 당신이 진리를 믿기로 선택할 때마다 평안이 우세하게 됩니다. 당신이 원수의 거짓말을 믿기로 선택할 때마다 어둠이 우세하게 됩니다. 견고한 진은 거짓말이라는 벽돌로 지어집니다.

견고한 진은 진리라고 하는 벽돌에 의해 무너집니다. 그렇기에 우리는 "모든 생각을 사로잡아 그리스도에게 복종하게 하는 것"을 실천해야 합니다. 우리는 하나님께서 주신 영적인 장비를 사용함으로써 이것을 실천합니다.

> 끝으로 너희가 주 안에서와 그 힘의 능력으로 강건하여지고 마귀의 [간계]를 능히 대적하기 위하여 하나님의 전신 갑주를 입으라. 우리의 씨름은 혈과 육을 상대하는 것이 아니요 통치자들과 권세들과 이 어둠의 세상 주관자들과 하늘에 있는 악의 영들을 상대함이라. 그러므로 하나님의 전신 갑주를 취하라. 이는 악한 날에 너희가 능히 대적하고 모든 일을 행한 후에 서기 위함이라. 그런즉 서서 진리로 너희 허리띠를 띠고 의의 호심경을 붙이고 평안의 복음이 준비한 것으로 신을 신고 모든 것 위에 믿음의 방패를 가지고 이로써 능히 악한 자의 모든 불화살을 소멸하고 구원의 투구와 성령의 검 곧 하나님의 말씀을 가지라. 모든 기도와 간구를 하되 항상 성령 안에서 기도하고 이를 위하여 깨어 구하기를 항상 힘쓰며 여러 성도를 위하여 구하라(엡 6:10-18).

11절에 있는 "간계"라는 단어는 "속임수, 간교한 술수, 책략"을 의미하는 헬라어 메소데이아에서 번역되었습니다. 따라서 원수의 간계는 주로 기만과 관련이 있습니다. 11절은 "마귀의 간계를 능히 대적하기 위하여 하나님의 전신 갑주를 입으라"는 말씀도 있습니다. 이것이 핵심입니다. 성경은 하나님의 전신 갑주가 원수의 몇 가지 간계에만 맞서도록 도와줄 것이라고 말씀하지 않는다는 점에 유의하십시오. 그것은 "마귀의 모든 간계"(NLT의 번역)라고 말씀합니다. 이것은 원수가 할 수 있는 모든 것에 대항하기 위해 우리에게 필요한 것은 하나님의 전신 갑주뿐이라는 뜻입니다.

물론 성경은 확실히 우리에게 영적 전쟁에 대한 다른 많은 계시를 줍니다. 따라서 나는 영적 전쟁에 대한 다른 성경적 통찰이 필요하지 않다고 말하는 것이 아닙니다. 나는 단지 하나님의 전신 갑주가 신자를 대항하는 원수가 사용할 수 있는 모든 간계를 물리칠 수 있다는 것을 의미합니다.

전신 갑주의 다양한 부분을 살펴보면 기만과 싸우는 일관된 주제를 볼 수 있습니다.

바울은 우리가 하나님의 전신 갑주를 "입어야" 한다고 기록했습니다. 이것은 지침입니다. 그러므로 우리는 하나님의 전신 갑주를 적용함에 있어서 적어도 어느 정도 책임을 지고 있습니다.

나열된 갑주의 첫 번째는 진리의 허리띠입니다. 우리가 하나님의 나머지 갑주를 성공적으로 적용하려면 진리에 헌신해야 합니다.

두 번째로 열거된 갑주는 의의 호심경입니다. 바울은 로마나 이스라엘의 갑주를 언급하고 있을 것입니다. 따라서 원수의 공격으로부터 중요한 장기를 보호하는 호심경은 허리띠로 적절하게 고정해야 했습니다. 그러므로 의의 호심경은 진리의 허리띠로 매어야 합니다. 진리는 당신에게 의를 부여합니다. 당신이 진리대로 살지 않으면 의롭게 살 수 없습니다.

의의 호심경은 하나님께서 그의 자녀들에게 주신 의를 상징합니다. 우리는 주 예수를 믿을 때 의인이 됩니다(롬 4:3 참조). 의는 우리의 행위로 취득할 수 없습니다. 의는 하나님께서 믿는 자에게 은혜로 주시는 것입니다. 의는 믿음으로 말미암습니다. 그러나 이 땅에서 우리에게 주신 의의 온전한 유익을 경험하기 위해서는 진리를 알고 그에 따라 살아야 합니다.

평안의 신(shoes)은 복음을 전파하려는 우리의 준비를 나타냅니다. 킹제임스 흠정역은 "화평의 복음을 예비한 것으로 너희 발에 신을 신고"라고 번역되었습니다. 여기서 주목해야 할 두 가지 사항이 있습니다. 첫째로, 우리는 하나님의 왕국에서 땅을 정복할 때 세상 정복자들처럼 하지 않습니다. 우리는 복음의 메시지를 전파하면서 땅을 정복합니다. 우리는 발을 내딛고 영혼들을 구원함으로써 원수의 땅을 정복합니다. 둘째로, 복음은 진리입니다. 그래서 다시 우리는 진리 아니면 기만이라는 주제를 보게 됩니다.

그 다음에는 믿음의 방패가 있습니다. 본문에 설명된 방패는 군사의 전신을 덮는 큰 방패를 일컫습니다. 우리가 그리스도의 희생과 성령님의 능력과 아버지의 약속을 믿을 때 우리는 믿음의 방패를 사용하는 것입니다. 원수의 불화살로부터 우리를 보호하는 방패 역할을 하는 것은 하나님과 그분의 말씀에 대한 우리의 믿음입니다. 불화살은 마귀의 거짓말과 기만을 나타냅니다. 기만은 불과 같아서 꺼지지 않으면 퍼져나갑니다. 그 불이 퍼져나가는 것을 어떻게 막을 수 있습니까? 불화살로부터 자신을 보호하는 방법은 무엇입니까? 우리는 하나님의 말씀을 신뢰함으로써 믿음의 방패를 사용합니다. 이 믿음, 즉 이 깊은 확신은 원수의 거짓말인 불화살을 소멸합니다. 믿음의 방패를 살펴보면, 우리는 영적 전쟁이 진리 아니면 기만에 관한 것임을 다시 한 번 알 수 있습니다.

다음으로 우리는 구원의 투구를 가지고 있습니다. 성경의 의미를 발견하는 효과적인 방법은 그 성경을 다른 성경과 비교하는 것입니다. 감사하게도, 데살로니가전서에는 구원의 투구에 대한 또 다른 언급이 있습니다. 이것은 투구의 의미를 밝혀줍니다.

> 우리는 낮에 속하였으니 정신을 차리고 믿음과 사랑의 호심경을 붙이고 구원의 소망의 투구를 쓰자(살전 5:8).

구원의 투구는 구원의 소망입니다. 우리가 구원에 대해 가지고 있는 이 "지식"은 궁극적으로 진리에 뿌리를 두고 있습니다.

마지막으로 우리에게는 성령의 검이 있습니다. 검은 다른 갑주와 달리 방어 무기가 아니라 공격 무기입니다. 물론, 우리는 평안의 신발이 우리가 원수의 땅을 정복하는 데 사용하는 수단이라는 점에서 공격적인 무기라고 할 수 있습니다. 그러나 검은 우리의 주요 공격 무기입니다. 성령의 검은 영감받은 하나님의 말씀입니다. 우리는 다른 갑주로 거짓말과 기만으로부터 자신을 방어합니다. 우리는 검으로 그 거짓말의 근원을 파괴합니다. 다시 말하지만, 우리는 진리 아니면 기만이라는 주제를 보고 있습니다.

그러므로 하나님의 전신 갑주가 기만에 대항하는 목적을 갖고 있고, 하나님의 전신 갑주가 우리가 원수의 모든 공격에 대항하는 데 필요한 전부라면, 근본적으로 말해서 원수의 모든 방법은 기만에 근거하고 있다고 결론을 내릴 수 있습니다. 영적 전쟁은 원수의 거짓말에 대한 하나님의 진리를 믿기 위한 싸움입니다.

성경은 영적 전쟁과 원수의 본성에 대한 다른 측면을 다루고 있지만, 우리는 기만이 원수의 모든 전략의 핵심이며 우리가 진리를 알고 그 안에서 생활함으로써 항상 원수를 상대로 승리할 수 있다는 결론을 내릴 수 있습니다.

마귀의 "모든 간계"에 맞서는 데 필요한 것을 주신 하나님께 감사드립니다. 하나님은 말씀을 통해 원수를 완전히 폭로하셨습니다. 그분은 우리가 잘 이해하도록 모든 것을 드러내셨습니다. 하나님은 마귀적인 신비나 고대의 비밀 뒤에 우리의 자유를 숨기지 않으십니다. 성경은 진리가 승리의 열쇠임을 분명히 말씀합니다. 따라서 원수가 우리에 대해 가진 유일한 힘은 그가 우리를 기만하여 우리가 그에게 내어주도록 만드는 것뿐이라는 것을 압니다. 나는 그것이 항상 그렇게 느껴지거나 그렇게 보이지 않을 수도 있다는 것을 압니다. 때로 우리는 원수가 단순히 기만 이상의 힘을 발휘하는 것처럼 느껴질 수 있습니다.

그러나 당신에 대한 원수의 유일한 힘은 기만이라는 것은 여전히 절대적으로 사실입니다. 일부 그리스도인은 인간이 만든 영적 전쟁 전술에 자기의 정체성을 두기 때문에 그 단순한 진리를 받아들이기를 원하지 않습니다. 그러한 단순함은 그들의 "전술"을 불필요하게 만들 것입니다. 다른 그리스도인들은 피해

망상 때문에 그 단순한 진리를 거부합니다. 그들은 마귀의 간계에 대한 무지가 어떻게 영적 연약함을 초래할 수 있는지에 대한 설교를 많이 듣습니다. 따라서 그들은 "방심하는 것"으로 진리에 대한 확신을 혼동합니다. 그들은 하나님의 해법이 너무 단순하다고 생각하며, 단순한 진리가 그들을 자유롭게 해줄 만큼 충분히 효과적일 것이라고 믿지 않습니다.

물론 우리가 원수의 간계를 알고 있어야 하는 것은 사실입니다. 그러나 우리가 영적 세계에 대해 아는 것은 말씀에 근거해야 하며, 말씀이 우리가 승리하는 데 필요한 모든 것을 준다는 것을 믿어야 합니다.

요컨대 성경은 원수가 성령 충만한 신자들을 속일 수 없으면 그들에 대해 힘을 쓸 수 없다는 것을 분명히 보여줍니다. 견고한 진, 영적 속박, 마귀의 공격, 이것들은 모두 기만에 근거합니다. 자유, 하나님의 전신 갑주, 영적 승리, 이것들은 모두 진리에 근거합니다.

Chapter 03
어둠이 돌아오다

　불안과 우울증과의 싸움은 내가 어렸을 때부터 시작되었습니다. 그것은 단지 심리적인 문제가 아니라 영적인 문제였습니다. 나는 일곱 살 때도 초자연적인 세계에 대해 잘 알고 있었습니다. 내 영혼을 둘러싼 전쟁, 빛과 어둠 사이의 충돌을 느낄 수 있었습니다. 나는 귀신들이나 귀신의 힘을 강조하는 것이 건전하지 않다고 생각하기 때문에 내 이러한 측면에 대한 간증은 자주 하지 않습니다. 그러나 내가 겪은 일을 당신과 나누는 것이 중요하다고 생각합니다. 가장 혹독한 영적 싸움과 견고한 진도 극복할 수 있다는 것을 당신이 알 수 있도록 하려는 것입니다.

　내 삶에 대한 공격은 조상으로부터 내려온 것으로 판명되었습니다. 나의 증조할아버지는 멕시코의 사카테카스에서 수련하는 강력한 흑마법사였습니다. 전역에서 사람들이 와서 치료받고 자기들의 적들에게 주술을 걸기 위해 그에게 돈을 지급하기도 했습니다. 증조할아버지의 힘의 근원은 마귀였고, 그의 활동에는 분명히 결과가 있었습니다. 그가 만든 마귀의 영향력은 우리 가족에게 친숙해졌습니다. 그 친숙함은 여러 세대 동안 지속되었습니다.

　할머니와 그녀의 여동생은 어린 시절에 마귀의 힘과 관련된 놀이를 했습니다. 그들은 앉아서 물건을 옮기는 생각만 해도 물건이 움직였습니다. 그들이 가장 좋아하는 일 중 하나는 단순히 물건에 "에너지"를 집중하여 서랍과 수납장을 여닫는 것이었습니다. 할머니는 나에게 "우리는 그것이 모든 아이가 할 수 있는 정상적인 일이라고 생각했어. 그것은 우리에게 놀이였어. 당시에는 그것이 악한 것인지 몰랐어."라고 설명하셨습니다. 감사하게도, 그들의 부모가 거듭난 신자가 된 후에는 그러한 마귀의 힘을 나타내는 것이 더는 가능하지 않았습니다. 하지만 그렇다고 해서 우리 가족에 대한 마귀의 공격이 멈춘 것은 아닙니다. 사촌들과 나는 성장하면서 이상한 마귀적 현상을 경험했습니다. 솔직히 우리는 그것이 정상이라고 생각했습니다.

친구들이 나와 함께 우리 집에 있을 때 그들은 불안해하며 다른 "무언가"를 감지했다고 말했습니다. 나는 아주 어릴 적에 종종 귀신들을 보고 대화를 나누곤 했습니다. 이것은 자랑스러운 일이 아닙니다. 내가 겪은 어둠이 얼마나 깊었는지 당신이 아는 것이 중요합니다. 정확히 말하면, 나는 나를 괴롭게 했습니다. 그러므로 나는 당신이 내가 왜 그렇게 궁지에 몰렸는지 이해할 수 있을 거라고 확신합니다. 우리 가족이 결국 성령님으로 충만하고 거듭났기 때문에 귀신들이 나에게 개인적으로 할 수 있는 일에는 한계가 있었습니다. 그러나 귀신들은 자신들이 하려고 하던 일을 확실히 했습니다.

나는 내 방의 벽에서 얼굴들을 보고, 속삭이는 목소리들을 듣고, 어둠의 존재가 내게 가까이 오는 것을 눈으로 본 것을 기억합니다. 내가 첫 돌파구를 찾은 것은 열한 살에 거듭났을 때였습니다. 내가 그리스도를 영접한 순간 고통이 그쳤습니다. 우울증이 사라졌습니다. 불안이 사그라졌습니다. 마귀의 역사가 멈췄습니다. 즉, 내가 거듭난 지 몇 초 안에 이런 일이 일어났다는 것입니다. 나는 구원받은 첫 2년을 매일 4시간에서 8시간 동안 기도하고 성경을 수십 장 읽는 데 헌신했습니다. 나는 그리스도의 헌신적인 제자가 되었고, 그것이 내 인생을 바꾸었습니다.

나는 거듭난 지 2년 후인 열세 살에 청소년 컨퍼런스들에서 설교하기 시작했습니다. 나는 불안과 우울증을 수년 동안 완전히 이겼습니다. 어느 시점에서 그 이전의 투쟁은 더는 기억조차 나지 않았습니다. 나는 지난 몇 년간의 고통을 실제로 잊고 살았습니다. 새로운 삶이 시작되었고, 뒤돌아보지 않았습니다.

나는 우울증과 불안으로부터 완전히 자유로워진 그 세월 동안 성령님과 기도와 영적 전쟁과 진리에 관해 더 많이 배웠습니다. 실제적이고 개인적인 부흥을 경험했습니다. 믿음은 더욱 강해지고 기쁨은 커졌으며 평안은 한결같았습니다. 성령님과의 동행이 시작됐고, 그 동행과 더불어 결국 복음 사역이 이루어졌습니다.

그때쯤 상황이 바뀌기 시작했습니다. 나는 사역에 점점 더 바빠졌고 은밀한 기도의 장소에서 보내는 시간이 점점 줄어들었습니다. 사역이 커지면서 "믿음과 능력"을 가진 사람이라는 나의 명성도 커졌습니다. 몇몇 사람은 내 사역이 성공했다고 했습니다. 나는 사역을 시작하고 몇 년 동안 내가 주님을 위해 한 일에 대해 너무나 확신을 갖게 되었고, 한동안 내 자신의 힘에 의지하게 되었습니다. 나는 여전히 주님을 사랑했습니다. 여전히 성령님과 함께 걸었고 성령님을 알았습니다. 나는 여전히 정결하게 살았습니다. 나는 병든 사람들을 위해 기도하고, 귀신들을 쫓아내고, 예언하고, 영혼들을 구원하고, 설교했습니다. 내 순회 사역 일정이 빨라지기 시작했습니다. 모든 것이 순조롭게 진행되는 것 같았지만, 나 자신을 의지하는 마음은 내가 깨달은 것보다 더 큰 문제였습니다.

점차 우울증과 불안이 다시 나타나기 시작했습니다. 우울증과 불안은 서서히 들어왔습니다. 내가 더 바빠질수록, 내가 더 유명해질수록, 더 많은 압박감이 쌓이기 시작했고, 그것이 내 삶으로 조금씩 돌아왔습니다. 열아홉 살이 되었을 때 우울증과 불안이 다시 문제가 되었습니다. 나는 병든 자를 위해 기도하고 귀신을 쫓아낼 수 있었던 사역자였지만, 영적인 승리가 필요한 것은 바로 나였습니다.

아마도 당신도 비슷한 상황에 처해 있을 것입니다. 당신에게는 영구적으로 자유롭고 싶은 속박이 있을지도 모릅니다. 다시 오거나 자주 오는 견고한 진이 있을 수 있습니다. 왜 그 순환이 계속 반복되는지 의아해할 수 있습니다.

순환이 반복될 때마다 낙담은 조금 더 심해집니다. 순환이 반복될 때마다 희망은 그만큼 더 약해집니다. 순환이 반복될 때마다 당신은 자유가 당신에게 찾아올 것인지, 진정으로 속박에서 영원히 벗어날 것인지 궁금하게 됩니다. 나는 이것을 인정합니다. 이것이 나에게 일어난 일이기 때문입니다. 나는 너무 오랫동안 자유로운 상태로 지냈기에 싸움이 다시 일어날 수 있다는 생각에 낙담했습니다. 이것이 돌아온 것은 내가 얼마나 오랫동안 자유로울 수 있든 상관없이 어둠이 항상 돌아올 것임을 증명하는 것 같았습니다. 내가 진정으로 자유로울 수 있었을까요? 문제가 다시 발생하기까지는 모든 것이 시간문제였을까요? 무슨 일이 있어도 항상 어쩔 수 없이 얽매이게 되는 것일까요?

나는 나 자신이 왜 고군분투하고 있는지 이해하고 싶었고, 결실 없는 자유로워지려는 많은 시도에 좌절한 나는 단번에 구원 받기로 결심했습니다. 나는 내가 할 수 있는 모든 것을 시도했습니다. 내가 모든 것을 시도했다고 말한 것은 나의 진심입니다. 나는 컨퍼런스, 찬양의 밤, 부흥회, 교회 예배에 참석했습니다. 나는 예언자들, 전도자들, 구출사역 "전문가들"의 기도를 받았습니다. 교사들은 내게서 이것을 떠나게 하는 방법을 가르치려고 했습니다. 목사들은 나에게서 이것이 떠나가게 하려고 목회했습니다. 상담자들은 나에게서 이것을 떠나가게 하려고 상담했습니다.

나는 한동안 약물 복용과 치료를 받았습니다. 어떤 사역자들은 나에게 예언의 말씀을 주었고, 어떤 사역자들은 나에게 기름을 부으며 기도했고, 어떤 사역자들은 나를 향해 양각 나팔을 불었습니다. 나는 많은 책을 읽고 세미나에 참석했습니다. 이전 세대의 모든 가능한 마귀의 영향력을 말로 거부했습니다. 저주를 깨는 기도를 하고 믿음의 고백을 했습니다. 그중 일부는 한동안 효력을 발휘했습니다. 그러나 내가 무엇을 하든 불안과 우울증은 항상 나에게 되돌아오는 길을 찾은 것 같았습니다.

물론 나는 기도와 구출사역(deliverance ministry), 그리고 사람들을 자유롭게 하시는 하나님의 능력을 믿습니다. 나는 내가 나열한 이러한 방법 중 일부를 통해 그분이 일하시는 것을 수없이 보았습니다. 그러나 나는 내 인생의 일정 기간에 이것들이 나에게 전혀 효과가 없는 것 같았고 그 이유를 몰랐다는 점을 솔직하게 말하고자 합니다. 동료 신자들은 내가 영적으로 약하다고 비난했습니다. 인정하기는 쉽지 않지만, 그들이 나에게 한 말은 어느 정도 사실이었습니다. 나는 여전히 매우 낙담했습니다.

나는 자유로워지고 싶었고 우울증이나 불안의 징후 없이 살고 싶었습니다. 나의 싸움은 항상 약해지지는 않았습니다. 나는 언제라도 우울증에 빠지거나 불안에 휩싸일 수 있다는 것을 알고 살았습니다. 우울증과 불안은 항상 끓어오르지는 않았지만 매일 천천히 끓었습니다. 미묘한 무게가 느껴졌습니다. 어떤 날은 정말 나빴지만, 대다수 날은 단순히 불편했습니다. 나는 "참으로" 자유롭기를 갈망했습니다. 그래서 영구적인 승리를 위한 이 수년간의 탐색은 내 인생의 여러 단계를 통해 지속되었으며 심지어 내가 공황 발작으로 인해 내 아내 제시카와의 결혼기념일 데이트를 망치게 된 그날까지 계속되었습니다.

나는 해법을 기다렸습니다. 나는 깊은 어둠 속에 있었고 그 놀라운 자유의 빛을 찾았습니다. 나는 소중한 친구이신 성령님을 의지했습니다. 나는 그분에게 가르쳐달라고 부탁했습니다. 그분께 "저는 어떤 해법이든 받아들이겠습니다. 제 신학과 깊게 뿌리 내린 믿음을 바로잡아야 한다고 해도 저를 자유롭게 할 진리를 알고 싶을 뿐입니다. 도와주세요, 성령님!"이라고 말씀드렸습니다.

Chapter 04
진리의 영

진리를 알지니 진리가 너희를 자유롭게 하리라(요 8:32).

기만은 패배를 가져온다

당신이 여전히 속박당하고 있다면, 그것은 당신이 여전히 믿고 있는 거짓말이 있다는 것입니다. 속박 속에 살고 있는 것은 거짓말 속에 살고 있는 것입니다. 영적으로 패배했다면, 기만당한 것입니다. 영적 패배가 있는 곳은 항상 영적 기만이 있습니다. 당신이 영적 승리 가운데 행하고 있지 않다면, 당신의 많은 생각과 믿음 사이 어딘가에 당신이 무의식적으로 또는 마지못해 받아들이는 거짓말이 숨어 있을 것입니다. 당신 안에 있는 성령님의 능력에 필적할 마귀의 힘은 없습니다. 따라서 원수의 승리에 대한 유일한 희망은 당신을 기만하여 패배시키는 것입니다. 기만은 원수가 신자를 지배할 수 있는 유일한 힘입니다.

믿음을 제한하는 것의 부정적인 영향을 설명하기 위해 자주 사용되는 오래된 비유가 있습니다. 그것은 다음과 같습니다. 한 남자가 완전히 자란 코끼리들이 상대적으로 작은 나무 말뚝들에 묶인 가느다란 밧줄에 발목이 감긴 채 서 있는 것을 관찰했습니다. 코끼리들이 조금만 힘을 써도 밧줄이 끊어질 수 있다는 사실을 깨달은 그는 코끼리들이 언제라도 풀려날 수 있는데도 왜 계속 묶여 있는지 의아해했습니다. 그 남자는 근처에서 일하고 있는 동물 조련사에게 설명을 구했습니다. 이에 조련사가 설명했습니다.

"이 코끼리들은 어렸을 때부터 이 정도 크기의 밧줄들을 사용해 묶어 왔어요. 이들이 더 어리고, 더 작고, 더 약했을 때, 이 밧줄들은 그들을 묶어두기에 충분했죠. 이들은 이 밧줄들에서 벗어날 수 없다고 믿도록 길들어 왔어요. 그래서 이들은 자유로워질 만큼 충분히 강하지만, 단순히 이들이 할 수 없다는 단순한 믿음 때문에 시도하지 않기로 선택한답니다."

믿는 자도 마찬가지입니다. 나는 긍정적인 생각만으로 자유를 얻을 수 있다는 뜻으로 말하는 것이 아닙니다. 나는 누구의 투쟁도 절대로 무시하지 않을 것입니다. 나는 영적 속박이 당신이 쉽게 "빠져나올" 수 있는 것이 아니라는 점을 이해합니다. 선의를 가진 사람들은 마치 그 제안에 돌파하는 힘이 있는 것처럼 "그냥 믿으세요."라고 말할 것입니다. 그래서 나는 견고한 진을 극복하는 것이 행복한 생각만큼 간단하다는 것을 전달하려는 것이 아닙니다. 그러나 당신이 영적 속박 속에 있다면, 당신은 하나님이 당신 안에 두신 능력을 충분히 활용하지 못하고 있는 것이 사실입니다. 그렇다면 우리는 이 능력을 어떻게 사용할 수 있을까요?

진리의 영

진리를 아는 것은 단순히 행복한 생각이나 긍정적인 생각을 하는 것보다 훨씬 더 깊습니다. 이 지식은 영적 지식입니다. 따라서 영적인 모든 것이 그러하듯, 우리는 존귀하신 성령님의 도움이 필요합니다. 당신이 자유롭게 되는 데 그분의 역할은 매우 중요합니다. 그분은 우리를 진리로 인도하시는 분입니다.

그러나 진리의 성령이 오시면 그가 너희를 모든 진리 가운데로 인도하시리니 그가 스스로 말하지 않고 오직 들은 것을 말하며 장래 일을 너희에게 알리시리라(요 16:13).

우리를 자유롭게 하는 것이 진리이고 우리를 진리 안에서 인도하시는 분이 성령님이라면, 성령님은 참으로 속박을 깨뜨리는 분입니다. 성령님의 인도 없이는 진리를 알 수 없습니다. 진리가 없으면 자유로울 수 없습니다.

우리 모두에게는 맹점이 있습니다. 우리는 모두 어느 시점에서 뭔가 잘못을 합니다. 우리는 모두 우리가 잊고 있는 진리를 상기할 필요가 있습니다. 거짓말은 모든 형태로 우리에게 다가옵니다. 마귀는 기만합니다. 당신의 생각이 당신을 기만할 수 있습니다. 당신의 감정들도 성경과 모순되는 것을 믿도록 설득하는 역할을 할 수 있습니다. 우리는 기호와 성향이 있습니다. 우리는 흐린 렌즈를 통해 봅니다. 우리는 잘못된 인식을 통해 평가합니다. 우리는 양육, 문화, 의견, 심지어 우리가 참되기를 바라는 것의 영향을 받습니다. 이것이 바로 우리에게 성령님이 필요한 이유입니다. 그분은 맹점이 없으시며, 당신이 당신의 맹점을 볼 수 있도록 도와주실 수 있습니다.

사실(fact)은 정보를 받아야 알 수 있지만, 진리(truth)는 계시를 받아야 알 수 있습니다. 오직 계시만이 참되고 지속적인 변화를 가져옵니다. 계시는 오직 성령님으로 말미암아 옵니다. 그분은 선생님이십니다.

그렇다면 어떻게 성령님과 연결될 수 있습니까? 이것은 놀라운 일입니다. 당신이 거듭난 신자이면, 이미 그분과 연결되어 있습니다.

이미 하나 되었다

당신의 몸은 껍질입니다. 당신의 혼은 당신의 마음과 의지와 감정입니다. 하나님과 깊고 직접적으로 연결되는 것은 당신의 영입니다. 당신의 영은 당신이 거듭났을 때 살아난 것입니다(요 3:3-8). 당신 자신의 가장 깊은 부분은 당신의 영입니다. 당신의 영은 지금뿐만 아니라 영원히 성령님과 직접 연결되어 있습니다. 당신은 거듭난 신자로서 성령님과 연결되기 위해 어떤 일을 할 필요가 없습니다. 그것은 이미 완성되었습니다. 물론, 당신의 몸은 죽어가고 있습니다. 예, 당신의 혼은 성화되고 있습니다. 그러나 당신의 영은 이미 완전합니다. 바로 지금 당신의 영은 성령님과 하나입니다.

주와 합하는 자는 한 영이니라(고전 6:17).

성령님과의 하나 됨은 먼 훗날 내세에서 경험하는 것이 아니라 지금 여기에서 경험하는 것입니다. 하나 됨은 나중에 천국만을 위한 것이 아닙니다. 당신이 여기 지구에 존재하는 동안에도 그 하나 됨 안에서 살고 있습니다. 우리는 거듭난 신자로서 하나님과 연결되기 위해 애쓰지 않습니다. 우리는 이미 연결되어 있습니다. 당신이 견고한 진에서 벗어나기 위해 고군분투하고 있다면, 이것은 믿기 어려울 수 있습니다. 당신은 감정의 투쟁을 느끼고 마음의 부정적인 생각과 싸울 수 있습니다. 내년석 두생의 결과로 몸이 무겁게 느낄 수도 있습니다. 그러나 당신은 당신 존재의 외면에서 무엇을 감지하든지 간에, 당신의 영이 자유롭고 하나님과 연결되어 있다는 사실을 인식해야 합니다. 하나님과의 영적 연결이 진정한 당신의 핵심이기 때문입니다.

많은 신자는 이 연관성을 깨닫지 못한 채 평생을 살아갑니다. 당신은 사다리를 오르는 것처럼 하나님과 동행하는 것을 볼 수도 있습니다. 당신이 잘하는 날에는 사다리를 올라갑니다. 실패하거나 실수하는 날에는 몇 단계 아래로 내려갑니다. 당신이 하나님과 동행하는 것에 대한 그런 견해는 패배에 한발 더 나아가는 것입니다. 하나님과 우리의 관계는 엄격한 '포인트 기반 이민 시스템'[1]이 아닙니다. 성경은 주님과 당신의 관계를 이렇게 묘사합니다.

1) '포인트 기반 이민 시스템'은 미국에서 사용되는 용어이며, 일반적으로 비시민권자가 특정 수준의 자격을 갖추고 있는지 여부를 결정하는 데 사용됩니다. 예를 들어, 비시

오직 하나님이 성령으로 이것을 우리에게 보이셨으니 성령은 모든 것 곧 하나님의 깊은 것까지도 통달하시느니라. 사람의 일을 사람의 속에 있는 영 외에 누가 알리요? 이와 같이 하나님의 일도 하나님의 영 외에는 아무도 알지 못하느니라. 우리가 세상의 영을 받지 아니하고 오직 하나님으로부터 온 영을 받았으니 이는 우리로 하여금 하나님께서 우리에게 은혜로 주신 것들을 알게 하심이라. 우리가 이것을 말하거니와 사람의 지혜가 가르친 말로 아니하고 오직 성령께서 가르치신 것으로 하니 영적인 일은 영적인 것으로 분별하느니라. 육에 속한 사람은 하나님의 성령의 일들을 받지 아니하나니 이는 그것들이 그에게는 어리석게 보임이요, 또 그는 그것들을 알 수도 없나니 그러한 일은 영적으로 분별되기 때문이라(고전 2:10-14).

하나님의 성령은 당신의 영과 교제하십니다. 하나님의 가장 깊은 깊음은 당신의 가장 깊은 깊음을 알고 있습니다. 이것은 지금 실제로 일어나고 있습니다. 당신은 날마다 성령님으로 하나님과 교제하고 있습니다. 깊음이 깊음을 부르고 있습니다.

주의 폭우 소리에 깊음이 깊음을 부르며 주의 모든 파도와 물결이 내 위로 넘어갔나이다(시 42:7 킹제임스 흠정역 마제스티 에디션).

변화 중인 것은 당신의 몸과 혼은 당신의 외면입니다. 당신의 영은 이미 하나님의 기쁨과 사랑과 평화와 능력과 거룩함을 경험하고 있습니다. 당신은 성령님 안에서 하나님을 압니다. 성령님 안에서 당신은 완전하고 항상 하나님과 연결되어 있습니다. 당신은 성령님 안에서 자유를 누립니다.

이것이 내가 "영적 성장"이라는 문구를 조금 문제 삼는 이유입니다. 물론 나

민권자가 특정 교육 수준을 갖춘 경우, 특정 재산을 보유하고 있는 경우, 특정 국가의 가족과 관련이 있는 경우, 특정 언어를 유창하게 구사하는 경우, 특정 직업에 대한 기존 구인이 있는 경우 더 많은 점수를 받을 수 있습니다. (역주)

도 남들처럼 그 말을 쓰지만, 실제로는 당신의 영은 자라지 않습니다. 당신의 영은 이미 하나님과 하나이기 때문에 이미 완전히 성숙한 것입니다. 영적 성장은 당신의 영이 성장하는 것이 아닙니다. 그것은 이미 성령님 안에 있는 당신 자신을 따라잡는 당신의 나머지 부분입니다. 영적 성장은 당신의 영을 실제로 강화하는 것이 아닙니다. 왜냐하면 당신의 영은 이미 강하게 될 수 있는 만큼 강하기 때문입니다. 영적 성장은 당신의 영이 당신의 외면, 즉 몸과 혼에 영향을 미치는 것입니다.

그런데 만약 우리가 이미 성령님과 연결되어 있다면 왜 종종 영적 속박을 경험하는 것일까요?

영에 의한 계시

대다수 그리스도인은 하나님과의 충만한 연결을 결코 깨닫지 못합니다. 그들은 그리스도 안에서 자신이 누구인지에 대한 계시가 부족하기에 하나님이 주신 능력을 사용하지 않고 내버려 둡니다. 그들은 자신을 하나님의 자녀가 아닌 사탄의 희생자로 생각하고 기만당하며 살고 있습니다. 그들은 어둠의 권세와 싸우는 육신에 속한 존재처럼 살아갑니다. 이 때문에 그들은 영적 속박을 그리스도인 생활의 정상적인 부분으로 받아들입니다. 그렇기에 그들은 자신이 승리할 수 있는 능력을 갖춘 영적 존재라는 사실을 결코 깨닫지 못합니다. 영적 속박 아래 있는 모든 사람은 그리스도 안에 있는 자신이 누구인지에 대한 주요한 계시가 필요합니다.

계시란 당신이 이미 당신의 영으로 알고 있는 것이 성령님에 의해 당신의 생각에 드러나는 것입니다. 계시의 근원은 항상 성령님입니다. 이것이 바로 단지 진리를 인정하는 것과 참으로 진리를 알게 되는 것의 차이입니다. 계시는 이미 영 안에 있는 당신의 내적 실제를 취하여 당신 존재의 외면에 영향을 미치게 합니다.

이 더 깊고 내적인 지식은 성령님의 증거입니다. 성령님의 증거는 온전한 자유의 출발점입니다. 어떤 신자들은 다른 방법으로 자유를 구합니다. 그들은 믿음으로 이미 알아야 하는 것을 확신시키기 위해 어떤 경험을 하려고 합니다. 그들은 그들의 감정들이 그들의 자유를 확인해줄 때까지 기다립니다. 그들은 생각이 멈출 때까지 기다립니다. 그들은 그들의 몸이 더는 영적 공격의 불안을 느끼지 않을 때까지 기다립니다. 그들은 성령님이 계속 내면에서 말씀하신 것을 확인하기 위해 외면적 현실을 기다립니다.

귀하신 성령님은 우리를 신실하게 상기시켜 주십니다.

> 보혜사 곧 아버지께서 내 이름으로 보내실 성령 그가 너희에게 모든 것을 가르치고 내가 너희에게 말한 모든 것을 생각나게 하리라(요 14:26).

견고한 진을 무너뜨리는 일은 여기에서 시작됩니다. 진리는 성령님이 말씀하시는 것입니다. 성령님은 당신의 정체성, 자유의 신성한 기업, 당신이 지닌 권위와 능력, 당신이 가진 목적, 그리고 다른 기초가 되는 진리에 대해 진리를 말씀하십니다.

또한, 성령님은 잠재적으로 견고한 진이 될 수 있는 모든 거짓말을 반박합니다.

속박은 다음과 같습니다.

거짓말 = 기만 = 생각/느낌 패턴 = 행동 = 습관 = 속박

그러므로 성령님은 핵심적이고 근원적인 진리를 말씀하십니다. 그분은 또한 우리가 원수가 날마다 말하는 거짓말에 빠지지 않도록 하는 구체적인 진리를 말씀하십니다. 지옥의 귀신들이 거짓을 외칠 때 성령님은 진리를 말씀하십니

다. 원수가 기만에 집중하도록 당신을 유혹할 때 성령님은 당신의 주의를 예수님께로 이끄십니다.

> 그가 내 영광을 나타내리니 내 것을 가지고 너희에게 알리시겠음이라(요 16:14).

자유를 얻는 첫 번째 단계는 진리를 아는 것입니다. 성령님은 당신에게 진리를 가르치시고 당신이 기억해야 할 모든 진리를 계속해서 상기시켜 주실 것입니다. 진리는 당신을 자유롭게 하고, 원수의 간계를 폭로하고, 당신의 정체성을 확립하고, 사탄의 거짓말을 부정합니다. 이것이 출발점입니다. 우리가 원수의 거짓말에서 벗어나기 위해서는 성령님의 도우심이 필요합니다.

그러므로 만약 성령님이 당신이 기만을 폭로하고 제거하도록 도우시는 분이라면, 무엇이 당신을 기만의 힘에 빠지게 할 수 있겠습니까?

Chapter 05

열린 문

열린 문이란?

당신이 영적 전쟁과 구출사역과 견고한 진이라는 주제를 공부하다 보면 "열린 문"이라는 용어를 자주 듣게 될 것입니다. 이 용어는 다양한 방식으로 사용됩니다.

"그 영화를 보지 마세요! 그것은 마귀에게 열린 문입니다."

"그 노래 듣지 마세요! 그것은 원수에게 열린 문입니다."

"오컬트 주변에 기웃거리지 마세요. 그것은 마귀의 영향을 받게 되는 주요 열린 문입니다."

그렇다면 "열린 문"이란 무엇을 의미할까요? 이 용어 자체는 성경에서 찾을 수 없지만, 성경적 원리라는 것은 가장 확실합니다. 간단히 말해서, 열린 문은 원수에게 당신의 삶에서 우위를 점령하게 하거나 사탄의 거짓말에 대해 당신의 경계를 낮추게 만드는 모든 것입니다. 열린 문이란, 인생에서 당신을 기만하기 쉽게 만드는 모든 것입니다. 다른 말로 표현하자면, 당신이 마귀의 거짓말을 더 잘 받아들이게 만드는 행동과 말과 느낌 또는 생각하는 모든 것입니다. 열린 문은 원수가 당신을 기만의 세력 아래로 끌어들이기 위해 이용할 수 있는 영적 약점입니다. 당신이 거듭난 후에도, 당신이 이미 어떤 속박에서 해방되었다 하더라도, 당신은 건전한 경계를 유지해야 합니다. 이는 마귀가 매우 집요하기 때문입니다.

귀신들이 돌아오다

아주 놀라운 사실이 성경에 나타나 있습니다.

> 더러운 귀신이 사람에게서 나갔을 때에 물 없는 곳으로 다니며 쉬기를 구하되 쉴 곳을 얻지 못하고 이에 이르되 내가 나온 내 집으로 돌아가리라 하고 와 보니 그 집이 비고 청소되고 수리되었거늘 이에 가서 저보다 더 악한 귀신 일곱을 데리고 들어가서 거하니 그 사람의 나중 형편이 전보다 더욱 심하게 되느니라. 이 악한 세대가 또한 이렇게 되리라(마 12:43-45).

조심하십시오. 귀신들은 약점을 확인하기 위해 돌아옵니다. 그들은 당신을 확인하기 위해 돌아옵니다. 귀신이 영향력을 잃으면, 자신이 할 수 있는 것을 되찾기 위해 돌아옵니다. 불신자의 경우 귀신은 돌아와 그를 실제로 소유하고 완전한 영향력을 얻을 수 있습니다. 거듭난 신자의 경우 마태복음 12장 말씀처럼 "빈" 상태가 아닌데도 귀신은 여전히 돌아올 수 있지만, 그들 자신이 할 수 있는 일에는 제한이 있습니다. 귀신이 신자의 삶에서 영향력을 찾기 위해 돌아올 때, 그것은 공격하고 기만하기 위해 돌아올 수 있습니다. 귀신은 신자를 외부에서 공격하는 것으로 끝내야 합니다.

그러나 귀신은 자신이 얻을 수 있는 것이 필요할 것이므로, 당신은 영적 경계를 느슨하게 하거나 타협하며 살 수 있다는 것을 의미하지 않습니다. 귀신들은 그리스도인들을 기만하기 위해 그들을 완전히 사로잡을 수 있게 될 필요는 없습니다. 우리는 영적 경계를 위해 다음과 같은 중요한 질문을 고려해야 합니다.

"왜 귀신은 자신의 거짓말에 따라 살기로 선택한 신자를 사로잡을 필요가 있는 것입니까?"

만약 귀신이 기만을 통해 당신의 생각에 영향을 미칠 수 있다면, 당신의 몸을 통제할 수 있게 될 필요가 없습니다. 따라서 귀신은 신자 안에 실제로 다시 들어갈 수는 없지만, 여전히 기만하려고 돌아올 것입니다. 신자에게 열린 문은 절대로 귀신 들리게 할 수 없지만, 깊은 기만으로 인도할 수는 있습니다. 그것이 바로 영적 경계를 하면서 생활하고 이러한 "열린 문"을 지켜보아야 할 충분한 이유입니다.

그렇다면 우리를 기만에 더 취약하게 만들 수 있는 "열린 문"은 정확히 무엇입니까? 더욱이 이러한 문을 닫아두도록 성령님이 우리를 어떻게 도우실까요?

열린 문 1: 연결

불경한 사람들과의 관계와 연결은 기만에 대한 열린 문이 될 수 있습니다.

> 속지 말라 악한 동무들은 선한 행실을 더럽히나니(고전 15:33).

나는 당신이 모든 사람을 의심하도록 하려는 의도로 이 말을 하는 것이 아닙니다. 예수님도 악하다고 여겨지는 사람들과 함께 시간을 보내셨습니다(막 2:17 참조). 당신은 자신을 고립시키거나 불신자와의 모든 관계를 끊어서는 안 됩니다. 그러면 그들은 어떻게 복음을 받아들일 수 있겠습니까? 그러면 그들은 어떻게 당신의 증거를 들을 수 있겠습니까? 당신은 미신적인 생각을 통해서, 누군가와 악수하거나 그를 옆에 앉게 해준다는 이유만으로 그 사람 속에 있는 귀신이 당신에게 붙을 수 있다고 믿게 될 수 있습니다. 귀신이 붙은 사람들의 인사를 당신이 받게 되면, 누가 더 큰 영향을 미칠 것으로 생각합니까? 그들 안에 있는 귀신입니까, 아니면 당신 안에 있는 성령님입니까?

> 자녀들아 너희는 하나님께 속하였고 또 그들을 이기었나니 이는 너희 안에 계신 이가 세상에 있는 자보다 크심이라(요일 4:4).

당신이 만나는 사람들을 주의하되 편집증적으로 고립되는 삶을 살지 마십시오. 균형 있는 삶을 살아야 합니다.

우리는 불경한 사람들에 의해 영적으로 감염될까 두려워 고립되어 살 필요가 없습니다. 반면에 우리는 불신자들의 죄악된 습관이나 타협에 참여해서는 안 됩니다. 그런 종류의 타협은 당신을 그들 속에 있는 귀신들의 기만에 취약하게 만듭니다. 불신자 안에 있는 귀신들은 당신을 소유할 수 없지만, 그 사람이 당신의 삶에 너무 많은 영향을 미치면 당신은 완전히 새로운 기만적인 생각을 받아들일 수 있습니다. 도둑이 당신에게 영향을 미치도록 허락하면, 당신은 도둑처럼 생각하기 시작할 것입니다.

만약 당신이 음란물에 중독된 사람의 방식을 따르고, 그들의 음담패설을 들으면, 성적인 유혹을 물리치기가 훨씬 더 어렵다는 것을 알게 될 것입니다. 경건한 사람이 설득력 있는 말을 사용하여 성령님의 능력을 욕되게 하면, 의심이 어떻게 그의 마음에 견고한 진을 형성하기 시작하는지 살펴보십시오. 당신이 다른 사람들에게 당신을 제어할 힘을 내어줄 때, 그리고 그들이 당신으로 타협하게 할 수 있는 힘을 가질 때, 그때 그들의 생각을 지배하는 견고한 진이 당신의 생각 속에서 득세하기 시작합니다.

성령님은 우리에게 올바른 분별력을 주심으로써 우리가 이 문을 닫아두도록 도우십니다. 올바른 분별력은 편집증이나 비판이나 의심이 아닙니다. 만약 우리가 과거에 상처받았거나 배신당한 적이 있다면, 일반적으로 사람들을 신뢰하지 않는 경향이 있을 수 있습니다. 따라서 우리는 성령님을 의지함으로써 사람들과의 만남에 대한 폐쇄적 태도를 유지하는 반사회적 의심과 및 불경하거나 악의를 가진 사람들이 우리 삶에 접근할 수 있도록 허용하는 어리석은 무관심이라는 불건전한 극단을 피할 수 있습니다.

어떤 사람들은 부당한 대우를 받거나 이용당할 수 있다는 염려를 합니다. 다른 사람들은 외롭거나 고립될 수 있다는 걱정을 합니다. 우리는 모두 진정한 인간관계를 원하며 누구도 배신당하거나 상처받기를 원하지 않습니다. 그래서 성령님은 우리의 삶을 명확하고 섬세하게 보호하고 인도하십니다.

다윗은 사울 왕에게 쫓기는 동안 하나님의 손에 의해 사울을 대신하여 왕으로 세워졌습니다. 다윗은 사울을 존중했기 때문에 보복하기를 거부했습니다. 그래서 다윗은 악신에 의해 분노하고 질투하고 미치게 된 사울 왕에게 들키지 않기를 바라며 숨어서 기다렸습니다. 다윗과 함께 숨어 있던 몇몇 사람은 사울의 대열에서 이탈한 사람들이었습니다. 다윗에게 충성한 사람 중에는 활을 잘 쏘는 사람들도 있었습니다.

> 그들은 활을 가지며 좌우 손을 놀려 물매도 던지며 화살도 쏘는 자요 베냐민 지파 사울의 동족인데 그 이름은 이러하니라(대상 12:2).

다윗은 또한 칼과 방패를 든 사람들의 보호를 받았습니다.

> 갓 사람 중에서 광야에 있는 요새에 이르러 다윗에게 돌아온 자가 있었으니 다 용사요 싸움에 익숙하여 방패와 창을 능히 쓰는 자라. 그의 얼굴은 사자 같고 빠르기는 산의 사슴 같으니(대상 12:8).

다윗에게 충성한 사람들은 다윗 주위에 보호의 벽을 세웠습니다. 궁수들은 멀리서 오는 적들을 처리하고, 검객들은 첫 번째 방어선을 돌파할 수 있는 적들을 처리합니다. 어떤 적도 다윗에게 곧바로 접근할 수 없었습니다.

어느 날 갑자기 베냐민 지파와 유다 지파 사람들이 다윗의 진영으로 다가왔습니다. 다윗은 다가오는 사람들이 사울이 보낸 정탐꾼인지 아닌지 어떻게 알 수 있었을까요? 그들의 의도를 어떻게 알 수 있었을까요? 그는 성령님으로 말미암은 그들의 의도를 알 수 있었습니다.

> 다윗이 나가서 맞아 그들에게 말하여 이르되 만일 너희가 평화로이 내게 와서 나를 돕고자 하면 내 마음이 너희 마음과 하나가 되려니와 만일 너희가 나를 속여 내 대적에게 넘기고자 하면 내 손에 불의함이 없으니 우리 조상들의 하나님이 감찰하시고 책망하시기를 원하노라 하매 그 때에 성령이 삼십 명의 우두머리 아마새를 감싸시니 이르되 다윗이여 우리가 당신에게 속하겠고 이새의 아들이여 우리가 당신과 함께 있으리니 원하건대 평안하소서 당신도 평안하고 당신을 돕는 자에게도 평안이 있을지니 이는 당신의 하나님이 당신을 도우심이니이다 한지라 다윗이 그들을 받아들여 군대 지휘관을 삼았더라(대상 12:17-18).

다윗은 자신에게 접근하는 사람들에게 성령님의 임재가 있었기 때문에 그들이 가까이와도 된다는 것을 알게 되었습니다.

마찬가지로, 성령님은 당신을 조심스럽게 지켜보시며 당신의 관계의 문을 지키십니다. 당신은 다른 사람의 동기를 볼 수 없지만, 성령님은 보실 수 있습니다. 당신은 다른 사람들이 어떤 영을 가지고 당신에게 오는 것인지 항상 볼 수는 없지만, 성령님은 보실 수 있습니다.

아마도 당신은 이미 어떤 문을 닫을 때 그분의 인도를 감지했을 것입니다. 아마도 그분은 이미 당신에게 특정한 인간관계에서 물러나거나, 거리를 두거나, 심지어 완전히 끊으라고 촉구하셨을 것입니다. 그분은 일부 관계가 당신에게 끼치는 피해를 보십니다. 그분은 당신의 등 뒤에서 벌어지는 대화를 들으십니다. 더 좋은 점은, 그분이 사람들의 마음을 꿰뚫어 보신다는 것입니다. 그분은 당신을 주의 깊게 지켜보시며 당신을 그분에게서 멀어지게 하는 사람에게서 멀어지도록 인도하십니다.

그렇기에 당신은 때때로 특정한 장소에 가거나 특정한 일을 하거나 특정한 사람들 주위에 있는 것이 편하지 않을 수 있습니다. 당신 안에 있는 무언가가 그들 안에 있는 무언가 때문에 짜증나고 불편해합니다. 이것이 바로 당신이 자녀들을 특정한 사람들로부터 멀리하도록 하는 이유이며, 당신이 특정한 사람들에게 사적인 것을 털어놓기를 주저하는 이유이며, 심지어 특정한 사람들과의 관계가 진전되지 않는 이유입니다.

우리는 부정적인 영향을 미치는 모든 사람을 고립시키고 의심하는 편집증적인 은둔자들이 되어서는 안 됩니다. 나는 편집증과 의심을 조장하지 않습니다. 나는 존귀하신 성령님이 우리가 기만당하기 쉬운 대화와 영향력과 관계를 맺는 사람들과 밀접하게 연결될 때 일어나는 영적 패배로부터 우리를 보호하는 데 도움을 주신다는 것을 말하는 것입니다. 나는 하나님께서 연결해주시는 사람들과의 관계를 전적으로 믿습니다. 그러나 하나님께서 단절하게 하시는 것도 마찬가지로 중요합니다.

열린 문 2: 눈과 귀

당신이 보고 듣는 것이 당신을 더 기만하기 쉽게 만들 수 있습니다.

시각화만큼 마음에 강력한 영향을 미칠 수 있는 것은 거의 없습니다. 시각적인 것은 엄청난 지속력을 가지고 있습니다. 우리가 마음에 저장하는 시각적 경험들은 트라우마와 정욕과 정신적 고통(다른 문제 중에서도)과 같은 문제의 힘에 이바지할 수 있습니다. 이것이 시편 기자가 저속하고 비천한 것을 바라보기를 거부한 이유입니다.

> 나는 비천한 것을 내 눈 앞에 두지 아니할 것이요 배교자들의 행위를 내가 미워하오리니 나는 그 어느 것도 붙들지 아니하리이다(시 101:3).

이것은 욥이 자기의 눈으로 약속(계약, 언약)을 맺은 이유이기도 합니다. 그는 마음에 정욕을 품고 여자를 바라보지 않겠다고 다짐했습니다.

> 내가 내 눈과 약속하였나니 어찌 처녀에게 주목하랴(욥 31:1).

당신의 눈앞에 허용된 이미지가 당신의 마음에 각인될 수 있습니다. 시각화는 가장 강력한 사고방식 중 하나입니다. 원수는 우리에게 이러한 강력한 생각을 사용하려고 합니다. 그는 기만적인 거짓말의 어둠 아래 우리 마음을 가리려고 시각화를 사용합니다.

원수는 당신이 약할 때 혼란스럽고 죄스럽고 주의를 산만하게 하는 이미지를 기억나게 합니다. 그는 당신이 반쯤 잠들었을 때 당신에게 고통스러운 기억을 가져다줄 수도 있고 심지어 당신이 기도하거나 말씀을 읽으려고 할 때 성적인 이미지를 떠올리게 할 수도 있습니다. 이것이 우리가 눈을 통해 마음으로 무엇을 전달하도록 허용하는지를 인식하는 것이 매우 중요한 이유입니다. 우리가 수집한 이미지들과 시각적 경험들은 나중에 원수의 무기에 탄약으로 사용될 수 있습니다. 원수는 부정적인 영향을 미치기 위해 우리가 목격한 모든 불경한 것들의 합성물인 시각적인 것을 기억하게 하거나 심지어 새로운 시각적인 것을 만들 수도 있습니다.

영적으로 말해서, 귀는 눈과 비슷한 방식으로 작동합니다. 우리가 듣는 아이디어와 말은 기만과의 싸움에서 우리를 약하게 만들 수 있습니다. 예를 들어, 당신이 듣는 음악은 원수가 전술적 이점을 얻게 하는데 악용될 수 있습니다. 의심할 여지없이, 성경은 음악에 영적인 요소가 있음을 분명히 합니다. 다윗의 수금 연주는 귀신들을 쫓아냈습니다.

> 하나님께서 부리시는 악령이 사울에게 이를 때에 다윗이 수금을 들고 와서 손으로 탄즉 사울이 상쾌하여 낫고 악령이 그에게서 떠나더라(삼상 16:23).

예언자 엘리사는 자신이 예언하는 동안 악기를 연주해달라는 요청을 했습니다. 음악에 관한 어떤 것이 그가 사용하는 영적 능력을 일깨우는 데 도움이 되었습니다.

> 이제 내게로 거문고 탈 자를 불러오소서 하니라. 거문고 타는 자가 거문고를 탈 때에 여호와의 손이 엘리사 위에 있더니(왕하 3:15).

기름 부음을 받은 다윗의 음악은 악령을 몰아냈고, 거문고는 엘리사에게 예언의 능력을 불러일으키는 데 도움이 되었습니다. 음악은 영적입니다. 원수도 이처럼 음악을 사용할 수 있습니다. 마귀는 우리에 대한 그의 기만의 효과를 증가시키기 위해 음악의 힘과 효과를 왜곡합니다.

음악에 관한 어떤 것에는 사람의 영혼이 특정한 생각들을 더 수용할 수 있게 만드는 힘이 있습니다. 그렇기에 우리가 즐기는 음악에 따라 나오는 가사를 감찰하는 것이 특히 중요합니다. 음악은 우리를 정서적으로 더 수용적이게 만들어주므로 음악에 붙여진 단어들은 우리 마음에 더 깊이 새겨질 수 있습니다. 그래서 당신을 화나게 하고, 우울하게 하고, 의심하게 하고, 냉소적으로 만들고, 오만하게 만들고, 현실과 동떨어지게 만드는 음악을 들을 때, 당신은 원수들이 당신의 마음에 심고자 하는 생각을 믿도록 자신을 더 취약하게 만드는 것입니다. 그렇기에 나는 자유를 간절히 원한다고 주장하는 신자들이 일관성 없이 기도하고, 하나님의 말씀을 거의 읽지 않고, 매일 경건하지 않은 음악을 듣는 것을 보면서 놀랍습니다. 신자의 삶은 승리의 삶이어야 하지만, 세상 음악으로 마음을 가득 채우고 그 승리를 붙잡을 수는 없습니다. 불경한 음악을 받아들이는 것은 귀가 어떻게 기만에 문을 여는 역할을 할 수 있는지를 보여주는 한 가지 예에 불과합니다.

일반적으로 말은 마음의 프로그래머이기에 듣는 것에 주의해야 합니다. 경건하지 않은 조언, 거룩하지 않은 대화, 욕되게 하는 남의 소문 이야기, 이기적인 불평을 주의하십시오. 시간이 지남에 따라 이러한 소통은 진리의 양식(pattern)보다는 기만의 양식을 따르도록 마음을 훈련시킬 수 있습니다.

> 죽고 사는 것이 혀의 힘에 달렸나니 혀를 쓰기 좋아하는 자는 혀의 열매를 먹으리라(잠 18:21).

당신은 진리 또는 기만, 격려의 말 또는 의심을 일으키는 말을 들을 수 있습니다. 우리가 듣는 말은 생명을 주는 사고방식이나 영적으로 건강하지 못한 사고방식을 생성할 수 있습니다.

지금 나는 당신에게 두려움 속에 살거나 집에 숨거나 귀마개와 눈가리개를 끼고 돌아다니라고 말하는 것이 아닙니다. 우리는 이 세상에 존재하고 살아갑니다.

당신은 길을 가다가 사람들의 말을 무심코 듣게 되고, 피해야 할 이미지들을 보게 되고, 자신들의 말을 주의 깊게 살피지 않는 사람들에게 말을 걸게 됩니다. 당신의 스마트폰 화면에 무언가가 번쩍이거나 공공장소에서 재생되었다고 해서 당신의 영적 삶이 전부 무너지지는 않을 것입니다. 더욱이, 당신이 반갑지 않은 소리를 듣거나 예기치 않게 반갑지 않은 광경을 본다고 해서 귀신이 그 순간을 포착하여 당신을 사로잡을 수 있는 것은 아닙니다.

나는 율법주의에 너무 얽매여 공공장소를 방문할 때마다 귀신축출 의식을 행하는 일부 그리스도인을 알고 있습니다. 나는 심지어 사람들이 우연히 스마트폰 화면에 불경한 이미지가 뜨는 것을 보거나 우연히 시장에서 흘러나오는 세속적인 라디오 음악을 들으면, 귀신축출이 필요하다고 가르치는 사람들의 말을 들은 적이 있습니다. 더 나아가 어떤 사람들은 구원받지 못한 사람과 한 번 대화를 나누거나 상점에서 제품에 있는 세속적인 회사 로고를 보는 것만으로도 큰 걱정거리가 된다고 말할 것입니다. 이것은 말이 안 됩니다. 나는 그들의 말을 우스꽝스럽게 받아들이거나 누군가를 조롱하려는 것이 아닙니다. 하지만 이것은 종교적으로 보이지만, 힘이 없고 율법주의적이고 위선적인 속박일 뿐입니다. 이것은 실제로 불행과 영적 무게를 느끼게 합니다. 안타깝게도, 이런 패배한 종교적 신화를 믿는 사람들은 그들 자신의 매우 복잡한 형태의 속박 속에 살고 있습니다. 그렇게 생각하는 사람들은 인도하시고 보호하시는 성령님의 능력을 믿지 않는 것입니다.

반면에, 어떤 신자들은 자녀들이 있는 차 안에서 저속한 세속 음악을 듣습니다. 그들은 정기적으로 마귀적이거나 성적으로 묘사된 영화를 봅니다. 그들의 집은 세상 문화, 세상 대화, 세상 오락을 위한 안식처입니다. 영적인 문제에 관해 거의 말하거나 심지어 생각조차 하지 않는 이런 유의 신자들은 일요일에 그리스도인처럼 살 수 있으며 주중에 우리가 "중대한 죄악들"이라고 부르는 것을 피할 수도 있습니다. 그러나 그들은 도덕적인 무신론자와 구별할 수 없을 정도로 영적 깊이나 인식이 부족합니다. 그들의 기독교는 자신에 대한 실제적인 죽음이나 그리스도에 대한 헌신이라기보다 그들이 착용하는 멋진 장식물이나 그들이 자녀를 양육하는 훌륭한 윤리 규범에 가깝습니다. 그들은 그리스도 안에 있는 그들의 자유에 대한 무지나 오해 때문에 그러한 일을 할 수 있습니다. 이런 식으로 사는 사람들은 영적 전쟁에 관해 거의 생각하지 않고, 그것에 관해 이야기하는 사람들을 부드럽게 조롱합니다.

우리는 우리의 눈과 귀를 지킬 때 미신적 두려움과 세속적 타협의 미성숙한 극단을 피하면서 건전한 인식을 행사해야 합니다. 만약 당신이 시각과 청각을 통해 불경한 것을 마음에 허용하는 고의적이고 일관된 행위를 한다면, 분명히 기만의 힘에 더 취약해질 것입니다. 당신은 불경한 것을 습관적으로 보고 들음으로써 점차 기만의 형식에 따라 생각하는 훈련을 하게 됩니다. 그런 사고방식은 원수가 당신을 믿도록 하고 싶어 하는 어떤 거짓말에도 당신을 취약하게 만들고, 그 결과 기만은 궁극적으로 당신을 속박으로 이끕니다. 문을 닫으십시오. 문을 잠그십시오. 문을 지키시는 성령님을 믿으십시오.

그렇다면 당신이 당신의 눈과 귀를 지킬 때 편집증과 무지의 극단을 정확히 어떻게 피할 수 있을까요? 솔직히 말해서, 많은 사람이 그것을 깨닫지 못하지만, 참 신자는 실제로 율법주의적이거나 냉담하기를 원하지 않는다고 나는 생각합니다. 우리는 어떻게 섬세한 균형을 유지할 수 있는 것일까요? 우리는 거룩하기를 원하지만, 종교적이거나 독선적이거나 교만하거나 편집증적이기를 원하지는 않습니다. 우리는 분별력 있고 현실적인 사람이 되기를 원하지만, 절대로 세속적이거나 타협적이거나 영적 전쟁에 소극적이 되기를 원하지는 않습니다.

당신이 절망에 빠져 항복하고 눈과 귀를 올바르게 지키는 것이 불가능하거나 최소한 매우 어렵다고 생각할까 봐, 나는 건강한 균형을 유지하면서 당신을 상기시키기를 원합니다. 성령님은 당신 혼자서 기만과 싸우도록 놔두시지 않습니다. 우리가 편집증과 무관심이라는 불건전한 두 극단을 피하려면 관점을 조정하기만 하면 됩니다. 만약 당신이 귀신들과 그들의 힘에 초점을 맞추고, 귀신들이 모든 것의 원인이라고 생각하고, 단 한 번의 실수를 통해서도 그들에게 당신의 삶을 완전히 지배할 수 있는 "법적 권리"를 줄 수 있다고 생각한다면, 당신은 분명히 편집증의 함정에 빠질 것입니다.

반대로, 만약 당신이 이 세상의 쾌락에만 초점을 맞추고 그리스도 안에서의 자유가 아무런 결과 없이 모든 것에 참여할 수 있다는 것을 의미한다고 믿는다면, 기만의 주요 대상이 되며 궁극적으로 당신이 감당할 수 없는 영적 속박에 빠지게 됩니다. 심지어 당신은 그것을 속박으로 인식하지 못하게 됩니다.

누가 이것을 해결해주십니까? 성령님이 해결해주십니다. 이것은 간단합니다. 귀신들에 대한 두려움이나 영적 세계에 대한 무관심에 압도되지 마십시오. 대신 성령님의 사랑에 압도되십시오. 성령님을 사랑하는 사람들은 오직 한 가지, 즉 그분을 근심하게 하는 것을 두려워합니다.

> 하나님의 성령을 근심하게 하지 말라. 그 안에서 너희가 구원의 날까지 인치심을 받았느니라(엡 4:30).

당신의 몸은 성령님의 전입니다. 그분은 당신 안에, 당신과 함께, 당신 주위에 거하십니다. 당신의 눈은 그분의 눈입니다. 당신의 귀는 그분의 귀입니다. 그러므로 당신 안에 계신 성령님은 당신이 불경한 광경과 소리를 인식하고 거부하도록 도울 것입니다. 신자 안에는 하나님의 본성과 모순되는 것을 보거나 들을 때마다 느끼는 신성한 불편함이 있습니다. 우리는 불경한 영상과 메시지에 대한 그분의 슬픔을 실제로 느낄 수 있습니다.

우리가 성령님의 감정에 더 주의를 기울일수록 불경한 청각 및 시각적 경험에 더 민감하게 반응하게 됩니다. 우리가 성령님의 임재를 더 생각할수록 경건하지 않은 광경에서 눈을 돌리고 경건하지 않은 소리에서 우리의 귀를 돌리는 것이 더 자연스러워집니다. 죄악스런 광경과 소리에 움츠러드는 것은 점점 더 본능이 될 것입니다. 우리는 성령님이 가까이 계신다는 생각과 순종을 통해 성령님께 항복함으로써 몸이 정결하게 살도록 훈련합니다.

따라서 "열린 문"의 철저한 목록을 작성하고 그 목록을 손에 들고 남은 인생을 산다고 해서 자유롭게 되는 것이 아닙니다. 이 목록은 작성하는 데 수년이 걸리고 여전히 불완전할 수 있습니다. 당신은 분별력을 체계화할 수 없습니다. 그것은 성령님이 하시는 일입니다. 진정한 능력은 단순히 성령님 안에서 행하는 데 있습니다.

> 내가 이르노니 너희는 성령을 따라 행하라. 그리하면 육체의 욕심을 이루지 아니하리라(갈 5:16).

당신의 눈은 성령님의 눈입니다. 당신은 성령님의 눈으로 무엇을 보고 있습니까? 당신의 귀는 성령님의 귀입니다. 당신은 성령님의 귀로 무엇을 듣고 있습니까? 성령님의 임재를 의식하며 살아가십시오. 그분에 관해 생각하십시오. 그분을 숙고하십시오. 그분이 당신의 행동에 대해 슬퍼하시는 것을 느낄 때 당신의 행동을 바로잡으십시오. 당신이 그분의 불편함을 느낄 때 그분께 적절하게 반응하십시오. 당신의 삶에서 그분의 임재를 사랑하고 존중하십시오. 그것은 당신의 눈과 귀가 마귀의 기만에 대해 열린 문이 되지 않도록 하는 데 도움이 될 것입니다. 그것은 당신에게 해를 끼칠 수 있는 것에 집착하거나 열린 문을 완전히 무시하는 것보다 훨씬 낫고 유익합니다.

열린 문 3: 존재의 상태

범행의 죄가 있습니다. 즉, 그것은 우리가 하지 말아야 한다는 것을 알고 있지만 어쨌든 행하는 것입니다(고전 6:9-11 참조). 누락의 죄가 있습니다. 즉, 그것은 우리가 해야 할 줄 알면서도 하지 않는 것입니다(약 4:17 참조). 그리고 우리가 죄를 짓거나 기만당할 가능성이 더 높아지는 존재 상태가 있습니다. 존재의 특정 상태는 원수의 영향을 받게 되는 큰 위험을 초래합니다. 존재의 이러한 상태에는 교만과 분노와 무관심과 탈진 및 의심이 포함되지만 이에 국한되지는 않습니다.

분노나 탈진과 같은 상태는 그 자체로 반드시 악하거나 죄가 되는 것은 아닙니다. 그러나 다른 모든 열린 문과 마찬가지로 이것들은 여전히 당신을 영적 위험에 빠뜨릴 수 있으며, 마귀의 기만에 빠질 가능성이 더 높아지게 할 수 있습니다.

예를 들어, 분노는 온건한 사람에게 많은 문제를 일으킬 수 있습니다. 안정적이고 성공적인 삶을 사는 사람들은 분노 가운데 내린 단 한 번의 결정으로 자신이 일한 모든 것을 한순간에 무너뜨릴 수 있습니다.

> 분을 내어도 죄를 짓지 말며 해가 지도록 분을 품지 말고(엡 4:26).

죄를 짓지 않고서도 분을 내는 것이 가능하기에 분 내는 것 자체는 죄가 아닙니다. 그러나 자제나 규율 없이 분노의 지배를 받게 되면 분노의 해로운 잠재력에 취약해집니다. 당신은 분노에 완전히 굴복함으로써 원수의 영향을 받을 수 있는 방식으로 행동하고 생각하고 말하게 될 수 있습니다.

> 마귀에게 틈을 주지 말라(엡 4:27).

이 구절은 당신이 귀신에 들리거나 당신에게 귀신이 붙는다는 것에 대한 언급이 아닙니다. 여기서 "틈"이라는 단어는 문자 그대로의 물리적 위치를 설명하는 것이 아닙니다. 이것은 영향력이나 "기회"에 대해 말하는 것입니다. 우리가 화를 내면 후회할 일을 할 가능성이 더 커집니다. 당신이 화가 났을 때 상처를 주는 말을 하거나, 폭력을 행사하거나, 험담하거나, 비판하기가 더 쉽습니다. 분노 때문에 많은 사람이 그리스도 안에서 동료 형제자매들을 고발하고 무너뜨리며 과거의 죄와 잘못을 들추어냅니다. 이런 식으로 그들은 그를 위해 원수의 일을 합니다. 이것이 분노가 마귀에게 "틈을 주는" 방법입니다.

당신이 화가 나면 당신의 자존심을 가장 잘 유지해주는 거짓말을 믿을 가능성이 더 높습니다. 특히 우리는 분노의 순간에 자제력을 잃은 것에 부끄러움을 느낄 때 우리의 분노를 정당화할 수 있는 무엇이든 붙잡으려고 합니다. 심지어 우리는 거짓말이라도 붙잡으려고 합니다.

"나는 아무 잘못도 하지 않았어요. 사과해야 할 사람은 그들이에요."
"내가 그렇게 반응한 것은 그들의 잘못이에요."
"만약 그들이 내가 대답하는 방식이 마음에 들지 않았다면, 나에게 그렇게 말하지 말았어야 했어요."

분노의 기만은 분노로 행한 일에 대해 당신 자신을 정당화하려는 시도에서 끝나지 않습니다. 이 존재의 상태는 우리를 모든 유의 다른 기만에 취약하게 만듭니다. 우리가 화가 났을 때, 우리는 서로에 대해, 우리 자신에 대해, 삶에 대해 최악의 상황을 믿게 됩니다.

"나에게는 일이 잘 풀리지 않아요. 나는 해야 할 일을 다 했어요!"
"나는 그들을 참을 수 없어요. 더는 그들이 필요하지 않아요."
"나는 내 모습이 싫어요."

어떤 사람은 하나님께 화를 내면서 원망하고 쓴 뿌리를 냅니다. 분노 그 자체가 죄는 아닐지 모르지만, 분노는 당신을 원수의 거짓말에 상당히 취약하게 만듭니다. 당신은 "화가 났을 때 말하지 마십시오."라는 말을 들었을 것입니다. 나는 당신에게 "화가 났을 때 자기의 생각을 믿지 않도록 조심하십시오."라고 덧붙이고 싶습니다.

분노는 우리가 원수의 거짓말을 믿게 만드는 존재 상태의 한 예일 뿐입니다. 또한, 우리가 매우 배고프고, 무감각하고, 의심이 많고, 육체적으로 지치고, 냉소적이고, 교만할 때 어떻게 행동하고 생각할지 생각해 보십시오. 주어진 순간에 당신이 어떻게 느끼는지, 그리고 당신이 어떻게 생각하고 무엇을 생각하는지 살펴보십시오.

존재의 상태는 원수의 영향력이 들어올 수 있는 열린 문이 될 수 있습니다. 감사하게도, 우리는 언제든지 성령님과 교제하는 내면의 자리로 피신할 수 있습니다.

그의 영광의 풍성함을 따라 그의 성령으로 말미암아 너희 속사람을 능력으로 강건하게 하시오며(엡 3:16).

성령님은 외적인 어려움의 순간에 내적 안정을 가져오시는 분입니다. 우리는 부정적이고 불안정한 존재 상태로 인해 약해졌을 때 성령님의 일관된 능력을 사용하여 견고히 설 수 있습니다. 우리는 그분 안에서 우리가 설 곳을 찾기 위해 잠시 멈추고 우리 자신을 내어드리기만 하면 됩니다. 화가 나면 잠시 멈추고 그분의 인내를 찾으십시오. 피곤할 때 잠시 멈추고 그분 안에서 당신이 누구인지 기억하십시오. 교만의 도취감을 느낄 때 잠시 멈추고 그분이 얼마나 필요한지 생각하십시오. 우리의 감정과 존재 상태는 예측할 수 없고 변덕스럽습니다. 그것들은 우리가 처한 상황에 따라 바뀝니다. 이와 반대로, 성령님의 능력과 성품과 본성은 일관적입니다.

성령님으로 그리스도의 성품의 일관성을 붙잡아 타협된 상태의 문을 닫으십시오. 어떻게 하냐고요? 당신이 반응을 보이거나 불경한 생각에 빠지기 전에 멈추면 그렇게 할 수 있습니다. 그 멈춤은 당신에게 내면의 장소로 후퇴하고 항복할 순간을 줍니다. 멈추고 항복하십시오. 당신의 내면으로 후퇴하십시오. 이는 당신의 내면이 성령님에 의해 안정되기 때문입니다. 그렇게 함으로써 당신은 존재 상태의 문을 닫습니다.

열린 문 4: 입

마지막으로, 우리는 입이라는 열린 문을 봅니다. 예수님은 "입으로 들어가는 것이 사람을 더럽게 하는 것이 아니라 입에서 나오는 그것이 사람을 더럽게 하는 것이니라"(마 15:11) 하고 말씀하셨습니다. 여기에서 예수님은 당시의 종교 지도자들이 주장했던 엄격한 식사법을 특별히 언급하신 것입니다. 그분은 우리가 섭취하거나 우리 몸에 넣는 것이 해가 될 수 없다는 뜻이 아니었습니다.

그분은 단순히 엄격한 종교의식보다 마음의 상태가 더 중요하다고 강조한 것입니다. 그것을 염두에 두고 우리는 성경이 우리의 입으로 무엇을 먹는지에 대해 아주 분명하게 말씀하고 있다는 사실을 인정해야 합니다.

예를 들어, 잠언에서 우리는 음식을 탐하는 것과 술 취함에 참여하는 것이 지혜롭지 못함을 볼 수 있습니다.

> 내 아들아 너는 듣고 지혜를 얻어 네 마음을 바른 길로 인도할지니라. 술을 즐겨 하는 자들과 고기를 탐하는 자들과도 더불어 사귀지 말라. 술 취하고 음식을 탐하는 자는 가난하여질 것이요 잠자기를 즐겨 하는 자는 해어진 옷을 입을 것임이니라(잠 23:19-21).

우리는 신약에서 술 취함이 정죄받는 것을 봅니다.

> 불의한 자가 하나님의 나라를 유업으로 받지 못할 줄을 알지 못하느냐? 미혹을 받지 말라. 음행하는 자나 우상 숭배하는 자나 간음하는 자나 탐색하는 자나 남색하는 자나 도적이나 탐욕을 부리는 자나 술 취하는 자나 모욕하는 자나 속여 빼앗는 자들은 하나님의 나라를 유업으로 받지 못하리라. 너희 중에 이와 같은 자들이 있더니 주 예수 그리스도의 이름과 우리 하나님의 성령 안에서 씻음과 거룩함과 의롭다 하심을 받았느니라(고전 6:9-11).

마약 남용도 술에 취한 것과 같이 맨 정신을 앗아가는 것으로 정죄된다는 점에 유의하십시오. 그러므로 성경은 과식과 알코올 남용, 그리고 원칙적으로 마약 남용을 정죄합니다.

이러한 악덕이 어떻게 원수의 기만적인 전술에 대해 우리를 약화시킬 수 있습니까? 과식이 어떻게 신체 건강에 문제를 일으킬 수 있는지 생각한 나음 건강 문제가 어떻게 우울증과 불안과 무감동과 같은 상태를 유발할 수 있는지 생각하십시오. 그런 다음 알코올과 약물 남용이 어떻게 불안과 분노, 심지어 자만

심까지 키울 수 있는지 생각해 보십시오. 당신 육체의 상태는 감정과 생각의 상태에 큰 영향을 미칠 수 있습니다.

성령님은 우리에게 절제의 열매를 주셔서 열린 입의 문을 닫도록 도와주십니다.

> 오직 성령의 열매는 사랑과 희락과 화평과 오래 참음과 자비와 양선과 충성과 온유와 절제니 이같은 것을 금지할 법이 없느니라(갈 5:22-23).

절제 열매는 "성령 절제"가 아니라 "자기 절제"(self-control)라는 사실에 주목하십시오. 성령님은 당신의 자유의지를 온전하게 그대로 두신 채 당신이 절제권을 선택하게 하십니다. 그분은 당신이 절제를 선택하도록 강요하시지 않습니다. 이것은 당신이 올바른 결정을 내리는 데 필요한 것을 성령님이 당신에게 주셨다는 것을 의미합니다. 원수는 당신이 선택할 능력이 없다고 믿기를 원하지만, 당신에게는 선택할 능력이 있습니다. 이는 절제를 유지하거나 다시 얻는 것이 쉽다는 의미가 아니라 가능하다는 의미일 뿐입니다.

성령님이 주시는 절제를 이용하여 입의 문을 닫으십시오. 하나님은 당신에게 결정권을 주셨습니다.

참고:
11장에서 중독에 대해 자세히 설명할 것입니다.

Chapter 06
견고한 진 식별하기

지금까지 나는 다음과 같은 중요한 사실에 관해 썼습니다.

- 견고한 진은 기만 위에 세워진 불경한 사고방식입니다.
- 그러한 사고방식은 감정과 행동이 되고 습관이 되며 우리가 "영적 속박"이라고 부르는 삶의 양식이 됩니다.
- 당신에 대한 원수의 주요 무기는 당신이 가장 설득력 있다고 생각하는 거짓말입니다. 사탄은 당신으로 거짓을 믿게 함으로써 당신이 견고한 진의 권세 아래서 그 거짓말에 따라 살게 할 수 있습니다.
- "열린 문"은 원수의 거짓말을 더 쉽게 믿게 하는 모든 것입니다.
- 성령님은 진리를 말씀하시고 열린 문을 닫도록 도우심으로써 견고한 진으로부터 우리를 보호해 주십니다.

이제 더 깊이 들어가 봅시다. 만약 당신이 이미 속박되어 살고 있다면 어떻게 해야 하는 것일까요? 지금까지 내가 당신에게 쓴 글의 대부분은 예방적 영적 조치에 관한 것이었습니다. 이제 당신의 삶에서 견고한 진을 식별하여 무너뜨리는 방법을 보여주고자 합니다.

거짓의 아비

모든 기만은 거짓의 아비에게서 나옵니다.

> 너희는 너희 아비 마귀에게서 났으니 너희 아비의 욕심대로 너희도 행하고자 하느니라. 그는 처음부터 살인한 자요 진리가 그 속에 없으므로 진리에 서지 못하고 거짓을 말할 때마다 제 것으로 말하나니 이는 그가 거짓말쟁이요 거짓의 아비가 되었음이라(요 8:44).

사탄의 거짓말에 가장 먼저 넘어간 자들은 하나님에 대한 사탄의 반역에 가담하도록 설득된 수많은 천사였습니다.

> 큰 용이 내쫓기니 옛 뱀 곧 마귀라고도 하고 사탄이라고도 하며 온 천하를 꾀는 자라. 그가 땅으로 내쫓기니 그의 사자들도 그와 함께 내쫓기니라(계 12:9).

그러면 물론 아담과 하와는 나중에 기만의 직접적인 결과로 유혹에 빠집니다.

> 뱀이 여자에게 이르되 너희가 결코 죽지 아니하리라. 너희가 그것을 먹는 날에는 너희 눈이 밝아져 하나님과 같이 되어 선악을 알 줄 하나님이 아심이니라. 여자가 그 나무를 본즉 먹음직도 하고 보암직도 하고 지혜롭게 할 만큼 탐스럽기도 한 나무인지라. 여자가 그 열매를 따먹고 자기와 함께 있는 남편에게도 주매 그도 먹은지라(창 3:4-6).

사탄의 역사 때문에 우리 세상에는 기만이 존재합니다. 마귀는 처음부터 거짓말을 했고, 그의 귀신들도 속이는 것에 능숙한 자들입니다. 사탄의 군대에 속한 모든 귀신은 전략적이고 효과적인 거짓말로 무장하고 있습니다. 이것이 바로 성경이 우리에게 영적 경계를 유지하라고 분명한 경고를 하는 이유입니다.

> 근신하라 깨어라. 너희 대적 마귀가 우는 사자 같이 두루 다니며 삼킬 자를 찾나니(벧전 5:8).

원수의 거짓말을 식별하는 가장 효과적인 방법은 진리를 아는 것입니다.

견고한 진 식별하기

특히 오랜 기간 견고한 진이 당신의 삶에 있었다면, 그것이 세워진 거짓을 식별하기가 다소 어려울 수 있습니다. 우리는 우리가 생각하고 믿는 것 중 얼마나 많은 것이 실제로 거짓말에서 비롯되는지 깨닫지 못합니다. 그것이 기만의 본질입니다. 우리에게는 맹점이 있습니다. 우리는 어린 시절과 삶의 경험과 가족 문화 등에서 비롯된 뿌리 깊은 믿음을 가지고 있습니다. 우리는 우리가 믿는 거짓말을 인식하지 못하며, 이것이 거짓이 작동하는 이유입니다.

당신이 어두운 방에 들어간 후 그곳에서 보고 싶어 하는 자신을 상상해보십시오. 그러면 당신은 어떻게 하겠습니까? 어둠 속에서 비명을 지르겠습니까? 힘으로 어둠을 몰아내겠습니까? 물론 아닙니다. 당신은 단순히 전등불을 켤 것입니다. 어둠이 빛의 부재인 것처럼, 기만은 진리의 부재입니다. 당신은 어둠을 물리칠 수 없습니다. 당신의 유일한 희망은 전등불을 켜는 것입니다.

> 그러므로 예수께서 자기를 믿은 유대인들에게 이르시되 너희가 내 말에 거하면 참으로 내 제자가 되고 진리를 알지니 진리가 너희를 자유롭게 하리라(요 8:31-32).

그리스도의 말씀과 그분의 가르침과 성경은 진리입니다. 진리에 익숙해질수록 거짓을 더 정확하게 간파할 수 있습니다. 당신이 진리를 알기 시작하면 거짓이 눈에 띄기 시작합니다.

빛은 세부적인 것들을 드러냅니다. 당신이 당신의 삶에 더 많은 빛을 허용할수록 거짓이 더 많이 드러나기 시작할 것입니다. 당신이 영적 시력을 예리하게 만들면 명확성과 돌파의 순간을 경험하게 될 것입니다. 모든 기만이 드러날 것입니다. 당신은 자신에 관해 배울 것이며, 당신이 생각하고 느꼈던 것 중 얼마나 많은 것이 실제로 기만에 근거한 것인지 보게 될 것입니다.

당신이 진리와 더 일치할수록, 당신은 무엇이 선을 벗어났는지를 포착할 가능성이 높아집니다. 진리에 완전히 사로잡힌 사람은 사소해 보이는 거짓에도 예민해집니다. 빛 가운데 사는 것은 당신에게 진리에 대한 열정과 기만에 대한 예민한 자각을 줄 것입니다. 견고한 진을 노출하고 식별하려면, 더 많은 빛이 들어오도록 하십시오. 당신은 어떻게 당신의 삶에 더 많은 빛을 허용하고 있습니까? 당신은 어떻게 진리로 자신을 훈련합니까?

하나님의 말씀

하나님의 말씀으로 시작하십시오. 하나님의 말씀은 빛과 진리의 근원입니다.

> 주의 말씀은 내 발에 등이요 내 길에 빛이니이다(시 119:105).

자유를 간절히 원하면서 하나님의 말씀을 읽는 것은 하지 않는다고 말하지 마십시오. 우리가 자유를 경험하려면 말씀에 헌신해야 합니다. 하나님의 말씀은 정확한 수평자입니다. 당신은 하나님의 말씀을 통해 자신이 조금이라도 기만으로 기울었는지를 볼 수 있습니다. 당신은 성경을 알기 위해 헌신할 때 진리에 점점 더 친숙해집니다. 당신이 진리를 알게 되면, 당신의 영적 지각은 거짓말을 표적으로 삼고 거부하도록 훈련됩니다. 삐뚤어진 거짓말은 똑바른 진리와는 명백히 다릅니다. 기만은 하나님의 말씀에 비추어 볼 때 확연히 드러납니다. 말씀은 당신이 하나님과 당신 자신과 당신 주변의 세상과 옳고 그름에 대해 믿는 모든 거짓말, 즉 모든 것을 드러낼 것입니다. 당신은 오랫동안 가지고 있던 추정과 생각이 얼마나 많이 거짓말에 기반하고 있는지 실제로 깨닫기 시작할 것입니다.

성령의 음성

당신은 또한 성령님의 음성을 들어야 합니다. 모든 신자는 성령님의 음성을 들을 수 있습니다.

> 내 양은 내 음성을 들으며 나는 그들을 알며 그들은 나를 따르느니라(요 10:27).

그분은 성경을 통해 말씀하십니다.

> 모든 성경은 하나님께서 숨을 불어넣으신 것이며, 진리를 가르치고, 죄를 책망하고, 잘못을 바로잡고, 올바른 삶으로 훈련하는 데 가치가 있습니다(딤후 3:16 유대인신약성경).

성경은 성령님이 우리에게 말씀하시는 가장 분명한 방법입니다. 말씀은 또한 우리가 모든 진리를 측정하는 수단이기도 합니다. 당신이 성령님으로부터 듣고 있는지 확인하고 싶다면 당신이 듣는 것을 성경이 분명히 가르치는 것과 비교하십시오.

성령님은 지혜로 말씀하십니다.

> 너희 중에 누구든지 지혜가 부족하거든 모든 사람에게 후히 주시고 꾸짖지
> 아니하시는 하나님께 구하라. 그리하면 주시리라(약 1:5).

지혜는 성령님의 음성을 듣는 두 번째로 정확한 수단입니다. 당신이 말씀과 친해질수록 지혜가 자랍니다. 지혜는 항상 특정한 지침의 형태로 오지는 않지만, 삶을 탐색할 수 있도록 당신의 영 안에 있는 하나님의 신성한 추리입니다. 지혜는 하나님이 의도적으로 당신을 끌어당기는 것입니다.

성령님은 속삭임으로 당신에게 말씀하십니다. 성령님의 속삭임은 무엇입니까? 이것은 성령님이 당신에게 직접 구체적이고 개인적인 메시지를 말씀하시는 것입니다. 예를 들어, 당신이 핍박과 압박을 받는 순간에 성령님이 당신에게 할 말을 주실 것입니다.

> 사람들이 너희를 끌어다가 넘겨 줄 때에 무슨 말을 할까 미리 염려하지 말고 무엇이든지 그 때에 너희에게 주시는 그 말을 하라. 말하는 이는 너희가 아니요 성령이시니라(막 13:11).

속삭임은 말씀과 지혜만큼 신뢰할 수 없습니다. 이것은 성령님이 명확하게 말씀하시지 않아서가 아니라 성령님의 속삭임이 우리의 감정과 개인적인 의견의 간섭으로 너무 자주 지워지기 때문입니다. 그런데도 이것은 성령님이 말하는 방법의 하나입니다. 많은 신자가 말씀과 지혜로 살아야 할 때 속삭임으로 살려고 합니다. 하나님의 말씀과 성령님의 지혜는 그분의 음성을 명확하게 듣기 위한 안내서입니다. 말씀과 지혜에 우선순위를 두십시오. 그러면 그분의 속삭임을 더 명확하고 자주 듣게 될 것입니다.

마지막으로, 성령님은 기사(wonders)를 통해 말씀하십니다. 여기에는 기적과 표적이 포함됩니다. 예언 사역은 이에 대한 예입니다.

> 예언을 멸시하지 말고 범사에 헤아려 좋은 것을 취하고(살전 5:20-21).

원수가 거짓 표적을 행할 수 있기에, 기적은 우리가 성령님의 음성을 듣는 가장 신뢰도가 낮은 방법입니다. 이것은 우리가 하나님의 기사와 표적과 기적을 거부하라는 의미가 아닙니다. 이것은 표적과 기사가 우리가 성령님의 음성을 듣는 데 사용하는 주요 수단이 될 수 없다는 것을 의미합니다.

신뢰도 순으로는 말씀, 지혜, 속삭임, 기사입니다. 말씀 위에 건축하십시오. 말씀은 당신에게 지혜를 줄 것입니다. 지혜는 성령님의 속삭임을 정확히 들을 수 있는 사람으로 성숙하게 할 것입니다. 당신이 성령님을 알게 되면, 당신은 기사를 더 잘 분별할 수 있습니다.

성령님의 음성을 듣는 능력이 자라는 것은 당신이 말씀을 알고 말씀에 순종하고 세상의 산만함을 제거하는 것만큼 단순합니다.

당신은 이미 성령 충만한 신자이기에 성령님의 음성을 들을 수 있습니다. 당신이 청각과 시각을 가지고 태어난 것처럼 영적 시각과 청각을 가지고 거듭났습니다. 성령님의 음성을 듣는 것은 배워야 할 기술이 아니라 갈고 닦아야 할 감각입니다. 당신은 이미 이 능력을 지니고 있습니다.

성경을 알면 하나님의 음성과 성품을 알게 될 것입니다.

> 너는 진리의 말씀을 옳게 분별하며 부끄러울 것이 없는 일꾼으로 인정된 자로 자신을 하나님 앞에 드리기를 힘쓰라(딤후 2:15).

말씀에 순종하십시오. 비록 당신이 매 순간 하나님의 구체적인 계획을 모르더라도, 성경의 일반적인 가르침에 순종할 수 있습니다. 경건한 삶을 사는 사람은 하나님의 인도를 받게 됩니다.

> 여호와께서 사람의 걸음을 정하시고 그의 길을 기뻐하시나니(시 37:23).

마지막으로, 죄와 자아와 사탄의 방해 요소를 제거하십시오.

> 너는 기도할 때에 네 골방에 들어가 문을 닫고 은밀한 중에 계신 네 아버지께 기도하라. 은밀한 중에 보시는 네 아버지께서 갚으시리라(마 6:6).

당신은 개인적으로 기도할 시간을 따로 정하고, 기도에만 할애하는 시간을 포함하도록 하루를 계획하고, 기도하는 동안 전화기를 끄고, 방해받지 않도록 가족에게 기도 시간을 알리는 것과 같은 실용적인 방법을 통해 외부 방해 요소를 제거할 수 있습니다.

당신은 당신의 말을 들어달라고 하나님께 구걸하는 대신 하나님이 당신의 말을 들으신다는 것을 신뢰하고, 참된 생각에 집중하기로 선택하고, 노래로 주님을 경배하고, 기도 요청을 통해 당신의 짐을 주님께 맡기는 것과 같은 방법을 통해 정신적, 정서적 산만함을 제거할 수 있습니다.

당신의 삶에서 외부와 내부의 산만함을 제거함으로써 당신은 진리의 음성인 성령님의 음성을 들을 수 있는 더 좋은 위치에 있게 됩니다. 그분의 음성을 들을 때 당신은 원수의 거짓말에 대항하여 유리해집니다.

건전한 교사들

하나님은 성경과 성령님의 음성 외에 우리에게 말씀을 가르치는 교사들과 설교자들을 주셨습니다.

> 그가 어떤 사람은 사도로, 어떤 사람은 선지자로, 어떤 사람은 복음 전하는 자로, 어떤 사람은 목사와 교사로 삼으셨으니 이는 성도를 온전하게 하여 봉사의 일을 하게 하며 그리스도의 몸을 세우려 하심이라(엡 4:11-12).

미쁜 말씀의 가르침을 그대로 지켜야 하리니 이는 능히 바른 교훈으로 권면
하고 거슬러 말하는 자들을 책망하게 하려 함이라(딛 1:9).

당신이 성경과 성령님의 음성을 알고 있으면 견고한 교사들을 찾는 데 필요
한 분별력을 갖게 될 것입니다.

교사들과 설교자들은 말씀에서 우리가 놓쳤을 수 있는 것들을 지적할 수 있
습니다. 그것들은 성경에 대한 우리의 이해를 보충하는 데 도움이 됩니다. 아
마도 성령님은 당신의 삶에서 무언가에 대해 당신에게 말씀하려고 하시는데 당
신은 그분의 지시나 바로잡으심을 인식하지 못하고 있을 뿐입니다. 아마 당신
은 아직 성경에서 그것을 보지 못했을 것입니다. 그때 하나님이 설교자들과 교
사들을 보내실 것입니다.

진리에 대한 지식

견고한 진을 무너뜨리는 첫 번째 열쇠는 견고한 진을 식별하는 것입니다. 우
리는 진리의 지식을 통해 견고한 진을 식별합니다. 우리는 하나님의 말씀과 성
령님의 음성과 기름 부음 받은 교사들과 설교자들을 통해 그 지식을 받습니
다. 당신이 그 지식을 받게 되면, 당신이 생각하고 믿는 모든 것과 진리를 비교
하십시오. 만약 당신이 둘 사이에서 모순을 발견하면, 거짓말을 찾은 것입니
다. 그 거짓말은 견고한 진의 원인이 될 수 있습니다.

Chapter 07

어둠의 세력들에게 명령하라

당신이 거짓말을 식별했으면, 이제 거짓말쟁이인 마귀와 그의 귀신들을 처리할 때입니다. 이것이 내가 이 장에서 다루는 내용입니다. 나는 당신에게 신성한 권위의 단순한 행사를 통해서 견고한 진의 모든 악한 면을 다루는 방법을 보여주고 싶습니다.

두 왕국

어둠의 왕국과 빛의 왕국이라는 두 왕국만이 존재합니다. 그리스도께 속하지 않은 자들은 어둠의 권위 아래 있습니다. 그리스도께 속한 자들은 어둠의 권위에서 구원되어 새로운 관할권인 천국의 권위 아래 놓이게 되었습니다.

그는 허물과 죄로 죽었던 너희를 살리셨도다. 그 때에 너희는 그 가운데서 행하여 이 세상 풍조를 따르고 공중의 권세 잡은 자를 따랐으니 곧 지금 불순종의 아들들 가운데서 역사하는 영이라. 전에는 우리도 다 그 가운데서 우리 육체의 욕심을 따라 지내며 육체와 마음의 원하는 것을 하여 다른 이들과 같이 본질상 진노의 자녀이었더니 긍휼이 풍성하신 하나님이 우리를 사랑하신 그 큰 사랑을 인하여 허물로 죽은 우리를 그리스도와 함께 살리셨고(너희는 은혜로 구원을 받은 것이라(엡 2:1-5).

당신과 나는 분명히 더는 원수나 그의 왕국에 속하지 않습니다. 원수는 우리를 더는 건드릴 수 없습니다.

하나님께로부터 난 자는 다 범죄하지 아니하는 줄을 우리가 아노라. 하나님께로부터 나신 자가 그를 지키시매 악한 자가 그를 만지지도 못하느니라(요일 5:18).

원수는 더는 당신을 소유하거나 거주하거나 지배할 수 없습니다. 그래도 원수는 당신을 공격할 수 있습니다. 원수가 신자를 공격하는 방식은 그가 불신자를 공격하는 방식과 매우 다릅니다. 그리스도인의 영적 전쟁은 비그리스도인의 영적 전쟁과는 다릅니다. 사실 불신자는 영적 전쟁을 하지 않습니다. 그들은 원수에게 저항하거나 원수의 의지에 맞서 싸우지 않습니다. 그들은 결박되어 있고 완전히 원수의 세력 아래 있습니다. 불신자는 저주의 권세, 귀신 들림, 귀신의 공격을 최악으로 받습니다. 귀신들의 영향이 심할 때는 귀신들이 불신자에게 몸에 직접적인 해를 입히는 것도 가능합니다. 원수는 권위의 자리에서 불신자를 공격합니다.

반면 원수는 패배의 절박한 자리에서 성도를 공격합니다. 성도가 원수의 기만을 믿으면 상황이 다르게 보일 수는 있습니다. 당신과 나는 이제 하나님께 속해 있기에 원수가 우리를 공격할 방법은 매우 제한되어 있습니다. 이것은 우리가 마귀의 간계에 대해 냉담하거나 무지해야 한다는 것을 의미하지 않습니다. 우리는 마귀의 세력과 싸우는 일에 참여해야 합니다.

귀신들의 한계

귀신들을 다룰 때는 균형을 유지해야 합니다. 어떤 사람들은 귀신들과 그들의 능력에 너무 사로잡혀서 성령님의 능력을 최소화합니다. 다른 사람들은 귀신의 세력에 대해 너무 회의적이어서 귀신들이 공격하도록 자신을 활짝 열어둡니다. 나는 당신이 귀신들을 다루는 데 적절한 균형을 찾도록 돕기 위해 성경을 사용하여 귀신들의 한계를 보여주고 싶습니다.

1. 귀신은 한 지역에 치우쳐 있지 않는다.

> 더러운 귀신이 사람에게서 나갔을 때에 물 없는 곳으로 다니며 쉬기를 구하되 쉴 곳을 얻지 못하고(마 12:43).

귀신들은 한 번에 한 장소에만 있을 수 있습니다. 마태복음 12장의 구절은 귀신들이 여행하고 돌아다닌다는 사실을 설명합니다. 그들이 움직일 수 있다는 사실은 귀신은 한 지역에 치우쳐 있지 않는다는 증거입니다. 사전의 정의에 따르면, 누군가 편재(omnipresent)하면 이미 어디에나 있기에 한 장소에서 다른 장소로 이동할 수 없습니다.

2. 귀신들은 당신의 마음을 읽을 수 없다.

성경은 하나님만이 인간의 마음을 감찰하여 보실 수 있다고 분명하게 말씀합니다. 하나님만이 당신의 생각을 아십니다.

> 주는 계신 곳 하늘에서 들으시고 사하시며 각 사람의 마음을 아시오니 그들의 모든 행위대로 행하사 갚으시옵소서. 주만 홀로 사람의 마음을 다 아심이니이다(왕상 8:39).

원수가 당신의 생각을 읽을 수 있는 것처럼 보일 수도 있지만, 성경적으로 말해서 이것은 절대로 사실이 아닙니다. 귀신들이 자기의 마음을 읽고 있다고 생각하는 사람들은 적어도 두 가지 가능성을 고려해야 합니다. 첫 번째 가능성은 그들이 자기의 부정적인 생각을 귀신들의 소리로 착각하고 있을지도 모른다는 것입니다. 귀신이 당신의 생각에 대답하는 것처럼 보일 때, 이 대답은 실제로 당신 자신의 부정적인 소리에서 나온 것일 수 있습니다.

두 번째 가능성은 귀신들이 단순히 외적인 단서들을 읽고 있다는 것입니다. 우리는 귀신들이 수천 년 동안 인류를 연구해 왔다는 점에 유의해야 합니다. 그들은 고도로 훈련된 영적 암살자들입니다. 그들은 인간의 본성을 알고 있습니다. 그들은 몸짓 언어를 보거나 억양을 듣거나 행동을 관찰함으로써 당신 안에서 무슨 일이 일어나고 있는지 매우 분명하게 알 수 있습니다.

예를 들어, 내가 생각하고 있는 것이 있으면 아내는 나를 보기만 해도 내 생각이 무엇인지 알 수 있습니다. 그녀는 나를 읽을 수 있기 위해 내 마음을 읽을 필요가 없습니다. 마찬가지로 나와 가장 가까운 사람들은 나를 읽는 법을 배웠습니다. 같은 방식으로 귀신들은 당신을 아주 잘 읽는 법을 배워서 그들이 당신의 생각을 볼 수 있다는 착각을 만듭니다.

또한 귀신들이 서로 소통한다는 사실을 고려하십시오(마 12:45). 당신이 비밀리에 행하고 말하는 것을 한 귀신이 본 것은 다른 귀신에게 전달될 수 있습니다. 그들은 당신의 비밀을 공유합니다. 그들은 이 정보를 사용하여 귀신이나 귀신의 영향을 받은 사람이 실제로는 당신을 정기적으로 관찰하는 귀신들로부터 정보를 받고 있을 때 당신의 마음을 읽고 있다는 착각을 만들 수 있습니다.

귀신들은 주의 깊은 관찰을 통해 어떤 거짓말이 당신에게 가장 큰 영향을 미치는지 알려주는 단서들을 볼 수 있습니다. 그들은 당신이 불안하고, 우울하고, 피해 망상적이며, 화를 내고, 유혹에 빠지는 등의 상황을 압니다. 예를 들어, 귀신들은 "하나님이 너를 거부했어."라고 말할 수 있습니다. 그런 다음 심장박동수가 올라가는지, 방을 서성거리는지, 인터넷을 열고 하나님의 거절에 관한 성경 구절을 검색하는지 확인하기 위해 기다립니다. 외부적인 단서들만으로도, 귀신들은 주어진 시나리오에서 당신이 생각할 수 있는 것을 예측하는 법을 배울 수 있습니다. 이것은 그들이 그들의 힘을 과장하는 한 가지 방법이지만, 이것은 그들이 당신의 마음을 읽을 수 있다는 것과는 다릅니다.

3. 귀신들은 미래를 볼 수 없다.

> 너희는 옛적 일을 기억하라. 나는 하나님이라. 나 외에 다른 이가 없느니라. 나는 하나님이라. 나 같은 이가 없느니라. 내가 시초부터 종말을 알리며 아직 이루지 아니한 일을 옛적부터 보이고 이르기를 나의 뜻이 설 것이니 내가 나의 모든 기뻐하는 것을 이루리라 하였노라(사 46:9-10).

우리는 이사야서에서 결정적인 진술을 봅니다. "나 같은 이가 없느니라. 내가 시초부터 종말을 알리며…" 하나님이 가지신 특별한 능력 중 하나는 과거, 현재, 미래를 하나의 "그림"으로 보는 그분의 전적인 능력입니다.

귀신들이 사람들의 마음을 읽지 않고서도 그들을 읽을 수 있는 것과 마찬가지로 미래에 대해 학습된 추측을 할 수 있습니다. 이것은 귀신들 아래에서 활동하는 일부 사람들이 특정한 일을 예측할 수 있는 것처럼 보이는 이유를 설명할 것입니다. 경제학자가 경제에 대해 학습된 추측을 할 수 있는 것처럼, 귀신들도 어느 한 개인 또는 심지어 사회의 미래에 대해 학습된 추측을 할 수 있습니다. 그들은 핵심 지표와 추세를 찾습니다. 또한 귀신들은 자신들이 예측하는 것을 이행하기 위해 노력할 수도 있습니다.

우리는 귀신들이 편재하거나 마음을 읽거나 미래를 볼 수 없다고 결론을 내릴 수 있습니다. 이것이 귀신들의 일반적인 한계입니다. 요컨대, 귀신들은 신자에 대해 자신들의 음성을 사용하여 거짓말을 하고 고통을 줄 수 있지만, 그 이상 할 수 있는 것이 거의 없습니다.

권세나 힘으로 되지 아니함

믿기 어렵겠지만, 견고한 진의 사악한 측면에 맞서는 것이 견고한 진을 무너뜨리는 가장 간단한 방법입니다. 이 장에서 나는 특별히 귀신 들림의 주제를 다루지는 않지만, 귀신들이 성령님의 능력에 얼마나 반응하는지를 보여주기 위해 성경에 나오는 귀신 들림의 사례들을 사용할 것입니다. 당신은 성령님의 능력으로 귀신들에 대한 절대적인 권위를 사용합니다.

> 저물매 사람들이 귀신 들린 자를 많이 데리고 예수께 오거늘 예수께서 말씀으로 귀신들을 쫓아내시고 병든 자들을 다 고치시니(마 8:16).

예수님은 간단한 말씀으로 어둠의 세력을 쫓아내셨습니다. 귀신 들림은 가장 가혹한 형태의 사악한 공격이지만, 예수님은 간단한 명령으로 이 어둠의 세력을 정복하셨습니다. 무엇이 그것을 가능하게 했을까요? 그것은 성령 충만으로 오는 영적 권세였습니다. 예수님은 자신이 성령님을 힘입어 귀신을 쫓아낸다고 친히 말씀하셨습니다.

> 그러나 내가 하나님의 성령을 힘입어 귀신을 쫓아내는 것이면 하나님의 나라가 이미 너희에게 임하였느니라(마 12:28).

대조적으로 우리는 스게와의 일곱 아들이 의식을 통해, 즉 예수님의 이름으로 하는 특별한 기도와 바울의 경험을 통해 귀신들을 쫓아내려고 시도했음을 봅니다. 그들에게는 주님과 하나 됨에서 오는 능력이 없었기 때문에 마귀들이 그들을 압도했습니다.

> 이에 돌아다니며 마술하는 어떤 유대인들이 시험 삼아 악귀 들린 자들에게 주 예수의 이름을 불러 말하되 내가 바울이 전파하는 예수를 의지하여 너희에게 명하노라 하더라. 유대의 한 제사장 스게와의 일곱 아들도 이 일을 행하더니 악귀가 대답하여 이르되 내가 예수도 알고 바울도 알거니와 너희는 누구냐? 하며 악귀 들린 사람이 그들에게 뛰어올라 눌러 이기니 그들이 상하여 벗은 몸으로 그 집에서 도망하는지라(행 19:13-16).

물론 악귀들이 예수님의 이름을 두려워했기 때문에, 스게와의 아들들은 일부 악귀들을 쫓아낼 수 있었습니다. 그러나 예수님과의 관계가 아닌 의례를 통해 귀신들을 쫓으려는 시도는 한계가 있었습니다.

당신이 귀신들을 대적할 때 당신은 당신 자신의 힘이나 권위로 그것을 하는 것이 아님을 기억해야 합니다. 귀신들은 당신이 그들에 관해 얼마나 알고 있다고 생각하는지, 다른 사람들이 당신의 영적 순위를 어떻게 생각하는지, 심지어 당신이 몇 년 동안 영적 전쟁에 참여했는지에 대해서도 관심이 없습니다. 그들은 당신의 자격증들에 반응하지 않고 그리스도에게 반응합니다. 따라서 귀신 쫓는 기술들을 모으거나 배운 의례들을 구현하는 것은 중요하지 않습니다. 중요한 것은 성령님의 임재와 능력입니다. 귀신들이 두려워하는 것은 우리가 아닙니다.

나는 사역 초기 몇 년 동안 하나님이 나를 어떻게 사용하시는지에 대한 평판을 쌓기 시작했고 많은 영적 교만을 키웠다는 것을 당신에게 인정하는 것이 부끄럽습니다. 나는 "영적 교만"이라는 용어가 모순어법처럼 들릴 수도 있다는 것을 압니다. 교만은 영적인 것이 아닙니다. 이것은 단순히 내가 그리스도 안에 있는 나의 정체성보다 내 사역의 성취와 하나님이 나를 어떻게 사용하셨는가에 내 정체성을 두기 시작했다는 것을 의미합니다. 사람들이 치유, 구출사역 또는 하나님과의 만남이 필요할 때 그들은 종종 나에게 소개되었습니다. 나는 하나님이 나를 통해 하시는 일이 나의 자부심을 세우도록 허용하기 시작했습니다.

치유의 기적에 대한 나의 믿음은 하나님이 아니라 나의 "깊은" 기도 생활에 있다고 생각하는 지경에 이르렀습니다. 나의 예언적 은사에 대한 나의 확신은 하나님의 은혜가 아니라 나의 "예리한" 영적 청력에 있었습니다. 그리고 귀신을 쫓아내는 일에 대한 나의 확신은 그리스도의 권위에 있는 것이 아니라 귀신과 영적 세계에 대한 나의 "전문 지식"에 있었습니다. 내 마음에 나는 영적 특수 부대의 일원과 같았습니다.

나는 귀신들을 다룰 때마다 귀신들이 복종하게 만든 것이 영적 영역에 대한 나의 지식 때문이라고 생각했습니다. 귀신들은 내 지식과 경험에 따라 반응한다고 믿었기 때문에, 나는 귀신들의 이름, 유형, 계급, 진입 지점 등과 같은 정보를 수집해야 한다고 생각했습니다. 물론 사람들이 구원받았습니다. 그러나 그들이 받은 구원은 나의 미신적인 방법에 의한 것이었습니다.

나는 신성한 권위를 이해하는 데 한계가 있었습니다. 한 귀신을 쫓아내려면 몇 시간이 걸렸습니다. 내가 수행한 귀신축출은 진정한 권위가 나타난 것이기보다는 심문에 가깝습니다.

"네 이름은 무엇이냐? 어떻게 들어왔냐? 이 사람의 몇 세대 전에서부터 들어갔냐?"

거짓말하는 영들에게서 얻은 정보를 내가 왜 믿었는지 묻지 마십시오. 나는 당신에게 "내가 권위를 가지고 있기 때문에 그들은 진실을 말해야 하고, 나는 그들에게 진실을 말하도록 명령할 수 있습니다."라고 말했을 것입니다. 그러나 나는 내 자신의 계속 순환하는 추론을 보지 못했습니다. 결국 내가 그들에게 진실을 말하게 할 권위가 있었다면, 나는 그 권위를 사용하여 논쟁 없이 떠나게 했어야 했습니다. 나는 나 자신을 변호하면서 "예수님이 귀신들을 심문하셨습니다!"라고 당신에게 말했을 것입니다.

물론, 나는 사람 속에 군단으로 들어온 귀신들을 대면하신 예수님을 언급했을 것입니다. 그것은 예수님이 귀신의 이름을 물으셨던 한 사례였습니다. 그러나 그것은 예수님이 귀신들과 몇 시간 동안 주고받은 대화가 아니었습니다. 사실 예수님은 그 무리의 이름을 알고도 굳이 사용하시지 않았습니다.

> 이에 물으시되 네 이름이 무엇이냐? 이르되 내 이름은 군대니 우리가 많음이니이다 하고 자기를 그 지방에서 내보내지 마시기를 간구하더니 마침 거기 돼지의 큰 떼가 산 곁에서 먹고 있는지라. 이에 간구하여 이르되 우리를 돼지에게로 보내어 들어가게 하소서 하니 허락하신대 더러운 귀신들이 나와서 돼지에게로 들어가매 거의 이천 마리 되는 떼가 바다를 향하여 비탈로 내리달아 바다에서 몰사하거늘(막 5:9-13).

그렇다면 예수님은 왜 귀신의 이름을 물으셨을까요? 몇 가지 가능한 설명이 있습니다.

분명히 예수님은 그들이 그분에게 말하기 전에 그 귀신 무리의 이름을 아셨습니다. 그러므로 이것은 단순히 그분의 권능을 나타내는 것일 수 있습니다. 즉 그분에게 군대 귀신 전부를 즉시 쫓아내는 권위가 있음을 보여주는 것일 수 있습니다.

고려해야 할 또 다른 사항은 고대 세계의 특정 지역에서는 누군가의 이름을 아는 것이 그들에 대한 권력을 얻는 것이라고 믿었다는 사실입니다. 예수님이 귀신의 이름을 듣고서도 그 이름을 부르지 않으신 것은 "내가 네 이름을 안다. 그러나 나는 네게 권위를 행사하기 위해 네 이름을 부를 필요가 없다."라고 하신 말씀일 수 있습니다. 참으로 당신이 귀신들을 대적할 때 알아야 할 유일한 이름은 예수님의 이름입니다.

예수님이 그 이름을 알지 못하고는 그 군대 귀신을 쫓아내실 수 없다고 결론짓는 것은, 성령님의 능력을 크게 과소평가하고 마귀의 능력을 크게 과대평가하는 것입니다. 우리의 기독교 신화(Christian myths)는 실로 강력해졌습니까! 옛 부인들의 이야기(old wives' tales)2) "옛 부인들의 이야기"(old wives's tales)는 일반적으로 사실에 근거가 없는 미신이나 속설을 의미합니다. 예를 들어, "고양이를 검은색으로 보는 것은 불길하다."라는 말은 옛 부인들의 이야기 중 하나입니다. 이 말은 사실에 근거가 없으며, 고양이의 색깔과 운명은 전혀 관계가 없습니다. (역주)

가 인기를 얻고 사실로 받아들여지는 것처럼, 우리가 영적 전쟁에 대해 가르치는 많은 것들은 우리로 참 능력을 사용하지 못하도록 합니다.

나는 의식적인 방식에 갇혀 있었습니다. 나는 귀신들 심문하기, 긴 귀신축출 시간, 천사의 검으로 귀신들을 찌르기 등의 방식에 갇혀 있었습니다. 나는 귀신들의 유형과 등급 및 뿌리에 집착하여 성령님의 순수하고 단순한 능력을 복잡하게 만들었습니다.

누군가 내 접근 방식을 사랑스럽게 수정하려고 할 때마다, 나는 영적인 것처럼 들리지만 매우 비성경적인 핑계로 오만하게 대답했습니다.

"바리새인들도 예수님을 핍박했습니다. 당신이 나를 대적하는 까닭을 알겠습니다."

"당신은 아직 진짜 강력한 귀신들을 다룬 적이 없기에 이것이 어떻게 작동하는지 이해하지 못하는 것입니다."

"어쩌면 당신은 귀신축출이 필요할지도 모릅니다. 그것이 당신이 나에게 대항하는 이유일지도 모릅니다."

"당신은 귀신들의 영역에 대한 지식이 부족하니, 당신의 전문 분야에 충실해

---

2) "옛 부인들의 이야기"(old wives's tales)는 일반적으로 사실에 근거가 없는 미신이나 속설을 의미합니다. 예를 들어, "고양이를 검은색으로 보는 것은 불길하다."라는 말은 옛 부인들의 이야기 중 하나입니다. 이 말은 사실에 근거가 없으며, 고양이의 색깔과 운명은 전혀 관계가 없습니다. (역주)

야 합니다."

"당신은 더 깊이 들어가야 합니다."

"귀신축출을 하지 않는 사람들만 나를 비판합니다!"

즉, 나는 그들이 내가 사용한 방법을 사용하지 않았다는 것을 의미하는 말을 한 것입니다. 그들이 내가 배운 인위적인 의식들을 행하지 않았기 때문에 나는 다른 사람들이 귀신축출을 전혀 하지 않고 있다고 잘못된 결론을 내렸습니다.

나는 너무 유명해진 인위적인 의식들을 포기하는 것이 힘들었습니다. 많은 신자가 그러한 방법론들에 자신의 정체성을 부여합니다. 그들은 이러한 관행들을 사용하고 아는 것이 그들에게 영적 전투에서 특별한 순위나 더 큰 효율성을 준다고 생각할 수 있습니다. 그러한 일에 얽힌 사람들은 대개 가장 순수한 의도와 동기를 가지고 있습니다. 우리는 모두 자유롭게 살고, 사람들을 자유롭게 하고, 다른 사람들을 자유롭게 하도록 훈련하기를 원합니다. 우리는 모두 마귀의 일을 멸하고, 귀신들을 쫓아내고, 견고한 진을 무너뜨리고, 어둠의 왕국을 완전히 멸하기를 원합니다.

그러나 우리는 성령님의 방식을 배우기 전에 사람의 방식을 버려야 합니다. 이를 위해서는 우리가 배운 것을 익숙하거나 타당하다는 이유만으로 고집하지 않도록 배워야 합니다. 낡은 사고방식을 버린다는 것은 당신의 정체성을 일련의 교리나 관행이 아니라 그리스도 안에 뿌리를 내리는 것을 의미합니다. 귀신들에 대한 우리의 능력은 우리의 정체성이나 기쁨의 원천이 아닙니다. 주님과 우리가 연결된 것이 우리의 정체성이나 기쁨의 원천입니다.

그러나 귀신들이 너희에게 항복하는 것으로 기뻐하지 말고 너희 이름이 하늘에 기록된 것으로 기뻐하라 하시니라(눅 10:20).

분명히 말하지만, 나는 이러한 관행이 나쁘다고 말하는 것이 아니라 하나님의 최선이 아니라는 것입니다. 이러한 방법들을 사용하여 귀신들을 물리칠 수는 있지만, 이러한 인위적인 의식들이 승리의 근원이 아닙니다. 캘리포니아에서 플로리다까지는 걸어서 갈 수 있지만 비행기를 타는 것이 낫지 않습니까? 성령님은 모든 것을 통해 역사하실 수 있습니다. 이것은 옳고 그름의 문제가 아니라 수용 가능한 것과 가장 효과적인 것 사이에서 선택하는 문제입니다.

진정으로 더 깊이 들어가고 싶다면, 우리가 최종적인 깊이에 도달하지 못했다는 것을 인정해야 합니다. 영적 전쟁에서 더 효과적으로 싸우고 싶다면, 우리가 모든 것을 알지 못한다는 사실을 인정해야 합니다. 당신이 배운 기술들에 만족하지 마십시오.

모든 영적 은사와 사역에는 서로 다른 수준의 성숙도와 효율성이 있습니다. 영적 전쟁도 다르지 않습니다. 내가 처음 영적 전쟁과 축귀사역을 시작했을 때, 나는 몇 시간 동안 귀신들을 쫓아냈고, 귀신들이 내가 지르는 소리를 듣고 겁먹도록 했고, 귀신들을 심문했고, 귀신들이 떠나게 하려고 인위적인 기술들에 의존했습니다. 영적 싸움의 상당 부분을 내 힘으로 했기 때문에 완전히 지친 상태에서 영적 싸움이 끝났습니다. 그것이 내가 정당하다고 느꼈던 이유였습니다. 나는 마음으로 "나는 여기 최전선에서 사람들이 자유를 얻도록 돕고 있는데, 다른 목사들이 이런 일을 하는 것은 볼 수 없군."이라고 말하곤 했습니다. 나는 나 자신의 특별한 형태의 순교에 의해 고결함을 느꼈고 정당함을 느꼈습니다.

"나는 사역에 임하고 있다. 다른 사람들은 그저 옆에 앉아 있을 뿐이다."

어떤 사람들은 여전히 이 수준의 영적 전쟁을 하고 있을지도 모릅니다. 그들이 이 수준의 영적 전쟁에 갇히지 않는 한 그것은 괜찮습니다. 우리가 전쟁을 벌일 수 있는 더 높은 영역이 있습니다. 성령님과 깊이 동행하고 그분의 영광을 전하는 것이 무엇인지 아는 사람은 조련사가 개를 다루는 것처럼 귀신을 다릅니다. 이것은 귀신의 능력과 하나님의 능력 사이의 엎치락뒤치락하는 대결이 아닙니다. 이것은 해충을 박멸하는 일입니다. 인간의 방식은 고스트버스터들(ghostbusters)처럼 귀신의 능력과 특수 기술들을 강조합니다. 하지만 하나님의 방식은 성령님의 능력을 강조합니다.

나는 영적 전쟁에 대한 의식화된 접근 방식에서 벗어나 성장하기 전에 먼저 내가 완전히 성장하지 못했다는 사실을 인정해야 했습니다. 영적 교만은 사람들이 성장하지 못하게 할 수 있습니다. 그것은 성장의 어려운 측면 중 하나입니다. 이것은 당신이 성장해야 함을 인정하는 것입니다.

감사하게도, 성령님은 나를 바로잡으시고 더 나은 길을 보여주시기 시작하셨습니다.

> 그가 내게 대답하여 이르되 여호와께서 스룹바벨에게 하신 말씀이 이러하니라. 만군의 여호와께서 말씀하시되 이는 힘으로 되지 아니하며 능력으로 되지 아니하고 오직 나의 영으로 되느니라(슥 4:6).

스가랴서의 이 구절은 스룹바벨에게 하신 말씀이지만, 이 구절의 핵심 메시지는 오늘날에도 여전히 적용되는 진리입니다. 이는 우리의 능력이 아니라 성령님의 능력에 있습니다. 사실, 성령님은 믿는 자들이 그분의 능력보다 귀신들의 능력에 더 많은 영예를 돌릴 때 그분이 얼마나 슬퍼하시는지 나에게 말씀해 주셨습니다. 우리는 너무나 자주 그분의 능력을 모욕합니다. 이것은 그분의 거룩한 질투를 불러일으킵니다.

> 너희는 하나님이 우리 속에 거하게 하신 성령이 시기하기까지 사모한다 하신 말씀을 헛된 줄로 생각하느냐(약 4:5)?

속박을 풀어주시는 분은 성령님이십니다. 나와 당신이 속박을 푸는 것이 아닙니다. 다시 말하지만, 나는 귀신 들림과 귀신 쫓아내는 것에 관해서만 글을 쓰는 것이 아닙니다. 더 포괄적입니다. 나는 당신이 성령님에게 받은 권세에 관하여 쓰고 있습니다. 귀신들은 우리에게 고통스럽고 혼란스러운 거짓말을 함으로써 신자들을 공격하지만, 우리는 그들을 잠잠하게 하는 명령을 할 수 있습니다. 성령님은 말씀을 통해 우리에게 그분의 권위가 귀신들에 대해 얼마나 절대적인지를 보여주셨습니다.

> 그들이 가버나움에 들어가니라. 예수께서 곧 안식일에 회당에 들어가 가르치시매 뭇 사람이 그의 교훈에 놀라니 이는 그가 가르치시는 것이 권위 있는 자와 같고 서기관들과 같지 아니함일러라. 마침 그들의 회당에 더러운 귀신 들린 사람이 있어 소리 질러 이르되 나사렛 예수여 우리가 당신과 무슨 상관이 있나이까? 우리를 멸하러 왔나이까? 나는 당신이 누구인 줄 아노니 하나님의 거룩한 자니이다. 예수께서 꾸짖어 이르시되 잠잠하고 그 사람에게서 나오라 하시니 더러운 귀신이 그 사람에게 경련을 일으키고 큰 소리를 지르며 나오는지라. 다 놀라 서로 물어 이르되 이는 어찜이냐? 권위 있는 새 교훈이로다. 더러운 귀신들에게 명한즉 순종하는도다 하더라(막 1:21-27).

나는 마가복음 1장에 있는 구절에서 몇 가지 중요한 점을 설명하고 싶습니다.

첫째로, 사람들은 예수님의 권위의 독특함을 알아차렸습니다. 그분은 당시의 종교 지도자들과는 달리 신적 권위로 가르치셨습니다. 둘째로, 예수님은 간단한 명령으로 귀신들을 쫓아내셨습니다. 여러 복음서 기록에서 예수님은 많은 귀신 들린 무리에게서 여러 귀신을 쫓아내시고 많은 병든 사람을 고쳐 주셨으며, 이 모든 일을 하루 만에 다 하셨습니다. 그분의 사역 방식은 즉시 귀신들을 쫓아내는 것이었습니다.

마지막으로, 사람들이 예수님을 종교 지도자들과 비교하고 있다는 점에 주목하십시오. 이것은 그들의 자존심에 큰 타격을 주었을 것입니다. 바리새인과 사두개인들은 사회에서 사람들의 시선을 받고, 칭찬받고, 영적인 존재로 여겨지고, 중요한 존재로 인식되고, 일반적으로 존경받기를 원했습니다. 그래서 예수님이 현장에 오셔서, 그들이 가르칠 수 없는 것처럼 가르치시고 그들이 할 수 없는 일을 행하시는 그분의 능력은 그들의 질투심을 자극했습니다. 종교 지도자들은 귀신축출을 했지만(마 12:27), 예수님이 가졌던 것과 같은 종류의 권위를 가지고 있지는 않았습니다. 역사는 종교 지도자들이 특정 의식과 기도문을 사용했음을 알려줍니다. 반면에 성경은 예수님이 간단한 명령으로 귀신들을 쫓아내셨다고 말씀합니다(마 8:16).

예수님이 그들의 전통을 깨뜨리고 그들이 했던 것과 같은 방식으로 하시지 않았을 때 그들은 얼마나 속이 뒤집어졌겠습니까? 그들은 사람들을 귀신들로부터 해방시키는 일에서 예수님만큼 성공적이지 못했을 것입니다.

종교적 사고방식은 하나님의 능력의 단순함을 싫어합니다. 왜냐하면 하나님의 능력의 단순함은 인간의 행위에 주의를 기울이지 않고 하나님의 능력에 주의를 기울이기 때문입니다. 당신이 종교인들의 규칙과 규정을 따르지 않을 때만큼 그들을 좌절시키는 것은 거의 없습니다. 당신이 참으로 성령님의 능력 안에서 행할 때 어떤 사람들은 당신이 "너무 빨리" 또는 "너무 간단하게" 귀신들을 쫓아낸다고 말할 수 있습니다. 종교적 사고는 적절한 단계를 거쳐 올바른 의례를 사용하도록 요구할 것입니다. 종교적 사고는 심지어 당신이 사람들을 속박에 빠뜨린다고 비난할 수도 있습니다. 왜냐하면 종교적 사고는 귀신들이 즉시 복종하게 할 수 있는 그런 힘의 개념을 이해할 수 없기 때문입니다. 그러나 간단하고 신속하게 귀신들을 쫓아내는 것은 예수님이 하신 방법입니다.

> 이는 내 생각이 너희의 생각과 다르며 내 길은 너희의 길과 다름이니라. 여호와의 말씀이니라. 이는 하늘이 땅보다 높음 같이 내 길은 너희의 길보다 높으며 내 생각은 너희의 생각보다 높음이니라(사 55:8-9).

귀신들을 쫓아내는 데는 하나님의 자녀가 하는 간단한 명령이면 충분합니다. 마귀를 대적할 때 신학과 지식에 의지하려는 유혹을 받지만, 예수님은 우리에게 더 나은 방법, 곧 성령님의 방법을 보여주십니다. 당신이 의식 없이 귀신들에게 명령하는 것이 가능하다는 것을 알게 되면, 절대로 인간의 전통으로 돌아가고 싶지 않을 것입니다. 이것은 성령님의 임재와 능력으로만 가능합니다. 성령님의 임재와 능력이 귀신들을 쫓아냅니다. 게다가 예수님은 안식일에 병을 고치셨습니다. 그래서 사로잡힌 자들을 구원하기 위해 때때로 전통을 깨는 것은 괜찮다고 말하는 것은 안전합니다.

우리 세대에 아름다운 축귀 운동이 일어나고 있지만, 옛날처럼 보이지는 않을 것입니다. 이 운동은 성령님께 속한 것입니다. 하나님은 새 일, 곧 신선한 일을 행하고 계십니다. 당신이 가진 오래된 기억이나 방법론 때문에 이 운동을 놓치지 마십시오. 귀신들을 심문하는 일이 없도록 하십시오. 귀신들을 저항하는 일이 없도록 하십시오. 귀신들을 쫓아내는 의식을 행하는 일이 없도록 하십시오. 오직 순수한 능력만을 사용하십시오.

내가 말하는 것이 당신이 이제껏 배운 내용에 도전한다면, 마음이 불편할 것입니다. 내가 이 문제에 관한 성경의 진리를 처음 접했을 때, 내가 배운 것과 내 주변의 모든 사람이 단호하게 확증한 것 때문에 나는 속으로 '이해가 안 되는군. 이것은 옳지 않아. 이것은 나를 혼란스럽게 해.'라고 말했습니다. 나는 거의 알지 못했지만, 그 불편함은 하나님의 나를 바로잡으셨기 때문에 생긴 불편함이었습니다. 혼란은 성령님이 나에게 소개하신 진리가 아니라 내가 고수하려고 시도한 전통과 가르침에서 비롯되었습니다.

여기에서 나는 귀신축출과 귀신 들림에 대한 성경의 사례를 참조했습니다. 그러나 이것은 단지 귀신을 쫓아내는 것에 관한 것이 아니라는 것을 기억하십시오. 나는 단순히 귀신축출을 참조로 사용하고 있습니다. 나는 당신이 성령님의 능력의 순전한 힘에 대항하는 무력한 귀신들을 보기를 원합니다. 귀신들이 사람 속에 들어가 완전한 거주할 때도 그렇게 무력하다면, 그들이 단순히 진을 치고 있을 때 얼마나 약한지 상상해보십시오.

이것은 우리가 귀신들에 관해 부주의하거나 완전히 무시해야 한다는 의미가 아닙니다. 나는 단지 성령님의 능력에 대해 적절한 관점에서 그들의 능력을 취급하는 것일 뿐입니다.

성령님의 권위를 알라

견고한 진은 원수의 거짓말 위에 세워지며, 당신은 당신을 속이려는 거짓말쟁이를 제압하는 권위를 받았습니다. 손으로 귀를 막고 구석에 숨지 마십시오. 일어서서 공격하십시오. 당신이 불량배를 대적하는 것처럼 귀신을 대적하면, 귀신은 성령님의 능력이 얼마나 두려운지 드러낼 것입니다. 하나님의 백성이 공격을 받고 있다는 사실을 강조하는 대신 믿음에 서 있을 때, 귀신들은 허둥지둥합니다.

성경은 우리가 이러한 원수를 어떻게 처리해야 하는지에 대한 명확한 통찰력을 제공합니다. 단순히 명령만 하면 됩니다. 이것은 사람의 방식이 아니라 성령님의 방식입니다. 그렇다면 이것은 어떻게 작동하는 것일까요? 당신에게 주어진 권세를 이해하는 데 도움이 되도록 처음부터 다시 살펴보겠습니다.

오래전 하늘에 싸움이 있었습니다. 사탄은 천사들을 설득하여 하나님에 대한 반역에 가담하도록 했습니다. 이것은 전쟁 수준의 것이 될 수 없었습니다. 사탄과 그의 모든 부하는 힘과 능력에 있어서 하나님과 비교할 수 없었기 때문입니다. 마귀는 그의 반역자들과 함께 땅으로 추방되었습니다.

> 큰 용이 내쫓기니 옛 뱀 곧 마귀라고도 하고 사탄이라고도 하며 온 천하를 꾀는 자라. 그가 땅으로 내쫓기니 그의 사자들도 그와 함께 내쫓기니라(계 12:9).

사탄은 왜 반역한 것일까요? 언제 이런 일이 일어났습니까? 성경적 시간표를 봅시다.

우리는 하나님이 엿새 동안 세상과 지상의 모든 생물을 창조하셨다는 것을 압니다(창 1:1-31 참조). 하나님은 1일부터 6일까지 창조하셨습니다. 그리고 일곱째 날에 쉬셨습니다.

사탄은 창조의 6일 전에 타락할 수 없었습니다. 왜냐하면 그가 반역했을 때 그는 땅으로 추방되었기 때문입니다. 사탄이 지구로 추방되기 위해서는 지구가 존재해야 한다는 점에 유의해야 합니다.

여기서 누군가는 아담과 하와가 창조되기 이전에 문명을 가진 인종이 있었다는 이론을 주장할 수 있습니다. 어떤 사람들은 이런 사회가 존재했고 하나님이 창세기에 언급된 창조의 6일로 "다시 시작"하시기 전에 파괴되었다고 믿습니다. 우리는 형편없는 문서번역에 근거한 이 이론 외에도 창세기 이전의 문명이 있었다는 개념을 거부해야 할 몇 가지 이유가 있습니다. 두 가지를 참고하겠습니다. 첫째로, 성경은 아담을 첫 번째 사람으로 언급합니다.

> 기록된바 첫 사람 아담은 생령이 되었다 함과 같이 마지막 아담은 살려 주는 영이 되었나니(고전 15:45).

성경이 분명히 가르치는 것처럼 아담이 첫 사람이었다면, 아담과 하와가 창조되기 전에 문명이 존재할 수 없었을 것입니다.

둘째로, 성경은 아담의 죄로 말미암아 사망이 세상에 들어왔다고 말합니다.

> 그러므로 한 사람으로 말미암아 죄가 세상에 들어오고 죄로 말미암아 사망이 들어왔나니 이와 같이 모든 사람이 죄를 지었으므로 사망이 모든 사람에게 이르렀느니라(롬 5:12).

만약 우리가 문명이 파괴되었다는 것과 및 아담과 하와가 창조되기 전에 생명들이 죽었다고 믿는다면, 죽음이 죄보다 먼저 왔다고 결론을 내려야 할 것입니다. 이것은 성경과 분명한 모순입니다. 그러므로 우리는 사탄이 창조 6일 전에 타락하지 않았다는 성경적인 결론을 내릴 수 있습니다.

그렇다면 창조의 6일 동안은 어떻습니까? 사탄이 아직 하늘에서 쫓겨나지 않은 상태였을 때 에덴에서 어느 정도 시간을 보냈다는 점을 생각해 보십시오.

> 인자야 두로 왕을 위하여 슬픈 노래를 지어 그에게 이르기를 주 여호와의 말씀에 너는 완전한 도장이었고 지혜가 충족하며 온전히 아름다웠도다. 네가 옛적에 하나님의 동산 에덴에 있어서 각종 보석 곧 홍보석과 황보석과 금강석과 황옥과 홍마노와 창옥과 청보석과 남보석과 홍옥과 황금으로 단장하였음이여 네가 지음을 받던 날에 너를 위하여 소고와 비파가 준비되었도다. 너는 기름 부음을 받고 지키는 그룹임이여 내가 너를 세우매 네가 하나님의 성산에 있어서 불타는 돌들 사이에 왕래하였도다. 네가 지음을 받던 날로부터 네 모든 길에 완전하더니 마침내 네게서 불의가 드러났도다(겔 28:12-15).

그 구절들에서 선지자 에스겔은 두로 왕에게 메시지를 전하고 있습니다. 그 예언의 말씀에서 에스겔은 두로 왕과 사탄 사이에 유사점을 그리고 있습니다. 사탄의 이전 상태를 어렴풋이 엿볼 수 있는 것은 이와 유사합니다. 한때 사탄은 하늘의 모습으로 에덴에서 얼마 동안 머물렀습니다. 그러기 위해서는 창조 6일 후에 사탄이 타락했어야 합니다.

그러므로 사탄은 창조 6일 전에 타락하지 않았고, 창조 6일 동안에도 타락하지 않았습니다. 그는 창조 6일 후에 언젠가 반역했습니다. 우리가 "언제"를 정할 때는 "이유"를 이해하기 시작하기 때문에 중요합니다. 사탄은 왜 천국의 본질, 하나님 왕국에서의 지위, 하나님과의 친밀함을 상실했을까요? 사탄이 자신을 지으신 하나님을 반역하게 만든 것은 무엇이었을까요? 또 다른 예언서의 유사 구절들을 살펴보면 전체 그림이 형성되기 시작하는 것을 볼 수 있습니다.

> 너 아침의 아들 계명성이여 어찌 그리 하늘에서 떨어졌으며 너 열국을 엎은 자여 어찌 그리 땅에 찍혔는고. 네가 네 마음에 이르기를 내가 하늘에 올라 하나님의 뭇 별 위에 내 자리를 높이리라. 내가 북극 집회의 산 위에 앉으리라. 가장 높은 구름에 올라가 지극히 높은 이와 같아지리라 하는도다. 그러나 이제 네가 스올 곧 구덩이 맨 밑에 떨어짐을 당하리로다. 너를 보는 이가 주목하여 너를 자세히 살펴보며 말하기를 이 사람이 땅을 진동시키며 열국을 놀라게 하며(사 14:12-16).

우리는 이사야의 예언에서 사탄이 하나님과 같이 되기를 원했음을 봅니다. 사탄은 아버지의 보좌의 높은 곳으로 올라가기를 원했습니다. 이 모든 것이 단지 교만의 문제였을까요? 부분적으로 그렇습니다. 그러나 그것보다 더 많은 것이 있습니다. 사탄은 자신이 하나님처럼 될 수 있다는 생각을 어디서 얻었습니까? 대답은 충격적입니다.

> 하나님이 이르시되 우리의 형상을 따라 우리의 모양대로 우리가 사람을 만들고 그들로 바다의 물고기와 하늘의 새와 가축과 온 땅과 땅에 기는 모든 것을 다스리게 하자 하시고(창 1:26).

사탄이 하나님께 반역하도록 유혹한 것은 교만 때문만은 아니었습니다. 그것은 하나님이 당신에게 주신 것에 대한 사탄의 질투였습니다. 태초부터 지배권은 사람을 위한 것이었습니다. 그리고 처음부터 사탄은 그 권세를 시기했습니다. 사탄이 자기의 반역으로 인해 벌을 받아 인간이 다스리는 곳인 지구로 보내졌을 때 얼마나 낮아졌을지 생각해 보십시오. 사탄은 사람의 지배 아래 놓였고, 사람에 대해 시기심으로 불타올랐습니다.

사탄은 자신이 하늘의 지위를 되찾을 수 없다는 것을 알고 계략을 꾸몄습니다. 그는 자신이 올라갈 수 없다는 것을 알았고, 그래서 그는 사람이 내려가고 타락하게 하려고 계획했습니다. 사탄은 이미 더 낮은 상태, 즉 죄와 하나님께 대한 반역으로 가는 길을 알고 있었습니다. 그래서 사탄은 하와를 유혹했습니다. 인간은 타락하여 통치권을 상실하고 죄에 굴복하게 되었습니다. 그러나 하나님은 맨 처음부터 당신에게 통치권을 주시려고 의도하셨습니다.

> 하나님이 그들에게 복을 주시며 하나님이 그들에게 이르시되 생육하고 번성하여 땅에 충만하라, 땅을 정복하라, 바다의 물고기와 하늘의 새와 땅에 움직이는 모든 생물을 다스리라 하시니라(창 1:28).

> 주의 손가락으로 만드신 주의 하늘과 주께서 베풀어 두신 달과 별들을 내가 보오니 사람이 무엇이기에 주께서 그를 생각하시며 인자가 무엇이기에 주께서 그를 돌보시나이까? 그를 하나님보다 조금 못하게 하시고 영화와 존귀로 관을 씌우셨나이다. 주의 손으로 만드신 것을 다스리게 하시고 만물을 그의 발아래 두셨으니 곧 모든 소와 양과 들짐승이며 공중의 새와 바다의 물고기와 바닷길에 다니는 것이니이다(시 8:3-8).

아담 안에서 잃은 것을 그리스도 안에서 얻었습니다. 아담은 나무에서 열매를 취하고서 죽음을 낳았습니다. 그리스도는 나무에 자신을 주시고서 생명을 낳으셨습니다.

> 아담 안에서 모든 사람이 죽은 것 같이 그리스도 안에서 모든 사람이 삶을 얻으리라(고전 15:22).

그리스도가 하신 일 때문에 우리는 흑암의 왕국에서 구출되었습니다.

> 그가 우리를 흑암의 권세에서 건져 내사 그의 사랑의 아들의 나라로 옮기셨으니(골 1:13).

우리는 더는 원수의 지배 아래 있지 않고 그리스도 안에 있으며, 오래전에 하나님께서 우리를 위해 의도하신 지배권의 자리로 회복되었습니다.

이제 원수는 우리를 지배하지 못합니다. 이 지배권은 우리를 통해 실현됩니다. 우리에게서 나온 것이 아니라 우리 안에 계신 그리스도에게서 나온 것입니다. 이번에는 통치권이 그분의 죄 없는 완전성 안에서 확보되고 우리는 그분 안에서 안전합니다.

> 이러므로 하나님이 그를 지극히 높여 모든 이름 위에 뛰어난 이름을 주사 하늘에 있는 자들과 땅에 있는 자들과 땅 아래에 있는 자들로 모든 무릎을 예수의 이름에 꿇게 하시고 모든 입으로 예수 그리스도를 주라 시인하여 하나님 아버지께 영광을 돌리게 하셨느니라(빌 2:9-11).

> 그의 힘의 위력으로 역사하심을 따라 믿는 우리에게 베푸신 능력의 지극히 크심이 어떠한 것을 너희로 알게 하시기를 구하노라. 그의 능력이 그리스도 안에서 역사하사 죽은 자들 가운데서 다시 살리시고 하늘에서 자기의 오른편에 앉히사 모든 통치와 권세와 능력과 주권과 이 세상뿐 아니라 오는 세상에 일컫는 모든 이름 위에 뛰어나게 하시고 또 만물을 그의 발아래에 복종하게 하시고 그를 만물 위에 교회의 머리로 삼으셨느니라. 교회는 그의 몸이니 만물 안에서 만물을 충만하게 하시는 이의 충만함이니라(엡 1:19-23).

그리스도는 능력 안에 있고 우리는 그리스도 안에 있습니다.

> 또 함께 일으키사 그리스도 예수 안에서 함께 하늘에 앉히시니(엡 2:6).

귀신들의 공격을 받는다는 생각만 해도 당황하는 그리스도인들이 나를 당혹스럽게 하는 이유는 바로 이것입니다. 그들은 잘못된 영역에서 싸우고 있습니다. 그들은 자기의 힘으로 싸움하려고 시도합니다. 당신이 귀신을 책망할 때 그 책망은 바로 그리스도의 보좌에서 나옵니다. 당신이 귀신을 대적할 때 그리스도는 당신을 통해 그 귀신을 대적하십니다. 이것이 바로 능력입니다. 이것이 인정받아야 할 진정한 권위입니다.

하나님은 그분이 뜻하시는 것은 무엇이든 하실 수 있습니다. 그분은 모든 것을 통치하십니다. 하나님이 우리에게 땅을 정복하라고 말씀하시기 때문에 우리는 책임이 있습니다. 그분은 땅에서 인간을 통해 일하기로 선택하셨습니다. 그분은 그분의 창조물을 관리하기 위해 그분의 형상대로 우리를 창조하셨습니다. 그분은 우리가 필요하시지 않지만, 우리를 사용하기로 선택하십니다. 그분은 우리를 이 땅에서 그분의 대사로 삼기로 선택하셨습니다. 우리는 하나님의 자녀요, 천국 시민입니다.

> 영접하는 자 곧 그 이름을 믿는 자들에게는 하나님의 자녀가 되는 권세를 주셨으니 이는 혈통으로나 육정으로나 사람의 뜻으로 나지 아니하고 오직 하나님께로부터 난 자들이니라(요 1:12-13).

> 그러나 우리의 시민권은 하늘에 있는지라. 거기로부터 구원하는 자 곧 주 예수 그리스도를 기다리노니(빌 3:20).

우리는 천국의 시민으로서 예수님의 이름으로 나아갑니다.

> 또 이르시되 너희는 온 천하에 다니며 만민에게 복음을 전파하라. 믿고 세례를 받는 사람은 구원을 얻을 것이요 믿지 않는 사람은 정죄를 받으리라. 믿는 자들에게는 이런 표적이 따르리니 곧 그들이 내 이름으로 귀신을 쫓아내며 새 방언을 말하며 뱀을 집어 올리며 무슨 독을 마실지라도 해를 받지 아니하며 병든 사람에게 손을 얹은즉 나으리라 하시더라(막 16:15-18).

여기서 우리는 다시 그 말씀을 보게 됩니다.

내가 진실로 진실로 너희에게 이르노니 나를 믿는 자는 내가 하는 일을 그도 할 것이요 또한 그보다 큰일도 하리니 이는 내가 아버지께로 감이라. 너희가 내 이름으로 무엇을 구하든지 내가 행하리니 이는 아버지로 하여금 아들로 말미암아 영광을 받으시게 하려 함이라. 내 이름으로 무엇이든지 내게 구하면 내가 행하리라(요 14:12-14).

요한복음 14장에 있는 성경의 특정 부분에 대해 많은 말과 글이 있었습니다. 많은 사람이 예수님이 말씀하신 "그보다 큰 일"이 무엇을 의미하셨는지에 대해 논쟁을 벌이고 있지만, "내가 한 것과 같은 일을 할 것이다"라고 하신 말씀이라고 나는 믿습니다. 예수님이 "그보다 큰 일"이라고 말씀하신 것을 당신이 어떤 의미로 생각하든(그것이 무엇인지 또는 우리가 어떻게 그리스도보다 더 큰 일을 할 수 있는지), 우리는 "같은 일"이 무엇을 의미하는지 확실히 압니다. 그것은 병든 자를 고치고 죽은 자를 살리며 귀신을 쫓아내는 것을 의미합니다. 귀신들을 제어하는 같은 능력이 주 예수를 믿는 사람들에게 주어졌습니다.

그분의 권위에 맞게 일하라

예수님의 이름으로 무엇인가를 한다는 것은 그분의 권위로, 그분을 대신하여, 그분의 영광을 위해, 그분의 뜻에 따라 무엇인가를 하는 것입니다. 우리가 그리스도의 권위로 행하기를 원한다면 그분의 뜻에 자신을 일치시켜야 합니다. 당신이 경건한 권위를 원한다면, 경건한 생활방식을 가져야 합니다.

물론 어느 정도 능력을 가지고 행하면서도 여전히 죄 가운데 사는 것은 분명히 가능합니다. 내 말은 누구에게나 죄를 짓도록 격려하는 것이 아닙니다. 이것은 위선자들도 어느 정도 권력을 행사할 수 있다는 성경적 현실을 인정하는 것일 뿐입니다.

나더러 주여 주여 하는 자마다 다 천국에 들어갈 것이 아니요 다만 하늘에 계신 내 아버지의 뜻대로 행하는 자라야 들어가리라. 그 날에 많은 사람이 나더러 이르되 주여 주여 우리가 주의 이름으로 선지자 노릇 하며 주의 이름으로 귀신을 쫓아내며 주의 이름으로 많은 권능을 행하지 아니하였나이까 하리니, 그 때에 내가 그들에게 밝히 말하되 내가 너희를 도무지 알지 못하니 불법을 행하는 자들아 내게서 떠나가라 하리라(마 7:21-23).

이건 정말 무서운 현실입니다. 그들은 받아들여질 것이라는 확신을 가지고 주님께 당당히 나아갑니다. 그러나 그들은 거절당합니다. 흥미롭게도, 주님은 그들이 권능을 행했다는 사실을 부인하시지 않습니다. 그분은 그들을 알고 있었다는 사실을 부인하십니다. 우리는 주님이 그들을 결코 알지 못하신다는 것을 분명히 하셨기 때문에 이것을 압니다. 또한 그들은 자신의 행위를 의지하고 있었기 때문에 그들의 믿음이 그리스도의 희생에 있지 않았음이 분명합니다.

내가 여기에서 말하고 있는 요점은 그들이 예수 이름으로 예언하고 기적을 행하고 심지어 귀신을 쫓아냈다는 것입니다. 하지만 그들은 악한 사람들, 즉 "하나님의 법을 어기는 사람들"이었습니다. 그래서 우리는 권능을 행하고서도 위선자가 될 수 있음을 봅니다. 하나님의 말씀과 예수님의 이름은 너무나 강력해서 외식하는 자가 사용할 때도 어느 정도 역사합니다.

스게와의 일곱 아들은 이에 대한 또 다른 사례입니다.

이에 돌아다니며 마술하는 어떤 유대인들이 시험삼아 악귀 들린 자들에게 주 예수의 이름을 불러 말하되 내가 바울이 전파하는 예수를 의지하여 너희에게 명하노라 하더라. 유대의 한 제사장 스게와의 일곱 아들도 이 일을 행하더니 악귀가 대답하여 이르되 내가 예수도 알고 바울도 알거니와 너희는 누구냐? 하며 악귀 들린 사람이 그들에게 뛰어올라 눌러 이기니 그들이 상하여 벗은 몸으로 그 집에서 도망하는지라(행 19:13-16).

그래서 우리는 주님을 알지 못하고 악한 삶을 사는 사람들도 작은 능력을 행할 수 있음을 압니다.

그러나 우리가 하나님의 뜻과 말씀에 더 일치할수록 그분의 권위에 더 접근할 수 있다는 것은 여전히 진리입니다. 우리가 더 헌신할수록 그분의 권위는 우리를 통해 더 효과적으로 흐를 수 있습니다. 다시 말하지만, 하나님이 우리를 필요로 하시는 것은 아니지만, 그것이 그분이 창조하신 세상에 대한 질서입니다. 그분은 우리가 그분의 그릇이 되기를 원하십니다. 항상 예외가 있지만 일반적으로 말하면, 하나님은 자신의 지혜로 우리를 통해 일하기로 선택하셨습니다.

하나님의 권위에 일치된 사람만이 하나님의 권위 안에서 온전히 행할 수 있습니다. 말씀대로 사는 사람만이 온전히 말씀의 권위 안에서 행할 수 있습니다.

이것은 실제로 귀신들이 때때로 떠나거나 침묵하라는 명령에 저항하는 이유를 설명합니다. 그들은 결코 성령님에게 저항하지 않으며 그리스도의 권세에 저항하지 않습니다. 그들은 당신에게 저항합니다. 죄는 우리를 하나님의 권위에서 벗어나게 합니다. 타협은 우리를 하나님의 권위에서 벗어나게 합니다. 그러나 당신이 하나님의 말씀에 따라 생활하고 당신이 명령을 내리면, 귀신은 당신에게 거짓말을 하지 말라고 명령하거나 당신을 혼란스럽게 하지 말라고 명령하거나 당신을 공격하지 말라고 명령할 때 즉시 순종해야 합니다. 당신이 그리스도 안에 살 때 당신은 그분의 권위 안에 삽니다.

죄스러운 불순종 외에 당신을 통한 신성한 권위가 흘러가는 것을 막는 유일한 것은 믿음의 부족입니다. 예수님은 제자 중 일부가 소년에게서 귀신을 쫓아내지 못했을 때 그들의 믿음 부족에 대해 실망감을 표현하셨습니다.

> 무리 중의 하나가 대답하되 선생님 말 못하게 귀신 들린 내 아들을 선생님께 데려왔나이다. 귀신이 어디서든지 그를 잡으면 거꾸러져 거품을 흘리며 이를 갈며 그리고 파리해지는지라. 내가 선생님의 제자들에게 내쫓아 달라 하였으나 그들이 능히 하지 못하더이다. 대답하여 이르시되 믿음이 없는 세대여 내

가 얼마나 너희와 함께 있으며 얼마나 너희에게 참으리요. 그를 내게로 데려오라 하시매(막 9:17-19).

그런 다음 이야기는 예수님이 소년의 몸에서 귀신을 쫓아내는 것으로 계속됩니다. 나중에 제자들이 예수님께 왜 귀신을 쫓아내지 못했는지 물었을 때 예수님은 그들에게 이 진리를 계시해 주셨습니다.

기도 외에 다른 것으로는 이런 종류가 나갈 수 없느니라(막 9:29).

일부 사본에는 마가복음 9:29에 "금식"이라는 문구가 포함되어 있습니다. "기도와 금식 외에 다른 것으로는 이런 종류가 나갈 수 없느니라." 여기서 내가 말하고자 하는 요점은 "금식"이라는 단어가 있든 없든 두 경우 모두에 해당할 수 있습니다.

예수님은 오직 기도와 금식을 통해서만 쫓아낼 수 있는 특정한 종류의 귀신이 있음을 분명히 하셨습니다. 왜 그러셨던 것일까요? 예수님은 "믿음 없는 세대여!"라고 말씀하신 것을 통해 우리에게 이미 답을 주셨습니다. 그러한 수준의 귀신에 맞서기 어렵게 만든 것은 믿음이 부족했기 때문입니다. 하나님의 권위에는 부족한 것이 없었습니다. 문제는 제자들의 믿음이 부족한 것이었습니다.

예수님이 주신 해결책은 단순히 가서 기도하고 금식하는 것이었습니다. 왜? 기도와 금식이 믿음을 키워주기 때문입니다. 모든 귀신은 완강합니다. 문제는 완강한 귀신들이 아니라 의심하는 그리스도인들입니다. 그렇다면 당신이 떠나라고 말하는 순간 떠나지 않는 "완강한" 귀신들은 어떻게 다루어야 할까요? 특별 기도를 통해서? 가족의 혈통 연구를 통해서? 귀신의 이름, 종류, 진입 지점을 알아내서? 가계에 흐르는 죄를 끊거나 귀신을 심문해서? 아닙니다. 당신은 단순한 믿음의 증가를 통해 완고한 귀신들을 처리합니다. 이것은 우리가 믿음으로 신성한 권위에 접근하기 때문에 효과가 있습니다.

캘리포니아 코스타메사에서의 일요일 저녁 예배 시에 있었던 일입니다. 나는 단상에 서서 찬양인도를 하는데 뒤에서 성령님의 바람이 느껴졌습니다. 나는 그분의 강력한 능력이 내 몸의 위아래로 퍼져나가는 것을 느낄 수 있었습니다. 회중과 내가 단순한 경배 노래를 부를 때, 나는 신성한 담대함이 내게 임하는 것을 느꼈습니다. 성령님이 나를 일깨우셨고, 나는 이렇게 말했습니다.

"성령님이 임재하셨습니다. 그분은 여기에 계십니다. 천상의 영역에 어떤 변화가 생겼습니다."

그런 다음 나는 "모든 귀신은 떠나가야 한다."라고 간단히 기도했습니다. 그 짧고 부드러운 기도가 드려지고 몇 초 만에 사람들로 꽉 찬 교회당 전체에서 비명이 들렸습니다. 귀신들이 드러나기 시작했습니다. 나는 귀신들을 꾸짖는 일을 계속하고 싶은 마음에 마이크를 입에 대었습니다.

그때 성령님이 내가 입을 여는 것을 막으셨습니다.

"너는 계속 예배해라. 내가 알아서 할게."

그래서 나는 그분께 순종했습니다. 사람들과 나는 계속해서 예배를 드렸습니다. 이윽고 예배당 안의 비명이 그쳤고, 큰 평화가 대기에 퍼졌습니다. 사람들이 구원받았습니다. 귀신들은 즉시 그곳에서 쫓겨났습니다.

> 내가 너희에게 뱀과 전갈을 밟으며 원수의 모든 능력을 제어할 권능을 주었으니 너희를 해칠 자가 결코 없으리라(눅 10:19).

마치 거센 바람이 길가의 나뭇잎을 날리는 것 같았고, 파도가 어린아이의 모래성을 녹인 것 같았습니다. 귀신축출은 그렇게 쉬웠습니다. 사람들은 자유를 원했고, 성령님이 그들에게 자유를 주셨습니다. 내가 간단히 명령하자, 귀신들이 떠나갔습니다. 그 순간 나는 사람들이 자유로워지도록 돕기 위해 내가 시도했던 오랜 종교적 방식을 떠올리지 않을 수 없었습니다. 정말 달라도 너무 달랐습니다!

우리는 영적 전쟁을 복잡하게 만들고 그 복잡함을 "깊이" 또는 "특별한 통찰"이라고 부르는 경향이 있습니다. 그러나 진정한 깊이와 능력은 오지 않으며, 우리가 영적 세계에 대해 알고 있다고 생각하는 것을 자세히 설명하는 능력이나 성령님이 절대로 승인하시지 않은 의식을 발명하는 것에서 나오지 않습니다. 진정한 깊이는 단순한 믿음입니다. 그것은 깊이 뿌리 내린 믿음, 어린아이와 같은 믿음, 흔들리지 않는 믿음입니다.

성령님으로 충만한 신자가 귀신에게 간단히 명령하면 귀신은 그의 명령에 순종해야 합니다. 이것은 진리입니다. 이것이 성경이 말씀하는 바입니다. 믿는 사람들에게는 강력한 표적이 따릅니다. 무엇을 믿는 사람들일까요? 복음을 믿는 사람들입니다. 그러므로 당신이 복음을 믿는다면, 당신이 거듭난 그리스도인이라면, 당신은 이 표적들 가운데 행할 수 있는 능력을 받았습니다. 나는 이 표적들이 당신 구원의 증거라거나 기적적인 표적들을 행하지 않으면 구원받을 수 없다고 말하는 것이 아닙니다. 일부 거듭난 신자들은 이러한 능력을 휴면 상태로 그대로 두지만, 나는 단지 당신이 거듭났다면 이러한 능력이 당신에게 주어졌다는 것을 말하는 것입니다.

귀신들은 거듭난 신자의 명령에 순종해야 하며, 즉시 그렇게 됩니다. 따라서 당신은 "귀신이 그리스도의 권위에 불순종하고 내 삶에 머무를 법적 권리를 누구에게 받은 것입니까?"라는 질문을 해서는 안 됩니다. 그들은 그분의 권위에 불순종할 수 없습니다. 당신은 "그리스도께서 내게 주신 권위 안에서 행하는 것을 방해하는 것은 무엇입니까?"라고 질문해야 합니다. 올바른 의식이 수행되지 않았거나 올바른 축출 기술이 사용되지 않았거나 당신의 "영적 계급"이 충분히 높지 않아서 그런 것이 아닙니다. 이것은 단순합니다. 당신을 하나님의 권위의 흐름에서 벗어나게 할 수 있는 유일한 요인은 죄악스러운 타협과 의심입니다. 당신이 성령님께 도움을 구하면, 당신은 어둠의 세력을 명령할 수 있는 완벽한 위치에 있는 것입니다. 귀신들은 당신이 그리스도의 권위로 명령하는 것을 절대적으로, 적극적으로, 예외 없이 듣습니다.

성경적으로 말하면, 우리는 귀신들을 어떻게 다루어야 하는지에 대한 분명한 계시를 받았습니다. 귀신들은 우리 안에 있는 그리스도의 권위에 반응합니다. 귀신들이 반응하지 않는 것은 그들이 그리스도의 권세나 성령님을 압도했기 때문이 아니라 단순히 우리가 그리스도가 우리에게 주신 권위로 행하지 않기 때문입니다. 귀신이 순종하지 않는다면, 그것은 그리스도의 권위에 저항하는 것이 아닙니다. 당신이 그리스도의 권위와 일치하지 않기 때문에 귀신이 당신을 저항하고 있는 것입니다. 우리는 이 권위 안에서 어떻게 행하고 있습니까? 우리는 단순한 순종과 믿음으로 그 권위 안에서 행합니다. 그래서 예수님은 제자들의 믿음 없는 것을 도우시려고 금식하며 기도하라고 하신 것입니다.

우리는 믿음으로 행할 때 그리스도의 권위 안에서 행합니다. 우리가 그리스도의 권위 안에서 행할 때 귀신들은 반드시 복종해야 합니다. 이것은 정말 간단합니다. 이것은 사람의 기술을 사용하는 것이 아니라 하나님의 진리 안에서 행하는 것입니다. 하나님의 방법은 우리의 방법보다 낫습니다.

귀신이 돌아오더라도(귀신들은 돌아오는 방법을 압니다), 그 귀신이 당신을 다시 속이려고 한다는 사실에 당황하지 마십시오. 그리스도의 권위를 다시 사용하십시오.

귀신이 여전히 당신의 말에 복종하지 않는다면?

당신이 귀신과의 싸움에서 성공하는 것은 당신이 싸우기 오래전에 살아온 생활방식에 달려 있습니다. 당신은 생활방식에서 부족한 것을 의식과 주문으로 채울 수는 없습니다.

당신은 귀신에게 침묵하고, 당신의 마음을 괴롭히는 것을 멈추고, 당신을 내

버려 두라고 명령함으로써 귀신을 침묵시키고 권위를 행사할 수 있습니다.

그렇게 하면 됩니다. 당신이 그리스도의 권위와 합당하게 일치한다면, 문제가 없을 것입니다. 귀신은 즉시 복종해야 합니다. 그것이 믿음과 순종의 능력입니다. 더 많은 것이 있다고 말하는 사람은 성경이 가르치는 내용을 모르거나 자신이 발명한 문제 해결법을 판매할 가능성이 있습니다.

그런데도 마귀가 계속해서 거짓말을 하고 괴롭히는 것 같으면 우리는 어떻게 해야 하는 것일까요? 다음은 그런 상황에 대해 생각하고 접근하는 성경적 방법입니다.

1) 죄와 타협을 제거하십시오.

죄 많은 삶은 당신을 그리스도의 권위에서 멀어지게 합니다.

2) 당신의 삶에 죄악스러운 타협이 없다는 것을 확인한 후에는 금식하고 기도해야 합니다.

금식은 믿음을 증가하게 해줍니다. 예수님은 혹 귀신이 순종하지 않으면 기도와 금식을 하라고 말씀하셨습니다. 당신의 믿음이 강해질 때까지 이것은 몇 번 해야 할 수도 있습니다. 명심하십시오. 이것은 온전한 믿음일 필요는 없습니다. 단지 조금의 믿음이 필요할 뿐입니다.

> 이러므로 그 부모가 말하기를 그가 장성하였으니 그에게 물어 보소서 하였더라. 이에 그들이 맹인이었던 사람을 두 번째 불러 이르되 너는 하나님께 영광을 돌리라. 우리는 이 사람이 죄인 줄 아노라. 대답하되 그가 죄인인지 내가 알지 못하나 한 가지 아는 것은 내가 맹인으로 있다가 지금 보는 그것이니이다. 그들이 이르되 그 사람이 네게 무엇을 하였느냐? 어떻게 네 눈을 뜨게 하였느냐(막 9:23-26)?

믿음은 당신을 신성한 권위와 일치시킵니다.

3) 그리고 이것은 일부 사람들이 받아들이기 어렵습니다.

당신은 이미 적절하고 성공적으로 귀신을 물리쳤을 가능성이 있습니다. 그러면 이제 견고한 진의 정신적, 감정적 측면을 처리해야 합니다. 그렇게 느껴지지 않을 수도 있지만, 우리의 마음과 감정이 우리에게 무엇을 할 수 있는지에 놀라게 될 것입니다.

요약하자면 다음과 같습니다.

- 견고한 진의 귀신적인 측면들을 다루십시오.
- 믿음과 순종을 통해 하나님의 권위에 일치시키십시오. 그렇게 함으로써 당신은 인간의 무력한 의식들 대신에 성령님의 능력을 의지하게 됩니다.
- 그런 다음 간단한 명령을 통해 그 권위를 행사하십시오.
- 문제가 계속되면 신앙이 강해질 때까지 금식하고 기도하십시오. 강한 믿음은 그리스도의 권위로 들어가는 열쇠입니다. 문제가 계속되는 것은 귀신들이 성령님의 능력과 권위를 대적할 수 있어서가 아닙니다. 오히려 우리가 적절하게 일치될 때까지 실제로 성령님의 능력과 권위를 사용하고 있지 않다는 것을 의미합니다.
- 이 단순한 성경적 접근 방식을 취한 후에도 문제가 계속된다면, 영적 세계에 대한 이상한 미신이나 기독교 신화에서 답을 찾을 수 없다는 점을 인식하십시오.

따라서 이 모든 것을 한 후에도 문제가 여전히 지속된다면, 당신은 더는 귀신적인 측면을 다루고 있는 것이 아니라 견고한 진의 정신적, 정서적 측면들을 다루고 있는 것입니다.

다음 장에서 이러한 측면들을 다루겠습니다.

Chapter 08

견고한 진, 생각, 감정

 귀신들은 지체 없이 그리스도의 권위에 복종해야 하지만, 죄성은 끈질긴 게 문제입니다. 귀신들은 우리가 떠나라고 말하면 떠납니다. 반면 육신(flesh)은 오고 가는 것이 아니라 우리가 어떤 생각과 행동을 선택하느냐에 따라 줄어들기도 하고 커지기도 합니다. 자신을 길들이는 것보다 귀신들을 물리치는 것이 더 쉽습니다. 당신은 귀신들에게 떠나가라고 명령할 수 있지만, 당신에게서 자신을 쫓아낼 수는 없습니다. 그러므로 권위를 행사하여 견고한 진의 귀신적인 측면들이 처리되었으면, 이제 육신을 처리할 때입니다. 이것은 과정일 수 있습니다.

 당신의 마음은 컴퓨터와 같고 마귀는 컴퓨터 해커와 같습니다. 그들은 당신에게 제시하는 설득력 있는 아이디어와 불경한 생각을 통해 당신의 사고방식을 프로그래밍 합니다. 물론 당신은 간단한 영적 권위 행사를 통해 해커를 제거할 수 있습니다. 그러나 당신은 그들이 남긴 프로그래밍 문제를 해결하고 있습니까? 당신의 정신과 감정은 기만적인 방식으로 훈련될 수 있습니다. 당신은 거짓말쟁이들을 잠잠하게 할 수 있지만, 여전히 그들이 거짓말을 하도록 허용하고 있지는 않습니까?

귀신이 당신에게 충분히 오랫동안 거짓말을 하도록 허용된다면, 결국 당신은 그 거짓말을 자신에게 되풀이하기 시작합니다. 자기기만은 성공적이고 사악한 기만의 궁극적인 결과입니다. 당신이 귀신의 거짓말을 계속 생각하면, 그것은 견고한 진의 기반이 정신적, 정서적으로 충분히 깊어졌음을 나타냅니다. 이 시점이 되면, 기만은 더는 원수의 반복적인 공격이 아니라 자신이 포용한 사고방식과 느낌이 됩니다.

원수의 거짓말이 문화와 미디어와 타인들과 부정적인 경험을 통해서 오든, 귀신을 통해서 직접적으로 오든, 만약 당신이 원수의 거짓말을 충분히 오랫동안 믿는다면, 그 거짓말은 마음가짐의 일부가 됩니다. 대다수 그리스도인은 자기의 생각과 감정에 미치는 귀신의 기만에 대처해야 한다는 사실을 인식하지 못합니다. 그들은 박힌 총알을 제거하지만, 상처는 싸매지 않습니다. 그들은 거짓말쟁이를 책망하지만, 거짓말에서 남은 사고방식을 절대로 고치지 않습니다.

이것이 바로 일부 그리스도인이 카이로프랙틱 의사에게 조정을 받는 것만큼 자주 "구출사역을 받아야" 한다고 생각하는 이유입니다. 물론 당신이 필요한 만큼 기도를 받으십시오. 그러나 영적인 투쟁이 아니라 승리가 결국 당신의 생활방식이 되어야 합니다. 이것은 또한 어떤 속박들은 끊을 수 없는 것처럼 보이는 이유이기도 합니다. 이는 육신이 결코 다루어지지 않기 때문입니다. 가장 중요한 것은, 일부 그리스도인이 몇 주 또는 몇 달 동안 자유를 얻은 후에도 귀신들이 영향력을 다시 행사할 수 있는 것처럼 보인다는 것입니다. 당신은 거짓말로 당신을 공격하는 귀신뿐만 아니라 견고한 진의 모든 측면을 다루어야 합니다.

견고한 진의 정서적, 정신적 측면을 다루려면 기본부터 시작해야 합니다.

기본을 지키다

성공적인 운동선수와 군인의 공통점은 무엇입니까? 그들은 기본을 존중합니다. 군인은 전장에서 훈련받지 않고, 운동선수는 대회에서 훈련받지 않습니다. 군인은 파병 전에 엄격하지만 기본적인 훈련을 받습니다. 운동선수는 최고의 기량을 발휘하기 위해 자신을 조절하는 데 수년을 보냅니다. 승리의 순간은 승리에 앞선 삶의 방식에서 얻어집니다. 궁극적으로 성공을 가져오는 것은 적절한 컨디셔닝을 유지하는 것에 대한 매일의 약속입니다. 당신이 영적 위기를 피하려면, 영적 기본을 실천하는 법을 배워야 합니다. 신자가 마땅히 살아야 할 규칙대로 산다면, 단순히 합당한 생활의 결과로 견고한 진이 무너질 것입니다.

마치 약물 사용으로 시스템을 속이려는 운동선수들처럼, 일부 그리스도인들은 종교적 공식과 인기 있는 비성경적 방법에 바로 도달하여 영적 전사가 되려고 합니다. 그들은 영적 의식에서 부족한 것을 미신적인 의식으로 보완하려고 합니다.

누군가 기본적인 건강검진을 받고 주치의에게 "선생님, 몸이 전혀 좋지 않습니다. 뭔가 잘못된 것 같습니다."라고 말한다고 상상해보십시오. 그들의 주치의는 그들이 기분이 좋지 않다고 해서 곧바로 그들이 가장 치명적인 병에 걸렸다고 의심하지는 않을 것입니다. 그는 어떻게 하겠습니까? 그는 그들의 일반적인 건강에 대한 기본적인 질문으로 시작할 것입니다. 그는 "수면은 잘 취하고 있습니까? 수분 섭취는 어떻습니까? 운동은 하고 있습니까? 식단은 어떤가요? 스트레스가 많습니까?"라고 질문할 것입니다. 왜 의사들은 문제를 추론하기 위해 기본적인 질문으로 시작하는 것일까요? 그것은 단순히 기본적인 것들을 함으로써 대부분의 신체적 문제를 피하거나 치유할 수 있기 때문입니다. 영적인 문제도 마찬가지입니다.

내 소셜 미디어 메시지 함에는 죄의 본성에서 벗어나기 위해 도움을 구하는 신자들의 메시지로 가득합니다. 그들은 종종 "제발, 저를 위해 기도해주세요!

저는 제 속박에서 벗어나는 방법을 모르겠습니다!"라고 간청합니다. 내가 그들과 함께 기도한 후, 나는 거의 항상 다음과 같은 질문을 합니다.

"기도 생활은 어떻습니까? 성경은 많이 읽고 있습니까? 다른 신자들과 교제하며 서로를 돌보는 일은 어떻습니까?"

솔직히 말해서, 그들은 십중팔구 거의 기도하지 않는다고, 성경을 거의 읽지 않는다고, 성경을 읽더라도 일관성이 없다고, 다른 신자들과 거의 교제하지 않는다고 대답합니다.

이 그리스도인들은 유혹, 비난, 마음의 고통, 두려움, 우울, 의심 등 당신이 생각할 수 있는 거의 모든 종류의 견고한 진을 겪습니다. 그들은 죄 문제뿐만 아니라 정서적, 정신적 혼란을 겪습니다.

나는 대다수 그리스도인이 단순히 기독교의 기본을 실천하기 시작하면 그들의 내적 문제들이 얼마나 많이 해결되는지를 보고 놀랄 것으로 생각합니다. 나는 기도를 꾸준히 하는 그리스도인이 고통당하는 것을 본 적이 거의 없습니다. 나는 신실하게 성경을 읽는 그리스도인이 혼란 속에서 사는 것도 거의 본 적이 없습니다. 이것은 그리스도인들이 인생에서 시련과 비극과 시험에 직면하지 않는다는 말이 아닙니다. 신자의 삶은 박해와 시험과 유혹의 문제로 가득 차 있습니다. 그러나 이것은 신자가 영적 속박에 안주해야 한다는 의미는 아닙니다. 이는 참 신자의 삶은 절대적인 영적 승리의 삶이 될 수 있기 때문입니다.

어떤 사람들에게는 기본이 지루하거나 결과를 얻기까지 너무 오래 걸리는 것으로 인식됩니다. 안타까운 현실은 대다수 사람이 기본을 실천하지 않는다는 것입니다. 그들은 자신들의 죄 문제에 대해 가장 극단적인 설명을 듣기를 원합니다. 그들은 가능한 한 요구사항이 적고 신속한 답변과 해법을 원합니다. 그들은 자신이 기만당하지 않았다는 말을 듣고 싶어 합니다. 그들은 "당신은 저주받았으니, 이 '신속한 기도'를 드리십시오. 당신은 귀신들렸으니, 이 '신속한 과정'을 거치십시오. 당신은 완고한 영을 다루고 있으니, 영적 전문가가 당신의 문제를 처리하도록 하십시오."라는 소리를 듣고 싶어 합니다.

당신이 영적 훈련을 하는 것보다 다른 사람이 당신에게 안수하는 것이 더 쉽습니다. 이것이 바로 많은 사람이 그들의 문제에 대해 가장 극단적인 설명에 도달하는 이유입니다. 우리는 영적 훈련을 시행할 필요가 없을 정도로 귀신들이 무력해진 후에도 계속해서 귀신들을 비난하기를 원합니다. 물론, 당신은 귀신들과 맞서야 합니다. 귀신들을 처리한 후에는 당신 자신을 대면해야 합니다. 지금은 당신의 삶에서 일어나는 일 중 일부에 대해 책임져야 할 때입니다. 때때로 혼돈과 무거움은 당신이 선택한 생각과 행동에서 옵니다.

성숙한 신자는 기본을 존중합니다. 모든 신자는 말씀을 알아야 합니다.

> 너는 진리의 말씀을 옳게 분별하며 부끄러울 것이 없는 일꾼으로 인정된 자로 자신을 하나님 앞에 드리기를 힘쓰라(딤후 2:15).

모든 성도는 기도의 삶을 살아야 합니다.

> 항상 기뻐하라. 쉬지 말고 기도하라. 범사에 감사하라. 이것이 그리스도 예수 안에서 너희를 향하신 하나님의 뜻이니라(살전 5:16-18).

모든 신자는 영으로 하나님을 예배하고(요 4:24 참조), 거룩하게 살고(벧전 1:16 참조), 다른 신자들과 교제해야 합니다(히 10:25 참조). 다른 몇 가지 중에서 이러한 관행은 영적 건강을 유지하기 위해 하나님이 정하신 기본 원칙입니다.

만약 내가 잠을 안 자거나, 밥을 먹지 않거나, 운동을 하지 않거나, 물을 마시지 않아서 몸이 아프기 시작했다면, 나의 첫 반응은 내가 불치병에 걸렸다고 가정하지 않았을 것입니다. 내 첫 번째 반응은 내 생활방식의 기본을 확인하는 것입니다. 그러나 그리스도인들이 영적인 기초를 소홀히 하고 훈련 부족의 결과를 거둘 때, 많은 경우 그들의 첫 번째 반응은 조상으로부터 내려온 저주, 귀신 역사 또는 솔타이(soul-tie, 혼의 결속) 때문이라고 비난하는 것입니다.

받아들이기 어려울 수 있지만, 견고한 진의 정신적, 정서적 영향은 우리가 생각과 행동으로 내리는 결정의 결과로 나타납니다. 우리는 우리 마음에 허용하는 것을 선택합니다. 우리는 말씀을 소홀히 하기로 선택하여 우리 자신을 거짓을 믿는 데 취약하게 만듭니다. 우리가 내리는 이러한 선택은 실제적 결과를 낳습니다.

육신은 당신이 하는 선택에 따라 약해지거나 강해집니다. 어떤 결정은 육신을 강화하고, 어떤 결정은 영을 강화합니다. 내 영을 강화하는 것은 내 육체를 약화합니다. 내 육체를 강화하는 것은 무엇이든 내 삶에서 영의 영향력을 약화합니다.

> 내가 내 몸을 쳐 복종하게 함은 내가 남에게 전파한 후에 자신이 도리어 버림을 당할까 두려워함이로다(고전 9:27).

몸 자체는 죄가 없습니다(고전 6:19 참조). 그러나 몸은 죄성의 도구가 될 수 있습니다. 그래서 바울은 자기의 몸이 죄성의 도구가 되지 않기 위해 영적 훈련의 삶을 택했습니다. 구출사역을 받은 후에는 훈련을 받아야 합니다. 훈련은 지배력을 가져옵니다.

하나님은 당신이 우울증과 불안과 고통 속에서 살도록 창조하지 않으셨습니다. 하나님은 당신이 습관적인 죄의 좌절이나 혼란의 목적 없는 삶을 살도록 계획하시지 않았습니다. 그분의 방법은 역사합니다. 나는 당신을 부끄럽게 하려고 이 글을 쓰는 것이 아닙니다. 나는 당신이 안주할 필요가 없고 이 승리를 선택할 수 있다는 것을 알게 하려고 이 글을 씁니다. 별거 아닌 것 같지만, 하나님은 승리를 택할 수 있는 능력을 당신에게 주셨습니다. 예, 영적인 승리는 선택에 달려 있습니다.

문제와 불행이 있습니까? 예, 그것은 삶의 일부입니다. 영적 속박, 귀신의 기만, 내면의 패배가 있습니까? 이것들은 절대로 삶의 일부가 아닙니다. 이것들은 당신을 향한 하나님의 뜻이 아닙니다. 당신이 하나님의 자유 안에서 살기 위해서는 하나님의 질서에 자신의 삶을 복종시켜야 합니다. 그것은 기본을 통해 이루어집니다.

나는 당신이 기본만 1주일 연습하고 효과가 없어 보이면 그만두라는 말을 하는 게 아닙니다. 나는 하나님의 일에 대한 일관성 없는 헌신에 대해 말하는 것이 아닙니다. 많은 그리스도인은 영적 훈련이 충분히 빨리 작동하지 않기 때문에 그들에게 효과가 없다고 주장합니다. 하지만 당신이 기본에 충실하려면 장기적으로 노력해야 합니다. 이것은 빠르게 일을 바로잡는 것을 의미하지 않습니다. 이것은 완전히 새로운 삶의 방식입니다.

물론 이것은 다음과 같은 의문을 남깁니다.

"처음부터 문제가 있는 것이 아닙니까? 견고한 진이 있는 사람들은 견고한 진 때문에 기본에 충실할 수 없지 않습니까?"

어느 정도 그렇습니다. 그러나 당신의 길을 하나님의 뜻에 맡길수록, 당신 삶의 견고한 진은 점점 더 힘을 잃을 것입니다. 당신이 영적으로 공격받거나 기만당했다고 해서 자유의지를 잃는 것은 아닙니다. 당신은 점진적이라 할지라도 성령님에 따라 행동하기로 선택할 수 있습니다.

> 내가 이르노니 너희는 성령을 따라 행하라. 그리하면 육체의 욕심을 이루지 아니하리라. 육체의 소욕은 성령을 거스르고 성령은 육체를 거스르나니 이 둘이 서로 대적함으로 너희가 원하는 것을 하지 못하게 하려 함이니라. 너희가 만일 성령의 인도하시는 바가 되면 율법 아래에 있지 아니하리라(갈 5:16-18).

우리는 성령님이 우리를 통해 하실 수 있는 일에 초점을 맞춰야 합니다. 시작하고 싶은 곳에서 시작하지 못할 수도 있지만, 매일 순종을 실천한다면 결국 우리는 원하는 곳에 있게 될 것입니다. 각각의 작은 승리는 당신이 승리하는 생각을 하도록 훈련시킬 것입니다. 당신은 견고한 진을 상대로 승리할 때마다 영적 승자가 될 것입니다. 작은 일이라도 하나님이 하시는 일에 집중하십시오. 문제나 불완전함이 아니라 진행 상황에 집중하십시오.

그래서 나는 사람들을 귀신들에 사로잡히게 하는 설교를 듣는 것이 종종 답답합니다. 이런 설교는 듣는 사람의 초점을 성령님과 그분의 능력 대신에 귀신들과 그 힘으로 집중하게 합니다. 사람이 참으로 성령님 안에 거하면 어떤 견고한 진이나 마귀의 공격이 그에게 역사할 수 있겠습니까? 절대로 그럴 수 없습니다. 그렇다면 왜 사람들에게 성령님 안에서 살도록 가르치지 않는 것입니까?

나는 귀신의 공격이 어떻게 작용하는지 우리가 알지 말아야 한다고 하는 것이 아닙니다. 우리는 이 책의 이전 장에서 많은 부분을 다루었습니다. 물론 우리는 우리의 원수를 알아야 합니다. 나는 단지 우리가 그리스도인에게 어둠에 관해 주로 가르칠 때 발생하는 문제에 관해 설명하고 있을 뿐입니다(어둠을 식별하는 방법, 자신이 어둠 속에 있다는 것을 아는 방법, 어둠을 피하는 방법, 어둠이 세상을 지배하는 방법, 우리의 자녀들에게 어둠이 오는 방법, 어둠이 당신의 삶에 몰래 들어오는 방법 등 어둠, 어둠, 어둠, 어둠, 귀신, 귀신, 귀신, 귀신).

빛은 어떻습니까? 성령님은 어떻습니까? 빛 가운데 살면 어둠에 살지 않을 것입니다. 성령님 안에서 걸으십시오. 그러면 견고한 진의 힘으로 행하지 않을 것입니다. 우리는 성령님의 빛 안에서 어떻게 살고 있습니까? 기본을 존중하십시오. 하나님께 순종하십시오. 비용이 들더라도 순종하십시오. 원할 때에 순종하고, 원하지 않을 때도 순종하십시오. 귀신의 견고한 진과 공격은 우리의 행동에 어떤 형태의 불순종이 있거나 생각에 무질서가 있을 때만 성공할 수 있습니다. 이것은 그다지 인기가 없는 진리이지만, 진리입니다.

다시 말하지만, 나는 시련에 대해 말하는 것이 아닙니다. 시련은 일어납니다. 우리가 일어나지 않기를 바라는 일이 일어날 것입니다. 우리의 마음을 아프게 하는 일들이 일어납니다. 이 세상에는 상실과 혼돈이 가득합니다. 나는 그 내적 패배와 영적 패배에 관해 이야기하고 있습니다. 영적 패배는 거짓을 믿거나 무질서하게 사는 데서 옵니다.

나는 이것을 말한다고 해서 책이 팔리거나 조회 수가 늘어나지 않는다는 것을 압니다. 나는 이것이 어떤 사람들에게는 그것이 특별 기도와 귀신론, 또는 복잡한 영적 전쟁 전략만큼 흥미진진하지 않다는 것을 압니다. 그래도 이것은 진리이고, 우리는 오직 진리 안에서만 자유를 찾을 수 있습니다. 그것이 진정한 능력이 있는 곳입니다. 왜냐하면 그것이 성령님의 역사, 즉 진리이기 때문입니다.

당신이 성령님 안에서 행하면 원수는 당신에게 거짓말을 하기가 어렵습니다. 당신이 마땅히 살아야 할 대로 살면 단순히 육체의 일을 따라 살지 않습니다. 육체의 일은 무엇입니까?

> 육체의 일은 분명하니 곧 음행과 더러운 것과 호색과 우상 숭배와 주술과 원수 맺는 것과 분쟁과 시기와 분냄과 당 짓는 것과 분열함과 이단과 투기와 술 취함과 방탕함과 또 그와 같은 것들이라. 전에 너희에게 경계한 것 같이 경계하노니 이런 일을 하는 자들은 하나님의 나라를 유업으로 받지 못할 것이요 (갈 5:19-21).

우리가 귀신들을 비난하는 것의 상당 부분은 실제로 훈련되지 않은 육체의 결과입니다. 예, 귀신들은 당신을 공격하고 영향을 미칠 수 있습니다. 예, 귀신들은 당신의 삶에서 강력한 기만이나 견고한 진을 만들 수 있습니다. 그러나 육체도 문제입니다.

수많은 사람이 "나는 음행의 영이 있어요!"라고 말합니다. 또는 "나는 분노의 영이 있어요. 참을 수가 없어요."라고 말합니다. 예, 귀신들은 이러한 영역에서 당신에게 영향을 미칠 수 있지만, 가혹한 현실은 음행과 분노가 단순히 육체의 일이라는 것입니다. 귀신들은 당신을 위해 죄를 짓지 않습니다. 이것이 바로 성령님께 항복하고 순종하는 것이 우리를 해방시키는 이유입니다.

> 오직 성령의 열매는 사랑과 희락과 화평과 오래 참음과 자비와 양선과 충성과 온유와 절제니 이같은 것을 금지할 법이 없느니라(갈 5:22-23).

당신이 성령님 안에서 행하고 기본을 지키겠다고 헌신한다면, 얼마나 많은 정신적, 정서적 문제가 더는 문제가 되지 않는지 놀라게 될 것입니다. 이것은 캐치-22[3] 캐치-22(Catch-22)는 논리적 모순을 일으키는 상황을 가리키는 말이지만, 일반적으로 어떤 행동을 할 수 없는 상황에 처한 것을 가리키는 말로도 사용됩니다. 예를 들어, 빚을 갚기 위해 돈을 벌어야 하지만, 돈을 벌기 위해서는 빚을 갚아야 하는 경우를 들 수 있습니다. (역주)

처럼 보이는 문제를 다시 제기합니다. 내가 자유로워지려면 바르게 살아야 하는데, 바르게 살기 위해서는 자유로워야 한다고요? 그러나 이것은 큰 거짓말입니다. 이 거짓말은 당신에게 선택의 여지가 없다고 합니다. 이 거짓말은 모든 것이 귀신들에게 책임이 있다고 합니다. 이 거짓말은 당신에게 자제력이 없다고 합니다. 지금은 당신의 선택이 당신이 속박되어 있는 것과는 아무런 관련이 없다는 거짓말을 그만 믿을 때입니다.

당신은 말로 당신에게 저주를 퍼붓는 사람들을 비난할 수도 있고, 성령 충만한 신자로서 당신이 승리 가운데 살 수 있는 능력이 있음을 깨달을 수도 있습니다. 당신은 과거의 죄에 대해 이전 세대들을 탓할 수도 있고, 현재에 하나

---

3) 캐치-22(Catch-22)는 논리적 모순을 일으키는 상황을 가리키는 말이지만, 일반적으로 어떤 행동을 할 수 없는 상황에 처한 것을 가리키는 말로도 사용됩니다. 예를 들어, 빚을 갚기 위해 돈을 벌어야 하지만, 돈을 벌기 위해서는 빚을 갚아야 하는 경우를 들 수 있습니다. (역주)

님께 순종하기로 결정할 수도 있습니다. 당신은 당신을 끌어내린 것에 대해 귀신들을 비난할 수도 있고, 당신의 마음을 천국에 있는 것들에 두게 하는 진리를 믿을 수도 있습니다. 당신은 구석구석에 원수가 기다리고 있다고 생각하며 두려움 속에 살 수도 있고, 당신을 해하려고 만들어진 무기가 형통하지 못한다는 큰 현실을 깨달으며 살 수 있습니다. 성령님 안에 거하면 자유 가운데 삽니다.

지금은 진리를 믿기로 선택할 때입니다.

진리를 믿기로 선택하라

당신의 생각은 하나님의 진리와 일치할 수도 있고 거짓과 일치할 수도 있습니다. 당신의 생각이 진리와 일치하는 것은 당신의 행동이 진리와 일치하는 것에 대한 예측입니다. 이것이 바로 우리가 하나님 말씀의 진리를 통해 우리의 생각을 걸러내는 것이 가장 중요한 이유입니다. 성경은 우리가 생각하는 것을 선택하고, 마음을 지배하도록 허용하는 아이디어를 선택하라고 말씀합니다.

> 그러므로 너희가 그리스도와 함께 다시 살리심을 받았으면 위의 것을 찾으라. 거기는 그리스도께서 하나님 우편에 앉아 계시느니라. 위의 것을 생각하고 땅의 것을 생각하지 말라(골 3:1-2).

비슷한 가르침이 빌립보서에도 있습니다.

> 끝으로 형제들아 무엇에든지 참되며 무엇에든지 경건하며 무엇에든지 옳으며 무엇에든지 정결하며 무엇에든지 사랑 받을 만하며 무엇에든지 칭찬 받을 만하며 무슨 덕이 있든지 무슨 기림이 있든지 이것들을 생각하라(빌 4:8).

성경은 우리에게 불가능한 일을 하라고 명령하지 않습니다. 우리가 생각을 선택할 수 없다면, 하나님은 "이것들을 생각하라" 하시거나 당신의 생각을 선택하시지 않을 것입니다. 느껴지지 않고 믿기 어려울 수도 있지만, 당신은 자기의 생각을 선택할 수 있습니다. 그러나 우리는 특정 사고 패턴으로 수년 또는 수십 년 동안 생각한 후에 특정 사고 패턴에 너무 익숙해지고 우리 자신의 방식으로 훈련되어 다른 것을 선택하기가 다소 어려울 수 있습니다. 신체적 행동이 습관이 되는 것처럼, 생각도 습관이 될 수 있습니다.

당신의 생각이 빽빽한 정글의 식물 잎사귀들을 헤치고 나아가는 탐험가들 같다고 상상해보십시오. 이 탐험가들이 육지를 통과하면서 그들의 발걸음과 움직임은 광야에 길을 만들기 시작합니다. 이 탐험가들은 수년간의 활동 끝에 이 깨끗한 길과 부드러운 보도를 형성합니다. 당연히 그들을 따라오는 여행자들은 이미 정리된 길을 걷기로 선택할 것입니다. 이전 탐험가들이 만든 길은 이후의 탐험가들이 선호하는 여행 수단이 됩니다.

이것이 당신의 생각이 작동하는 방식입니다. 당신의 마음은 그 정글입니다. 그 "탐험가들"은 형성적인 생각입니다. 당신이 그 생각들이 특정한 길을 만들도록 허용하면, 그 뒤에 오는 생각들이 같은 길을 가기가 더 쉬워집니다. 어떤 사람들은 수년 동안 이러한 길로 다녔습니다. 그래서 그들이 진리에 따라 생각하려고 할 때, 그들은 새로운 길을 만들기 위해 덤불 속으로 방향을 틀어야 합니다. 그러나 새로운 길을 만드는 것은 매우 어렵고 불편합니다. 특히 이전에 형성된 경로를 더 쉽게 사용할 수 있는 경우에는 더욱 그렇습니다. 당신의 생각은 거친 덤불을 뚫고 고군분투하는 탐험가들처럼 새로운 길을 만드는 수고를 하는 대신 이전에 다니던 길로 돌아가고 싶은 유혹을 받을 것입니다.

따라서 이러한 사고 패턴은 생각을 통제할 수 없는 것처럼 보이게 만들 수 있습니다. 그러나 그것은 당신의 생각이 통제 불능이라는 것이 아닙니다. 그 반대입니다. 당신의 생각은 수년 동안 당신이 만든 길을 가고 있습니다. 지금은 오래된 길을 택하는 것이 아무리 쉬울지라도 새로운 길을 선택할 때입니다.

이것은 진리를 믿기로 선택하는 것이 불가능하다는 것은 아닙니다. 이것은 오래된 기만적인 생각을 선택하는 것이 더 쉽다는 것입니다. 그러나 성경은 우리에게 우리의 생각을 제어하여 우리가 내세울 수 있는 어떤 변명도 물리치라고 말씀합니다. 우리는 우리의 생각을 통제할 때 진정한 변화를 경험합니다.

> 그러므로 형제들아 내가 하나님의 모든 자비하심으로 너희를 권하노니 너희 몸을 하나님이 기뻐하시는 거룩한 산 제물로 드리라 이는 너희가 드릴 영적 예배니라 너희는 이 세대를 본받지 말고 오직 마음을 새롭게 함으로 변화를 받아 하나님의 선하시고 기뻐하시고 온전하신 뜻이 무엇인지 분별하도록 하라(롬 12:1-2).

결국 올바른 생각은 항상 효과가 있습니다.

내가 "뉴에이지"의 의미에서 이것을 말하는 것이 아니라는 점은 주목할 가치가 있습니다. 불행하게도 우주, 끌어당김, 긍정적인 인간 사고의 힘에 대한 뉴에이지의 가르침은 이 주제에 혼란을 더했습니다. 나는 단지 긍정적으로 생각하는 것이 아니라 진리에 기초하여 생각하는 것을 말하고 있습니다. 이것은 하나님의 말씀이 성령님을 통해 받아들여질 때에만 가능합니다. 아무도 스스로 자유에 이르는 길을 생각할 수 없습니다. 그러나 우리는 진리에 따라 생각함으로써 성령님과 협력할 수 있습니다. 우리는 성령님의 도움이 필요합니다.

> 그러나 진리의 성령이 오시면 그가 너희를 모든 진리 가운데로 인도하시리니 그가 스스로 말하지 않고 오직 들은 것을 말하며 장래 일을 너희에게 알리시리라(요 16:13).

우리의 생각에서 발달하는 패턴 때문에, 진리에 기초하지 않은 생각을 하도록 만드는 행동을 "발견"하는 것은 어려울 수 있습니다. 우리는 자신에게 너무 자주 거짓말을 해서 스스로 거짓말을 하는지를 알아차리기조차 어렵습니다. 나는 내 걱정이 너무 통제 불능이 되어 끔찍한 일이 곧 일어날 것이라고 완전히 확신하게 된 횟수를 당신에게 말할 수 없을 정도로 많습니다.

우리는 오래된 생각 패턴을 기본으로 하는 경향이 있습니다. 성령님은 이때 우리에게 말씀하십니다. 그럴 때 잠시라도 멈추면, 당신은 그분의 사랑스러운 음성을 듣게 될 것입니다. 그분은 우리가 자신에게 하는 모든 거짓말에 반대하는 안정적이고 진실한 속삭임으로 말씀하십니다. 당신의 육신이 가장 강해 보이는 순간이 성령님의 말씀을 듣기에 가장 어려운 시간이지만 가장 결정적인 시간이 됩니다. 당신은 가장 심란하고 두렵고 음란하고 괴로울 때 바로 그 자리에서 그분의 말씀을 들어야 합니다. 그분은 확실히 말씀하십니다. 그분은 항상 말씀하십니다.

커지는 거짓말에 맞서 싸우라

불경한 생각은 바로 이 시점에서 성령님의 음성에 저항하는 모습을 보일 것입니다. 당신도 알다시피, 견고한 진은 자기를 방어하고 있습니다. 각 견고한 진은 진리를 추구하는 것조차 방해하는 일련의 보조 거짓말이 있습니다. 따라서 당신이 진리를 듣는 순간에 견고한 진은 당신이 진리를 받아들이지 못하도록 고안된 또 다른 거짓말을 제시할 것입니다.

예를 들어, 두려움의 견고한 진은 보조 거짓말을 통해 자신을 방어하려고 합니다. 이는 다음과 같습니다.

- 주된 거짓말: "너에게 나쁜 일이 일어날 것이다!"
- 진리: "하나님이 나를 보호하실 것이다. 나는 안심해도 된다."
- 보조 거짓말: "네가 방심하면 나쁜 일이 일어날 것이다."

원수의 비난은 또 다른 예가 될 수 있습니다. 그것은 다음과 같습니다.

- 주된 거짓말: "하나님이 너의 과거 때문에 너를 버리셨다."
- 진리: "나는 용서받은 새로운 피조물이다. 내 과거는 지나갔다."
- 보조 거짓말: "하지만 이것은 너 자신과 너의 구체적이고 매우 사악한 죄에는 적용되지 않을 수 있다."

시험의 견고한 진이 자신을 방어할 방법은 다음과 같습니다.

- 주된 거짓말: "이 죄가 너에게 성취될 것이다."
- 진리: "참된 성취는 오직 하나님 안에서만 찾을 수 있다."
- 보조 거짓말: "그런데 왜 지금 거룩하게 살아야 하는 것이냐? 어쨌든 너는 결국 다시 죄에 빠지게 될 것이다."

확실히 하기 위해, 여기에 또 다른 예를 들어보겠습니다. 우울증을 살펴봅시다.

- 주된 거짓말: "나는 우울증에서 결코 자유로울 수 없을 것이다."
- 진리: "하나님의 말씀으로 마음을 새롭게 하면 우울증에서 벗어날 수 있다."
- 보조 거짓말: "이전에 정말 많이 해봤어. 그것은 나에게 효과가 없을 거야."

어떤 견고한 진이 있든지, 당신은 진리에 대한 믿음을 돌파하기 위해 일련의 거짓말과 싸워야 할 가능성이 있습니다. 그렇기에 진리에 헌신하기 위해 미리 마음을 정해야 합니다. 당신은 진리의 편에 서겠다는 진지한 결의가 있어야 합니다. 하나님의 말씀에 충성한다는 것은 낡은 사고방식으로 돌아가고 싶을 때도 그분의 말씀을 믿기로 선택하는 것을 의미합니다. 견고한 진을 제거하려면 한 번의 전투가 아니라 전쟁을 치러야 합니다.

일단 당신이 진리를 알게 되면, 진리를 믿도록 자신을 허용해야 합니다. 진리에 대한 당신의 믿음은 믿음의 방패입니다.

> 모든 것 위에 믿음의 방패를 가지고 이로써 능히 악한 자의 모든 불화살을 소멸하고 구원의 투구와 성령의 검 곧 하나님의 말씀을 가지라. 모든 기도와 간구를 하되 항상 성령 안에서 기도하고 이를 위하여 깨어 구하기를 항상 힘쓰며 여러 성도를 위하여 구하라(엡 6:16-18).

원수가 말하는 모든 거짓말은 불화살이며, 믿음은 그것을 막는 방패입니다. 당신은 믿음으로 거짓을 막는 훈련을 해야 합니다. 하나님께서 선포하신 것에 대한 당신의 믿음은 거짓이 말하는 것에 대한 당신의 방어입니다. 일반적으로 이것은 전투에서 가장 어려운 시점입니다. 때로는 이것을 바꾸기가 쉽지 않습니다. 하지만 만약 당신이 거짓말을 계속 믿겠다고 한다면, 거짓말을 식별하는 것이 무슨 소용이 있겠습니까?

원수가 참소의 화살을 쏠 때, 하나님의 용서를 믿으며 자신을 보호하십시오. 당신의 마음이 거절로 인해 속박되었을 때, 하나님의 용납하심을 믿으며 방패를 붙잡으십시오. 원수가 당신의 마음을 괴롭힐 때, 하나님이 당신에게 원수에 대한 권세를 주셨음을 믿기로 선택하여 방패를 들어 올리십시오. 하나님을 믿으십시오. 그분의 선하심을 신뢰하십시오.

당신은 실망하고 싶지 않기 때문에 진리를 믿는 것이 두렵습니까? 진리가 역사하지 않을까 두렵습니까?

아니면 당신은 자신이 통제한다고 생각하는 것을 놓치는 것을 두려워합니까? 이것이 당신으로 하나님을 신뢰하지 못하게 막는 것입니까?

당신은 성경이 말씀하는 것을 신뢰해야 합니다. 방패는 효과가 있습니다. 믿음은 선택입니다. 이는 신뢰가 선택이기 때문입니다. 당신이 하나님을 믿으면, 진리를 믿게 됩니다. 불화살은 무서울 수 있지만, 방패는 불화살을 막을 것입니다. 당신은 진리 안에서 안식할 수 있습니다. 당신은 의심을 버릴 수 있습니다. 진리를 믿는 것을 두려워하지 마십시오. 예, 이것은 당신에게도 적용됩니다. 예, 이것은 당신의 상황에도 적용됩니다.

맹렬한 거짓말이 당신에게 쏟아질 때 하나님이 하신 말씀을 더 신뢰하십시오. 믿음의 방패를 들어 올리십시오.

먼저 우리는 거짓말을 식별해야 합니다. 그런 다음 진리를 믿음으로써 거짓을 빗나가게 해야 합니다. 그리고서 성령님의 검을 사용하여 거짓의 근원을 파괴해야 합니다. 첫째는 정찰이고, 다음은 방어입니다. 그 후에는 공격입니다. 성령님의 검을 가지십시오. 성령님의 검을 사용하는 것은 모든 거짓말의 근원과 적극적으로 싸우기 위해 공격적으로 진리를 취하는 것입니다.

불화살이 발사되는 것은 거짓말이 발언되는 것입니다. 방패를 들어 화살을 빗나가게 하는 것은 하나님의 말씀을 믿기로 선택하는 것입니다. 이것은 보호를 의미합니다. 하지만 검을 휘두를 때는 적극적으로 거짓말쟁이를 공격하는 것입니다. 이것은 전진을 의미합니다.

"하나님은 결코 너의 과거를 용서하지 않으실 것이다!" 화살이 발사되었습니다.

"만일 내가 내 죄를 자백하면 그는 미쁘시고 의로우사 나를 사하시느니라." 방패를 들어 올렸습니다.

"나는 그리스도 안에서 하나님의 의입니다!" 원수가 패배했습니다.

"너는 지금 당장 음란물을 봐야 해. 아무도 모를 거야. 만족할 거야." 화살이 발사되었습니다.

"나는 악한 것을 내 눈앞에 두지 않겠다." 방패를 들어 올렸습니다.

"성령님을 따라 행하라. 그리하면 육체의 욕심을 이루지 아니할 것이다." 원수가 패배했습니다.

방패와 검을 드십시오. 방어와 공격을 하십시오. 믿음으로 선언하십시오. 하나님을 신뢰하고 마귀를 대적하십시오. 말씀을 받아들이고 말씀으로 원수를 꾸짖으십시오. 이것은 당신이 승리를 보기 위해 여러 가지 거짓말을 타파해야 할 수도 있음을 의미합니다.

육체의 저항

원수가 당신의 삶에서 견고한 진을 강화하기 위해 사용할 수 있는 거짓말은 헤아릴 수 없이 많습니다. 또한, 강화된 거짓말과 싸우기가 더 어려워질 수 있는 육적인 문제들도 있습니다. 여기에 육적인 문제 네 가지를 나열하겠습니다.

1. 혼돈에 중독됨

이 요소는 많은 사람이 자신이 가지고 있다는 것을 깨닫지 못하는 혼돈에 대한 중독입니다. 이것은 당신이 묶이는 것을 즐기거나 자유롭고 싶지 않다는 것을 의미하지 않습니다. 이것은 그것보다 훨씬 더 깊습니다. 나는 신자들을 견고한 진에서 구원하는 사역을 하면서 일부 사람들이 속박되고 혼돈스럽고 파괴적인 삶의 방식에 너무 익숙해져서 혼돈 없는 삶을 받아들이는 것을 주저한다는 것을 발견했습니다. 너무 낯설어서 불편합니다. 그들은 어느 정도의 자유를 경험하기 시작하면 스스로 무엇을 해야 할지 거의 알지 못합니다. 그들은 긴장을 느끼고 결국 잘못될 것이라고 느끼는 무언가의 영향에 대비합니다.

다음은 견고한 진의 혼돈에 중독되었을 수 있는 몇 가지 징후입니다.

a. 사람들이 당신을 격려하려고 할 때, 당신은 그 격려를 피할 방법을 찾습니다.

b. 사람들이 당신을 격려할 때, 당신은 그들이 사역하는 성경적 진리를 고려하는 대신 그들과 논쟁하게 됩니다.

c. 누군가가 너무 간단해 보이는 해결책을 제시하면, 당신은 그들의 설명을 거부하고 당신의 문제가 그들이 이해하는 것보다 더 복잡하다고 주장합니다.

d. 당신이 어떤 종류의 자유를 경험하기 시작하면, 일이 다시 잘못될 것을 예상하기에 그것을 즐길 수 없습니다.

e. 상황이 덜 혼란스러워지기 시작하면, 당신은 그것이 사실이 되기에는 너무 좋은 일이며 자신에게 맞는 것은 아무것도 없다고 주장합니다.

f. 당신은 작은 승리와 발전을 "일시적인" 것으로 치부합니다.

g. 승리를 경험하고 일부 문제가 다시 발생하면, 당신은 다시 돌아온 문제에 지나치게 집중하고 그것을 "효과가 없는" "증거"로 보거나 "처음부터 효과가 없는" 것으로 봅니다.

h. 객관적으로 보면, 당신은 마치 예전의 사고방식에 머물도록 자신을 설득하려는 것처럼 보입니다.

i. 당신은 자신을 결코 자유로울 수 있는 사람으로 보지 않습니다.

우리는 자유를 원하지만, 여전히 속박에 중독될 수 있습니다. 얼마나 많은 그리스도인이 가장 끔찍하고 복잡한 정신적 싸움과 귀신의 공격을 받았다고 나에게 이야기했는지 나는 다 말할 수 없습니다. 그러나 그들은 해결책이 자신 외에는 모두에게 효과가 있다거나 하나님의 말씀에 있는 해결책이 일시적으로만 효과가 있을 것이라고 자신에게 말함으로써 진리를 거부합니다. 그들의 성장 과정과 가족 역학 또는 수년간의 투쟁 때문에 혼돈 없이 사는 것을 매우 불편해합니다.

그들은 스트레스에 중독된 것 같습니다. 그들은 이것이 그들이 견고한 진을 무너뜨리는 데 필요한 일을 하지 않도록 보장하는 육체의 방법이라는 것을 깨닫지 못합니다.

2. 영적투쟁에 기초한 정체성

어떤 신자들은 그들의 투쟁에 자신들의 정체성을 두고 있습니다. 사람이 외상이나 비극을 경험하면 종종 깊고 오래 지속되는 견고한 진으로 이어질 수 있습니다. 이런 종류의 견고한 진은 그들 자신을 너무 깊이 묻어서 그들의 정체성 자체가 그들이 경험한 것의 렌즈를 통해 보이게 됩니다. 그래서 그들은 '이게 나에게 일어난 일이야.' 또는 '이게 내가 겪은 일이야.' 같은 생각들을 합니다. 견고한 진은 너무나 효과적으로 뿌리를 내리기에 사람들로 하여금 '이게 나야.' 또는 '나만 고통받는 자야, 항상 고통받는 자야, 좋은 일이 일어날 수 없는 자야.'라고 생각하게 만듭니다.

그러나 이것은 자신을 투쟁하는 사람으로 보는 것 이상일 수 있습니다. 어떤 경우에는 이 견고한 진 주변에 매우 교묘한 형태의 교만, 즉 거짓된 안도감을 느끼게 하는 교만이 형성됩니다. 이 교묘한 교만은 "마귀는 내가 얼마나 위협적인지 알기 때문에 나를 너무 자주 건드린다." 또는 "원수는 내가 그의 왕국에 얼마나 큰 피해를 입힐 수 있는지 알기 때문에 나는 항상 영적 공격을 받고 있다"와 같은 말에서 나타날 수 있습니다. 그리고 모든 믿는 자가 그렇듯이 당신이 지옥의 왕국에 잠재적인 위협이 되는 것이 사실일 수도 있지만, 당신이 조심하지 않는다면 당신이 그렇게 많이 투쟁한다는 사실에서 자신이 영적 공격을 받는 것에 대한 타당성을 얻을 수 있습니다.

영적 패배는 그리스도인의 삶의 특징이 아님을 명심하십시오. 시련은 그리스도인의 삶의 특징입니다. 하지만 패배는 아닙니다. 우리는 주님 자신과의 관계 외에 어떤 것에서도 인정을 추구해서는 안 됩니다. 그러한 인정받으려는 느낌은 투쟁의 렌즈를 통해 자신의 정체성을 보게 하는 원인의 일부입니다. 패배를 영적 명예의 훈장처럼 달지 마십시오. 영적 패배는 하나님을 영화롭게 하지 않습니다. 그러한 인정받으려는 느낌은 당신의 육체가 견고한 진의 무너짐에 저항하게 만드는 것의 일부입니다.

3. 영적투쟁이 가져오는 관심 즐기기

매우 드문 경우지만, 어떤 신자들은 항상 "공격받고" 있거나 항상 "그것을 겪고 있기" 때문에 그들이 받는 관심에서 타당성을 얻습니다. 다른 사람들이 계속해서 그들을 위해 기도하고 조언하고 등을 토닥여 주면서 "항상 이런 일을 겪는 것이 안타까워."와 같은 말을 하기 때문에 그들은 자신들이 가치 있고 사랑받고 있다고 느낍니다. 나는 이것이 투쟁하는 모든 신자에게 해당되는 것은 아니라는 점을 말하고 싶습니다. 또한 우리는 반드시 형제자매들에게 가서 도움을 구하고 그들은 우리를 위해 기도하고 격려해야 합니다. 그리고 우리는 다른 사람들이 이러한 종류의 친절을 나타낼 때 사랑받고 격려받는다고 느껴야 합니다. 우리를 위해 사람들이 있다는 것은 큰 위안이 됩니다. 이것은 아무 문제가 없습니다. 어려운 시기에 서로를 위해 곁에 있어 주는 것은 성경적입니다.

그러나 이것은 또한 우리가 조심해야 할 부분입니다. 우리 중 일부는 너무 오랫동안 낙담하고 사랑받지 못한다고 느껴서 고군분투할 때 다른 사람들에게 받는 관심에 중독되었습니다. 따라서 견고한 진은 우리가 때때로 간절히 바라는 관심을 받는 이유가 될 수 있기 때문에 견고한 진을 무너뜨리려는 동기를 잃을 수 있습니다. 견고한 진은 다른 사람들의 위로가 필요한 핑계거리가 될 수 있습니다. 어떤 사람들은 견고한 진을 무너뜨리면, 더는 불쌍히 여김받거나 구출사역을 받거나 다른 사람들의 돌봄을 받을 이유가 없기에 견고한 진을 무너뜨리기를 주저합니다. 견고한 진은 다른 사람들의 관심을 받을 수 있는 근거이며, 어떤 사람들은 그 관심을 잃지 않으려고 합니다. 어떤 사람들은 자신이 속박당하는 것이 다른 사람들의 관심을 끌기 때문에 구출사역 받기를 원하지 않습니다. 이것은 모든 신자에게 해당되는 것은 아닙니다. 그러므로 이것이 자신에게 해당되는지 확인하기 위해 정직한 자기 평가를 하십시오.

4. "더 깊은" 것이어야 한다고 주장하기

어떤 이들은 자신들이 자유롭게 되는 수단이 견고한 진 자체만큼 복잡해야 한다고 주장합니다. 나는 그리스도인들이 성령님의 능력과 하나님의 말씀의 단순함을 제시받았을 때 문자 그대로 토라지는 것을 보았습니다. 그들은 우리에게 저주, 가계에 흐르는 저주, 귀신의 능력, 그들에 대한 다양한 공격, 비극, 마음에 일어나는 싸움, 악몽, 배신 등과 관련된 길고 강렬한 이야기를 들려줍니다. 그들은 그들을 위한 해결책이 다른 사람들을 위한 해결책과 같다는 말을 듣고 실망하는 것 같습니다. 그들의 해결책은 단순히 성령님의 능력입니다. 그들은 마치 해결책이 어려운 것이기를 바라는 것 같습니다.

너무나 많은 그리스도인이 진리를 거부합니다. 이는 해결책이 너무 단순하게 들린다고 생각하기 때문입니다. 자유는 복잡한 과정을 통해서만 올 수 있다는 것은 견고한 진을 제자리에 유지하게 하는 또 다른 거짓말입니다. 인위적인 의식을 사용하라고 주장하는 것은 부분적으로 신자들을 속박하는 것입니다. 그들은 하나님의 말씀이 그들에게 효과가 있을 것이라고 믿지 않거나 그들의 해결책이 더 "깊은" 것이기를 희망합니다. 많은 사람은 "복잡함"을 "깊음"으로 혼동합니다. 귀신들로부터 자유롭게 되는 것이 복잡하거나 더 흥미로워지기를 바라는 이 욕망은 자유로 가는 길을 가로막습니다. 어떤 사람들은 이것이 단순한 순종과 믿음보다 더 효과적이라고 느끼기 때문에 이것이 복잡하기를 원합니다. 다른 사람들은 그러한 복잡한 영적 속박과 싸워야 했던 그들에게 그 합병증이 더 타당하다고 느끼기 때문에 그것이 복잡하기를 원합니다.

어떤 경우에는 의식화된 자유를 주장하는 신자들이 오컬트, 뉴에이지 또는 주술에서 구원받았습니다. 비록 지금은 구원받았지만, 그들은 그들의 해결책이 그들이 믿도록 훈련시킨 이전의 사고방식만큼 복잡하거나 의식화될 것이라고 기대합니다. 그런 식으로 그들은 옛 사고방식을 고수하고 그것을 성경이 말씀하는 것임을 강요하려고 합니다. 나는 이 기만이 뉴에이지, 오컬트 또는 주술과 관련된 이전 배경을 가진 새로 개종한 그리스도인에게서 가장 효과적으로 작용하는 것을 발견했습니다. 그들은 그들의 오래된 믿음에서 나온 가르침을 기념품으로 가져갑니다.

그러한 배경을 가진 사람들은 이전의 믿음 체계를 통해 영적 세계는 거래적이라고 배웠습니다. 이것은 자신의 힘으로 마귀를 다루어야 하는 불신자들에게 해당될 수 있습니다. 그러나 이것은 거듭난 신자에게는 해당되지 않습니다. 예전에 가졌던 믿음을 성경의 진리로 강요하는 것에는 엄청난 무력함이 있습니다.

원수의 기만에 넘어가지 마십시오. 원수는 너무 미묘합니다. 많은 신자가 힘없는 종교에 빠지면서 자신들은 영적인 것처럼 생각합니다. 내가 어떻게 이런 말을 할 수 있는 것일까요? 내 말은 종교인들을 화나게 할 수 있지만, 나는 당신에게 진리를 말할 것입니다. 우리는 오컬트와 뉴에이지 운동에서 영적 전쟁에 관한 가르침을 받는 것을 그만두어야 합니다. 당신이 진정한 능력을 원한다면, 영적인 세계에 관한 지식은 하나님의 말씀에서 나와야 합니다.

신자들이 오컬트나 뉴에이지로부터 구출되고 구원받는 것은 놀라운 일입니다. 우리 가족은 오컬트로부터 구원받았습니다. 우리는 거기에서 우리의 이전 사고방식에서 떠나야 합니다. 귀신의 기만에 기초한 체계에서 아이디어를 빌려 "정보"(intel)라고 부를 수는 없습니다. 우리는 주술의 복잡한 거래적 접근 방식을 받아들인 다음 그것을 사역과 섞을 수 없습니다. 세상의 전통이 아니라 말씀의 진리를 좇으십시오. 그러한 체계의 가르침은 거짓말에 근거합니다. 하나님은 밝혀져야 할 고대의 비밀과 사악한 신비 뒤에 우리의 자유를 가려놓지 않으십니다. 귀신의 영역에 대해 우리가 알아야 할 모든 것은 성경에 기록되어 있습니다.

당신이 그리스도께 나올 때, 당신은 낡은 의례를 고수하면서 단지 팀(teams)을 바꾸는 것이 아닙니다. 당신은 완전히 다른 체계 아래에 있습니다. 구출사역은 이전의 믿음 체계의 가르침과 의례에 따라 역사하지 않습니다. 당신은 주문으로 저주를 끊을 수 없고, 의식으로 견고한 진을 무너뜨릴 수 없고, 특화된 기도와 비밀스러운 지식으로 귀신과 싸울 수 없습니다. 이러한 믿음 체계는 귀신을 물리치는 것이 수수께끼를 풀거나 미스터리를 밝히는 것과 같다고 당신을 가르칠 것입니다. 신앙인에게 전투는 주인공이 귀신의 숨겨진 약점을 발견하거나 그 기원을 찾아 정확히 패배시키는 방법을 알아야 하는 영화와 같지 않습니다.

만약 당신이 견고한 진과 영적 공격에 대해 주어진 성경적 해결책에 만족하지 못한다면, 그것은 하나님의 말씀과 능력에 대한 믿음이 부족하기 때문일 수 있습니다.

성령님은 당신을 굳건하게 하신다

만약 당신이 삶에서 기만의 견고한 진을 무너뜨리고 싶다면, 당신은 그것이 세워진 주된 거짓말을 다룰 준비가 되어 있어야 할 뿐만 아니라 그 주된 거짓말을 강화하는 데 도움이 되는 모든 거짓말을 다룰 준비가 되어 있어야 합니다. 우리는 또한 믿는 이들로 하여금 혼돈의 견고한 진에 중독되게 하고, 그들의 정체성을 투쟁에 기반을 두게 하고, 연민이나 관심에 너무 의존하게 하고, 그들의 문제에 대한 답이 복잡하다고 주장하게 하는 육체적인 문제를 해결해야 합니다. 성령님은 우리가 우리의 진정한 정체성에 기반을 두게 함으로써 이러한 육적인 문제를 물리치도록 도와주십니다.

> 너희는 다시 무서워하는 종의 영을 받지 아니하고 양자의 영을 받았으므로 우리가 아빠 아버지라고 부르짖느니라. 성령이 친히 우리의 영과 더불어 우리가 하나님의 자녀인 것을 증언하시나니(롬 8:15-16).

성령님은 당신이 누구인지를 상기시켜 주십니다. 자신의 정체성을 알면 혼돈에 대한 중독을 극복하고, 자신이 "항상 투쟁하는 사람"이 아니라는 것을 알게 되고, 자신이 가치 있다고 느끼기 위해 더는 다른 사람에게 의존할 필요가 없게 되고, 하나님의 단순한 진리가 당신을 위해서도 역사할 것임을 알게 됩니다.

성령님은 견고한 진을 무너뜨리는 과정의 모든 단계에 관여하십니다. 강화된 거짓말이 자유로 가는 길을 복잡하게 만들 때 성령님은 단순화하는 진리를 말씀하십니다. 그분은 당신이 진리를 믿도록 선택하지 못하게 하는 일련의 거짓말에 맞서십니다. 그리고 당신의 정체성에 기반을 두어 주된 거짓말과 강화하는 거짓말을 모두 해결하기 어렵게 만드는 육적인 문제로부터 당신을 풀어 줍니다.

마음을 새롭게 하라

당신이 영적 훈련의 기본을 실천하고 강화된 거짓말에 직면하여 진리를 믿기로 결심했다면, 실행해야 할 성경의 핵심 원칙이 하나 더 있습니다. 당신은 마음을 새롭게 하는 법도 배워야 합니다. 이 모든 일을 함으로써 견고한 진을 식별하고 무너뜨리는 데 성공할 것입니다.

그러면 마음을 새롭게 하는 것이 무엇일까요? 마음을 새롭게 하는 것은 참되고 지속적인 변화를 경험하는 성경적 방법입니다.

> 너희는 이 세대를 본받지 말고 오직 마음을 새롭게 함으로 변화를 받아 하나님의 선하시고 기뻐하시고 온전하신 뜻이 무엇인지 분별하도록 하라(롬 12:2).

변화된 마음은 영원한 구원의 열쇠입니다. 내가 사용한 정글 비유를 다시 언급하면, 견고한 진을 벗어나는 것은 새로운 길을 가는 것과 같지만, 마음을 새롭게 하는 것은 오래된 길을 지우기 위해 식물을 다시 자라게 하는 것과 같다고 말할 수 있습니다. 마음을 새롭게 하면 이전의 사고방식으로 돌아가지 않을 수 있습니다.

마음을 새롭게 하는 것은 컴퓨터를 다시 프로그래밍 하는 것과 같습니다. 생각을 다시 프로그래밍 하려면 시간이 걸립니다. 좌절한 많은 그리스도인은 자기의 생각을 더 잘 제어하려고 하지만, 과거 패턴의 저항에 부딪힐 뿐입니다. 이러한 패턴으로 인해 새로운 사고방식을 형성하기 어려울 때 우리는 인내해야 합니다. 그러나 많은 사람은 새로운 사고방식을 고수하기는커녕 "이미 해 봤어. 나에게는 효과가 없어."라고 말합니다. 그러나 마음을 새롭게 하는 것은 하나의 과정입니다. 다른 훈련과 마찬가지로 마음의 훈련에도 연습과 인내가 필요합니다. 연습과 인내는 효과가 있다는 것은 당신에게 좋은 소식입니다.

하나님의 말씀은 우리가 온전해지는 과정을 측정하는 기준입니다.

> 모든 성경은 하나님의 감동으로 된 것으로 교훈과 책망과 바르게 함과 의로 교육하기에 유익하니 이는 하나님의 사람으로 온전하게 하며 모든 선한 일을 행할 능력을 갖추게 하려 함이라(딤후 3:16-17).

말씀을 받는 것이 마음을 새롭게 하는 열쇠입니다. 하나님의 말씀을 받으면 변화가 일어나기 시작합니다. 처음에는 변화가 느리고 미묘하게 보일 수 있지만 안심하십시오. 당신은 성경을 섭취함에 따라 변화하고 있습니다. 비록 그 변화가 즉각적으로 나타나지 않더라도 하나님의 말씀을 읽고 어떤 식으로든 변화하지 않는 것은 불가능합니다.

하나님의 말씀은 변화가 필요한 우리 안의 사고방식을 볼 수 있는 영적인 거울입니다.

> 너희는 말씀을 행하는 자가 되고 듣기만 하여 자신을 속이는 자가 되지 말라. 누구든지 말씀을 듣고 행하지 아니하면 그는 거울로 자기의 생긴 얼굴을 보는 사람과 같아서 제 자신을 보고 가서 그 모습이 어떠했는지를 곧 잊어버리거니와 자유롭게 하는 온전한 율법을 들여다보고 있는 자는 듣고 잊어버리는 자가 아니요 실천하는 자니 이 사람은 그 행하는 일에 복을 받으리라(약 1:22-25).

나는 자주 하나님의 말씀을 읽고 "나는 여기서 발전할 수 있어. 나는 그것을 바꿀 필요가 있어. 이것은 내가 바로잡아야 할 내 결점이야."라고 깨닫습니다. 나는 성경을 읽으면서 종종 "아버지, 제가 좀 더 예수님처럼 되는 방법은 매우 많습니다. 제가 좀 더 예수님을 닮도록 도와주세요."라고 말씀드립니다. 이것은 정죄의 문제가 아니라 교정의 문제입니다. 하나님의 말씀은 거울입니다. 말씀은 당신이 당신의 영적 모습을 볼 수 있도록 합니다. 당신이 말씀을 바라볼 때, 말씀은 당신의 행동과 태도와 품성의 결점을 바로잡을 뿐만 아니라 당신의 생각을 바로잡아 줄 것입니다.

하나님의 말씀은 우리가 묵상할 내용입니다.

> 복 있는 사람은 악인들의 꾀를 따르지 아니하며 죄인들의 길에 서지 아니하며 오만한 자들의 자리에 앉지 아니하고 오직 여호와의 율법을 즐거워하여 그의 율법을 주야로 묵상하는도다. 그는 시냇가에 심은 나무가 철을 따라 열매를 맺으며 그 잎사귀가 마르지 아니함 같으니 그가 하는 모든 일이 다 형통하리로다(시 1:1-3).

묵상은 단순히 생각의 반복입니다. 불경한 묵상은 마음을 비우라고 요구하지만, 경건한 묵상은 마음을 하나님의 말씀으로 채우라고 가르칩니다. 당신이 마음으로 하나님의 진리를 되풀이하고 주어진 상황에 지속적으로 적용하고 그 진리를 끈질기게 믿으면, 성경적 사고방식이 형성되기 시작합니다. 진리는 당신의 마음에 길을 형성하기 시작하고, 이 길은 당신의 생각이 선호하는 경로가 됩니다. 견고한 진은 두려움과 우울과 의심과 고통 등의 원인에 당신의 주의를 끕니다. 그러나 말씀은 거룩함과 믿음과 담대함과 화평과 기쁨과 사랑을 낳는 진리에 우리의 주의를 끕니다.

우리가 하나님의 말씀을 묵상할 때, 우리는 생각을 새롭게 합니다. 생각을 새롭게 하는 것은 우리가 죄의 본성을 버리는 방법의 하나입니다. 죄의 본성은 견고한 진의 정신적 또는 감정적 측면에 기초를 제공합니다.

> 너희는 유혹의 욕심을 따라 썩어져 가는 구습을 따르는 옛 사람을 벗어 버리고(엡 4:22-24).

Chapter 09

도와주세요, 성령님!

모든 사람에게 통하는 거짓말이 있습니다. 그렇다면 나에게 통한 거짓말은 무엇이었을까요? 나의 심각한 불안의 근원은 무엇이었을까요? 나는 알아보기로 결심했습니다. 나는 몇 가지를 고려했습니다.

나는 어렸을 때 친구들과 어울리지 않았고 놀림을 받았습니다. 혹 나의 불안이 어릴 때 받은 놀림과 관련이 있었을까요? 그렇다면 나는 이에 관해 명백하게 설명할 수 있습니다. 어쩌면 멕시코 출신의 흑마법사 고조할아버지와의 관계를 끊어야 했을 수도 있습니다. 나는 어렸을 때 본 텔레비전 프로그램들을 분석하기 시작했습니다. 아마도 거기에는 마귀의 메시지가 숨겨져 있었을 것입니다. 누군가 본의 아니게 시기심이나 "경건하지 않은 기도"로 나를 저주한 것은 아닐까 하는 생각까지 들었습니다.

한번은 아프리카 가나에서 온 초청 강사가 내가 다니던 교회를 방문했던 것이 기억납니다. 그는 영적 전쟁에 관해 많은 이야기를 했습니다. 그래서 나는 그에게 나를 위해 기도해 달라고 부탁했습니다. 내가 기도를 받으러 강단에 올라가는 순간, 그가 나에게 말을 걸었습니다. 그는 나를 노려보면서 자기의 이마를 가리키며 "마음의 고통! 나는 그것을 봅니다."라고 말했습니다. 그는 내

머리에 손을 얹고 귀신의 공격을 꾸짖으셨습니다. 나는 하나님의 능력을 느꼈고 바닥에 쓰러졌습니다. 나는 그것이 하나님의 임재 안에서의 만남이라고 진정으로 믿지만, 불과 몇 주 후에 나는 불안을 다시 느끼기 시작했습니다. 나는 심지어 중보기도 팀이 나를 위해 몇 시간 동안 "구출사역"을 하도록 했습니다. 이번에도 똑같은 일이 벌어졌습니다. 나는 몇 주 동안 기분이 좋았고, 귀신에게 문을 열지 않았습니다. 그러다가 다시 공격받는 느낌으로 돌아갔습니다.

나를 가장 답답하게 했던 것은 내가 몇 번이고 자유로워지려고 노력해도 자유롭지 못했다는 생각이 들었던 것 같습니다.

내 기도는 간단했습니다.

"도와주세요, 성령님."

그런 다음 나는 성령님께 모든 것을 맡겼습니다. 나는 영적 전쟁 전문가가 되려는 노력을 중단했습니다. 나를 위해 기도할 적절한 사람을 찾는 것을 그만두었습니다. 속박 자체에 집착하는 것을 그만두었습니다. 성령님은 전혀 영적으로 들리지 않는 말씀을 나에게 하셨습니다. 그분의 지시는 간단했습니다.

"안심해라."

알다시피, 나는 내가 고군분투하고 있다는 사실만으로도 너무 흥분했습니다. 주님과의 동행은 그분께 가까이 가는 것이 아니라 문제를 극복하는 것이 되었습니다. 나는 예수님을 찾아야 할 때 구원을 찾고 있었습니다.

고군분투하는 사람은 내 말을 듣고 이렇게 반박할 것입니다. "나는 하나님을 찾고 있습니다. 노력하고 있습니다. 나는 최선을 다하고 있습니다. 그러나 하나님은 나를 외면합니다. 그분은 나를 돕지 않습니다. 나에게 좋은 일은 일어나지 않습니다. 끊임없는 전쟁을 하고 있습니다. 쉴 수가 없습니다."

> 우리가 다 수건을 벗은 얼굴로 거울을 보는 것 같이 주의 영광을 보매 그와 같은 형상으로 변화하여 영광에서 영광에 이르니 곧 주의 영으로 말미암음이니

라(고후 3:18).

승리를 얻고자 하면 주님께 집중해야 합니다. 변화를 가져오는 것은 그분 안에 거하는 것입니다. 당신이 예수님을 바라볼 때 예수님과 같은 형상으로 변화합니다. 하나님은 당신을 구원에서 구원으로 부르신 것이 아니라 영광에서 영광으로 부르셨습니다. 이것이 성령님이 나에게 가르치신 것입니다.

나에게 돌파구는 하나님과의 일련의 만남에서 왔습니다. 불안과 우울에서 완전히 벗어난 순간은 단 한 순간도 없었습니다. 내가 지금 살고 있는 자유에 이르게 된 중요한 순간들의 시간표가 있었습니다. 견고한 진의 사악한 측면은 즉시 처리할 수 있지만, 정신적, 감정적 측면(육체)을 처리하는 것은 때때로 시간이 걸릴 수 있음을 기억하십시오.

내가 노스캐롤라이나로 갔던 사역 여행에서 한 가지 매우 중요한 일이 발생했습니다. 그 당시 내 인생에서 우울증과 불안은 특히 심해졌습니다. 나는 신혼생활을 하고 있었고, 불안과 의심 때문에 몇몇 중요한 친구와 멀어졌습니다. 대다수 사람이 성공을 측정하는 지표로 볼 때, 그 사역은 그다지 "성공적이지" 않았습니다. 나는 모든 면에서 실패하고 있다고 느꼈습니다.

공항에 가려고 아침에 눈을 떴던 기억이 납니다. 나는 일어나고 싶지 않았습니다. 나는 자동차를 타고 공항에 가는 것과 제시카와 떨어져 있는 시간을 감당하고 싶지 않았습니다. 솔직히 설교할 기분이 아니었습니다.

공항으로 가는 길에 나는 미래에 대한 불안과 현재에 대한 우울을 느꼈습니다. 속이 텅 빈 느낌이 들었습니다. 나는 조수석에 앉아 있었습니다. 내 친구 중 하나가 운전하고 있었습니다. 다른 친구는 뒤에 앉아 있었습니다. 나는 정신을 맑게 유지하려고 우리 차 주변의 교통 상황을 살펴보기 시작했습니다. 그런 다음 맨 왼쪽 차선에서 우리 앞차가 오른쪽으로 방향을 틀기 시작하고 여러 차선을 가로질러 한 번에 끼어드는 것을 보았습니다. 우리는 맨 오른쪽 차선에 있었고 다른 고속도로로 들어가는 중이었습니다. 그 차는 우리를 가로막고 중앙 분리대를 들이받고 뒤집혔습니다. 큰 충돌 소리에 이어 고속도로를 가로지르는 고음의 긁는 소리가 들렸습니다. 나는 그 차에 탄 승객이 이리저리 흔들리는 것을 보고 공포에 질려 지켜보았습니다. 차가 우리 차에서 불과 1미터 밖까지 미끄러지면서 불꽃이 튀었습니다. 우리를 운전해 주던 친구가 방향을 틀어 충돌을 피할 수 있었습니다.

우리는 911에 전화를 걸어 그 운전자가 도움을 받도록 했습니다. 나는 그 차에 탄 사람의 사생활 보호를 위해 그에게 좋지 않은 일이 있었다는 것 외에 다른 말은 할 수 없습니다. 나는 그를 개인적으로 알지 못했기 때문에 사후의 소식은 듣지 못했습니다. 우리는 떨었고, 불안은 나를 삼켰습니다.

내 두 손은 공항에서 체크인하는 동안에도 떨렸습니다. 나는 강한 공포를 느꼈습니다. 그리고 나는 비행기가 추락하고 불타는 것을 상상하기 시작했습니다. 나는 우리 팀과 함께 비행기에 탔고 모든 것이 흐릿했습니다.

나는 지금까지도 다음 날 호텔 방에서 눈을 뜬 것만 기억합니다. 나는 천장을 쳐다보았습니다. 공포, 우울, 불안, 절망, 공허함, 무감각의 물결이 계속 나를 덮쳤습니다. 나는 어찌할 바를 몰랐습니다. 나는 '지금 여기에서 이것보다 더 기분이 나빴던 적이 없다.'라고 생각했던 것을 기억합니다.

나는 정신적으로나 감정적으로 바닥을 쳤습니다. 당신도 알다시피, 성령님은 그런 때 나타나십니다. 내가 가장 연약함을 느꼈을 때 성령님이 마침내 나에게 다가오실 수 있었습니다. 나는 내가 할 줄 아는 모든 일을 했습니다. 나는 내 힘과 노력을 다 쏟았습니다. 진리의 성령님이 역사하셨습니다. 그분은 나에게 매우 단순하면서도 자유롭게 하는 무언가를 보여주셨습니다. 성령님이 말씀하셨고, 그것은 내 삶을 변화시켰습니다. 우리의 대화는 다음과 같이 진행되었습니다.

"네가 어렸을 때 밤에 찾아오는 귀신의 얼굴을 무서워했던 것을 기억하느냐?"

"네, 기억합니다."

"그 생각 때문에 네가 얼마나 힘들어했는지 기억하느냐?"

"네, 성령님, 기억합니다."

"그리고 유치원에서 다른 아이들이 너를 대하는 방식 때문에 두려워했던 것을 기억하느냐?"

"네."

"어렸을 때 테마파크에서 놀이기구를 무서워했던 것을 기억하느냐? 엄마 아빠와 함께 테마파크에 가면 얼마나 흥분했는지 기억하느냐? 그리고 네 걱정이 네 하루를 어떻게 어둡게 만들었는지 기억하느냐? 네가 죽을 것이라고 얼마나 확신했는지 기억하느냐?"

"…"

"10대 때 교통사고가 두려워 면허를 따지 못했던 일을 기억하느냐? 거절당할까 봐 친구 사귀는 것을 얼마나 힘들어했는지 기억하느냐?"

이 시점에서 무언가가 내 안에서 터지기 시작했습니다. 눈물이 내 얼굴에 떨어지기 시작했습니다. 성령님은 계속해서 말씀하셨습니다.

"내가 널 구원한 뒤에도 네가 얼마나 지옥을 두려워했는지 기억하느냐? 너는 지옥에 가도록 예정된 것으로 믿어서 얼마나 두려워했는지 기억하느냐? 이 모든 두려움이 어떻게 한 번에 몇 달 또는 몇 년 동안 네 마음을 사로잡았는지 기억하느냐?"

"네."

"지금 내가 두려워하는 것은 무엇이냐?"

"남편으로서 실패할까 두렵습니다. 사역에 실패할까 두렵습니다. 저는 혼자가 되는 것이 두렵습니다. 모든 것이 무너지는 것이 두렵습니다."

그리고 그분은 내 마음을 밝히는 질문을 하셨습니다. 그것은 큰 변화였습니다.

"왜 내가 너를 사랑하고 네 인생에서 좋은 일을 할 것이라고 믿지 않느냐?"

나는 울음을 터뜨렸습니다. 오랜만에 처음으로 나는 빛이 그림자를 깨뜨리는 것을 볼 수 있었습니다.

> 사랑 안에 두려움이 없고 온전한 사랑이 두려움을 내쫓나니 두려움에는 형벌이 있음이라. 두려워하는 자는 사랑 안에서 온전히 이루지 못하였느니라(요일 4:18).

그 순간 나는 무언가를 깨달았습니다. 그 불안은 평생 나를 따라다녔습니다. 그것은 내 인생의 각 단계에서 다른 형태로 나타났고, 매우 다양한 거짓말로 나타났습니다. 그것은 내가 알고 있던 것보다 크고 작은 방식으로 더 많은 방식으로 나에게 영향을 미쳤습니다. 그러나 그것은 모두 똑같은 두려움이었습니다. 항상 똑같았습니다.

나는 하나님이 나를 사랑하신다는 것을 알았지만, 그것을 지식으로, 하나의 생각으로, 하나의 사실로 알고 있었습니다. 나는 그 계시의 의미와 결과가 나를 변화시키도록 허용하지 않았습니다. 알다시피, 나는 내가 외롭고, 원치 않고, 사랑받지 못한다는 거짓말을 믿었습니다. 나는 진심으로 하나님이 나에게 진노하시고 나를 해하려 하신다고 믿었습니다. 어떤 사람들에게는 이것이 일반적이거나 너무 단순하게 들릴 수 있다는 것을 알고 있습니다. 특히 많이 고군분투한 사람들은 이런 얘기를 들으면 냉소적이 됩니다. 이것은 정말 빛과 어둠의 대결이었습니다.

나는 내 삶을 다시 돌아보았습니다. 나는 이제 비로소 거짓말을 볼 수 있었습니다. 나는 그것이 내 인생의 모든 단계에서 역사하는 것을 보았습니다. 그 거짓말은 너무 설득력이 있었고 믿을만했습니다. 원수는 그 거짓말을 강화하기 위해 모든 상처, 모든 시련, 모든 실망, 모든 부정적인 감정을 사용했습니다. 나는 그것이 어떻게 나에게서 기쁨과 평안을 훔쳐 갔는지 마침내 알 수 있었습니다. 나는 내가 얼마나 기만당했는지 알 수 있었습니다. 이 교묘한 거짓말은 숨은 기생충처럼 내 마음 한구석에 맴돌았습니다. 이 거짓말은 나에 관한 모든 것에 영향을 미쳤습니다.

나는 실제로 하나님이 나를 거부할 것이라는 거짓말을 믿었습니다. 나는 그 말을 소리 내어 말하지도, 그렇게 분명하게 말한 적도 없지만, 그래도 믿었습니다. 거절에 대한 두려움 때문에 나는 보호받고 있다는 느낌을 받지 못했습니다. 그분의 보호하심을 느끼지 못해서 두려웠습니다. 결국 나는 모든 것이 하나의 거짓말에서 비롯되었다는 것을 깨달았습니다. 그것은 단순하지만, 어느 정도 믿음직했던 거짓말이었습니다.

내 실망의 눈물이 기쁨의 눈물로 바뀌었습니다. 사탄이 내 마음에 투사했던 강력한 영상은 순식간에 사라졌습니다.

지옥의 왕국에 있는 모든 것은 움직이는 그림자입니다. 그림자는 그 실체가 실제보다 훨씬 더 크게 보이게 하는 투사에 불과합니다. 그림자는 무섭게 보일 수 있습니다. 그러나 그림자는 그들의 힘에 대한 당신의 믿음 이상으로는 해를 끼칠 수 없습니다. 모든 귀신의 견고한 진은 그림자로 지어졌습니다. 지옥의 문, 심지어 그 벽과 구조물까지도 어둠의 벽돌로 지어져 있습니다. 견고한 진의 무기들은 연기가 자욱한 환영에 불과합니다. 화살은 날카로운 실루엣입니다. 그러나 불을 켜는 순간 그림자는 더는 존재하지 않습니다. 지옥에 관한 모든 것은 성령님의 진리의 빛으로 녹아버립니다.

이때는 나에게 중요한 순간이었습니다. 나는 그 중요한 순간에 거짓말을 식별했습니다. 그것은 내가 자유를 누리도록 한 큰 요인이었습니다. 하지만 내가 말했듯이 내 인생의 궁극적인 돌파구는 점진적으로 찾아왔습니다. 지금까지도 나는 그 거짓말을 경계해야 합니다. 원수는 여전히 나에게 거짓말을 시도하며 다양한 형태와 다양한 출처를 통해, 그리고 다양한 정신적, 감정적 상태에서 거짓말을 합니다. 내가 여전히 전투한다고 해서 여전히 속박되어 있다는 의미는 아닙니다. 나는 권위의 자리에서, 승리의 자리에서 싸웁니다.

성령님은 내가 거짓말을 분별하도록 도와주셨을 뿐만 아니라 오늘날까지도 여전히 진리를 생각나게 하십니다. 그리고 그분이 그렇게 하실 때마다 나는 그분 사랑의 따스함, 받아주심의 안전함, 자유의 기쁨을 느낍니다. 나는 "도와주세요, 성령님!"이라고 외쳤습니다. 그리고 그분은 나를 도와주셨습니다. 이 글을 쓰는 지금도 나는 그 자유의 영속성을 누리며 살고 있습니다.

중요한 참고 사항: 이제 당신의 차례다

그렇다면 당신이 속았던 거짓말은 무엇입니까?

하나 이상의 거짓말이 있습니까?

당신의 마음에 기초가 있는 견고한 진은 무엇입니까?

이제 이 주제에 대해 배운 모든 것을 가지고 다양한 종류의 견고한 진에 구체적으로 적용해 봅시다.

이것은 매우 중요한 사항입니다. 나는 다음 장들에서 당신을 속박할 수 있는 여러 종류의 견고한 진에 관해 글을 쓸 것입니다. 우리는 이미 일반적으로 견고한 진을 극복하는 기본 사항을 살펴봤기에 모든 장에서 이러한 기본 사항을 반복하지는 않을 것입니다. 대신 다음 장들의 대부분을 사용하여 각 특정된 견고한 진의 고유한 측면을 다룰 것입니다.

각 종류의 견고한 진에 대해 알려드릴 구체적인 전략 외에도 이미 다룬 기본 사항은 모든 견고한 진에 적용되어야 합니다.

리마인더

기만과 열린 문 처리하기
- 하나님의 갑옷을 입으십시오. (2장)
- 진리의 영을 의지하십시오. (4장)
- 열린 문을 닫으십시오. (5장)
- 하나님의 말씀, 성령님의 음성, 건전한 교사들을 통해 견고한 진을 식별하십시오. (6장)

귀신들을 처리하기 (7장)
- 하나님의 권위를 아십시오.
- 하나님의 권위에 일치시키십시오.
- 명령하십시오.
- 믿음을 증가시키기 위해 금식하고 기도하십시오.

정신적, 감정적 문제 처리하기 (8장)
- 기본을 지키십시오.
- 진리를 믿기로 선택하십시오.
- 강화하는 거짓말에 맞서 싸우십시오.
- 마음을 새롭게 하십시오.

Chapter 10
유혹의 견고한 진

세상은 정욕과 탐욕과 권력 등의 유혹으로 가득 차 있으며 일부 신자들은 반복적인 죄의 굴레에 빠져 있습니다. 그들은 하기 싫은 일을 계속해서 합니다. 이러한 습관적인 죄의 순환은 몇 달 또는 몇 년 동안 지속할 수 있습니다. 에워싸는 죄와 싸우는 신자들은 좌절과 두려움과 죄책감과 절망으로 가득 차게 됩니다. 그들은 며칠 또는 몇 주 동안 승리를 경험할 수 있지만, 죄의 순환으로 되돌아갈 수 있습니다. 어떤 이들은 그들이 자유로울 수 있는지 궁금해합니다. 그들은 희망을 잃습니다. 설상가상으로, 일부 사람들은 자기의 구원을 의심하거나 하나님의 용서가 여전히 그들에게 유효하다는 사실을 의심하기 시작합니다.

리마인더

유혹의 견고한 진에 맞서 싸울 때 이러한 기본 사항을 적용하기

기만과 열린 문 처리하기
- 하나님의 갑옷을 입으십시오. (2장)

- 진리의 영을 의지하십시오. (4장)
- 열린 문을 닫으십시오. (5장)
- 하나님의 말씀, 성령님의 음성, 건전한 교사들을 통해 견고한 진을 식별하십시오. (6장)

귀신들을 처리하기 (7장)
- 하나님의 권위를 아십시오.
- 하나님의 권위에 일치시키십시오.
- 명령하십시오.
- 믿음을 증가시키기 위해 금식하고 기도하십시오.

정신적, 감정적 문제 처리하기 (8장)
- 기본을 지키십시오.
- 진리를 믿기로 선택하십시오.
- 강화하는 거짓말에 맞서 싸우십시오.
- 마음을 새롭게 하십시오.

우리가 죄를 짓는 이유

오해하지 마십시오. 우리는 자기의 정욕과 욕망에 이끌려 죄에 빠져 있습니다.

> 오직 각 사람이 시험(유혹)을 받는 것은 자기 욕심에 끌려 미혹됨이니(약 1:14).

우리는 궁극적으로 죄를 짓기로 선택한 사람들입니다. 그러나 귀신들은 우리를 유혹하면서 죄를 짓도록 격려합니다. 그래서 예수님은 악한 자의 유혹에서 벗어나게 해 달라고 기도하라고 하셨습니다.

우리를 시험에 들게 하지 마시옵고 다만 악에서 구하시옵소서(마 6:13).

사탄은 아담과 하와를 유혹했습니다. 사탄은 예수님을 유혹했습니다. 사탄은 거짓말하는 귀신들을 통해 당신과 나를 유혹합니다. 유혹의 견고한 진은 다양한 형태의 동일한 거짓말에 기반을 두고 있습니다.

- "이 죄가 너를 충족시킬 것이다."
- "이 죄는 그만한 가치가 있다."
- "이 죄는 하나님의 임재보다 더 만족하게 할 것이다."
- "이 죄는 대가가 없다."

이제 당신은 "저는 그런 거짓말은 하나도 믿지 않습니다! 저는 죄가 저를 충족시키지 못한다는 것을 압니다. 하지만 어쩔 수 없이 이것을 합니다."라고 말할 것입니다. 나는 우리의 행동이 우리가 진정으로 믿는 바를 말해준다고 말하고 싶습니다. 당신은 죄가 충족시키지 못한다는 것을 지식적으로 알 수 있지만, 그것을 진실로 깊이 알고 있습니까? 당신의 모든 부분이 진리인 것에 동의합니까, 아니면 당신의 일부가 예외를 믿을 정도로 속고 있습니까?

우리가 죄와 및 죄가 가지고 있는 만족하게 하는 힘에 대해 믿는 거짓말은 우리가 생각하고 느끼는 기만이 됩니다. 물론 우리가 기만을 믿으면 행동을 하게 되고 죄를 선택하게 됩니다. 우리가 죄를 선택하면, 기만당하는 경향이 너 커집니다. 그런 다음 순환이 반복되고 순환이 반복됨에 따라 속박이 강화됩니다.

죄가 상품이라면, 귀신들은 판매원이 될 것입니다. 귀신들은 당신에게 죄에 대해 끊임없이 거짓말을 합니다. 모든 죄의 행위는 거짓을 믿는 데서 시작됩니다.

유혹의 본질

인류사의 첫 번째 유혹을 보십시오. 원수가 아담과 하와를 죄로 유인하기 전에 하나님이 말씀하신 진리와 어떻게 모순되는 말을 하는지 주목하십시오.

> 그런데 뱀은 여호와 하나님이 지으신 들짐승 중에 가장 간교하니라. 뱀이 여자에게 물어 이르되 하나님이 참으로 너희에게 동산 모든 나무의 열매를 먹지 말라 하시더냐? 여자가 뱀에게 말하되 동산 나무의 열매를 우리가 먹을 수 있으나 동산 중앙에 있는 나무의 열매는 하나님의 말씀에 너희는 먹지도 말고 만지지도 말라. 너희가 죽을까 하노라 하셨느니라. 뱀이 여자에게 이르되 너희가 결코 죽지 아니하리라. 너희가 그것을 먹는 날에는 너희 눈이 밝아져 하나님과 같이 되어 선악을 알 줄 하나님이 아심이니라. 여자가 그 나무를 본즉 먹음직도 하고 보암직도 하고 지혜롭게 할 만큼 탐스럽기도 한 나무인지라. 여자가 그 열매를 따먹고 자기와 함께 있는 남편에게도 주매 그도 먹은지라. 이에 그들의 눈이 밝아져 자기들이 벗은 줄을 알고 무화과나무 잎을 엮어 치마로 삼았더라(창 3:1-7).

먼저 원수는 말씀에 의문을 제기했습니다. "하나님이 참으로 너희에게 동산 모든 나무의 열매를 먹지 말라 하시더냐?" 그러고서 원수는 "너희가 결코 죽지 아니하리라!" 하는 말로 하나님의 말씀을 반박했습니다. 기만은 절대로 명백하지 않습니다. 만약 하와가 거짓말이 하나님의 말씀과 직접적으로 모순된다고 확신했다면 거짓말을 믿지 않았을 것입니다. 그러나 그녀는 하나님이 실제로 말씀하신 것에 대해 확신이 없었기 때문에 결국 거짓말을 믿었습니다. 말씀에 의문을 품는 것은 말씀과 모순되게 합니다.

성경은 우리에게 이렇게 말씀합니다. 거기에서 우리는 유혹의 세 가지 요소를 모두 보게 됩니다.

> 이는 세상에 있는 모든 것이 육신의 정욕과 안목의 정욕과 이생의 자랑이니 다 아버지께로부터 온 것이 아니요 세상으로부터 온 것이라(요일 2:16).

- 그녀는 보았습니다.—안목의 정욕.
- 열매는 먹음직스러워 보였습니다.—육신의 정욕.
- 그녀는 지혜를 원했습니다.—이생의 자랑.

그녀는 그 열매를 보았을 때 자신이 본 것에 유혹을 받았습니다. 그녀는 열매가 먹음직스러워 보이자 배가 고파졌습니다. 그것은 육신이 원하는 것이었습니다. 그것은 육신의 정욕이었습니다. 그녀가 지혜를 원했을 때 그녀는 하나님과 같이 되기를 원했습니다. 그 경우 하나님과 같이 되고자 하는 그녀의 욕망은 교만에서 비롯된 욕망이었습니다. 그것은 이생의 자랑이었습니다. 당신이 유혹받는 모든 죄는 유혹의 세 가지 범주 중 하나에 속합니다. 1) 안목의 정욕, 2) 육신의 정욕, 3) 이생의 자랑.

예수님이 유혹을 다루신 방법

사실 예수님 자신도 이 세 가지 점에서 모두 유혹을 받으셨습니다. 그분이 기만적인 유혹을 어떻게 극복하셨는지 주목하십시오.

> 그 때에 예수께서 성령에게 이끌리어 마귀에게 시험을 받으러 광야로 가사 사십 일을 밤낮으로 금식하신 후에 주리신지라. 시험하는 자가 예수께 나아와서 이르되 네가 만일 하나님의 아들이어든 명하여 이 돌들로 떡덩이가 되게 하라. 예수께서 대답하여 이르시되 기록되었으되 사람이 떡으로만 살 것

이 아니요 하나님의 입으로부터 나오는 모든 말씀으로 살 것이라 하였느니라 하시니, 이에 마귀가 예수를 거룩한 성으로 데려다가 성전 꼭대기에 세우고 이르되 네가 만일 하나님의 아들이어든 뛰어내리라. 기록되었으되 그가 너를 위하여 그의 사자들을 명하시리니 그들이 손으로 너를 받들어 발이 돌에 부딪치지 않게 하리로다 하였느니라. 예수께서 이르시되 또 기록되었으되 주 너의 하나님을 시험하지 말라 하였느니라 하시니, 마귀가 또 그를 데리고 지극히 높은 산으로 가서 천하만국과 그 영광을 보여 이르되 만일 내게 엎드려 경배하면 이 모든 것을 네게 주리라. 이에 예수께서 말씀하시되 사탄아 물러가라. 기록되었으되 주 너의 하나님께 경배하고 다만 그를 섬기라 하였느니라. 이에 마귀는 예수를 떠나고 천사들이 나아와서 수종드니라(마 4:1-11).

원수는 대다수가 생각하는 것보다 더 교활합니다. 주 예수님에 대한 그의 전략은 보이는 것처럼 간단하지 않았습니다. 나는 원수가 예수님에 대해 총 4개의 공격 각도를 사용한 것을 봅니다.

첫 번째는 예수님의 굶주림을 사용하여 그분을 공격한 것이었습니다. 이곳에서 우리는 주님의 취약한 굶주림 상태를 이용하는 원수를 봅니다. 존재의 상태가 기만에 대한 열린 문이 될 수 있음을 기억하십시오.

두 번째 공격 각도는 성경을 왜곡하여 예수님에게 "그가 너를 위하여 그의 사자들을 명하시리니 그들이 손으로 너를 받들어 발이 돌에 부딪치지 않게 하리로다"라고 말한 것이었습니다.

세 번째 공격은 천하만국을 주겠다고 예수님을 유혹한 것이었습니다. 여기에서 원수는 예수님께 만국을 다스릴 수 있는, 십자가도 없고 고통도 없어 보이는 길을 제시했습니다.

네 번째 공격 각도는 실제로 처음 두 공격 각도를 통과했습니다. 각각의 경우에 기본 방법은 무엇이었습니까? 그것은 "네가 만일 하나님의 아들이어든"이라는 주님의 신분에 도전하는 것이었습니다. 원수는 예수님이 누구신지에 대한 진리에 도전했습니다.

예수님이 받은 유혹 이야기에서 우리는 유혹의 세 가지 요소를 봅니다. 안목의 정욕(천하만국), 육신의 정욕(먹을 양식), 이생의 자랑(성전 꼭대기에서 뛰어내림으로 자신을 증명함). 원수가 예수님을 유혹하기 위해 사용한 것은 그분의 정체성에 대한 도전이었습니다. 그것은 유혹의 힘을 강화하기 위해 원수가 사용한 거짓말이었습니다.

예수님은 어떻게 대답하셨습니까? "기록되었으되!" 그분은 근본적인 기만과 싸우기 위해 진리를 사용하셨습니다. 기만은 단지 떡과 배고픔, 권력 과시, 천하만국에 관한 것이 아닙니다. 기만은 정체성에 관한 것이었습니다. 예수님은 하나님의 말씀으로 거짓의 뿌리를 뽑으셨습니다.

예수님은 다른 사람들이 시도하는 것처럼 자기의 경험을 사용하지 않으셨습니다. 그분은 말씀을 사용하셨습니다. 어떤 사람들은 원수에 대항하는 그들의 능력이 성령님 안에 있는 그들 자신의 "깊은 지식"이나 귀신들을 다룬 오랜 경험에서 나온다는 인상을 받습니다. 원수는 그것을 우습게 여깁니다. 경험을 사용할 수 있었던 분은 누구보다 예수님이었을 것입니다. 그러나 그분은 자기의 경험을 사용하시지 않았습니다. 그분은 진리의 말씀을 사용하셨습니다. 예수님은 자신이 받은 '물에 잠김'(baptism)을 강조하실 수 있었습니다. 그분은 이렇게 말씀하시지 않았습니다. "마귀야, 내가 하나님의 아들이라는 말이 무슨 뜻이냐? 내가 물에 잠기던 날에 너도 거기 요단강에 있지 않았느냐? 오래전 일이 아니었다. 너도 알잖아! 내가 물에서 나오자 성령님이 비둘기 같이 내게 임하셨다. 많은 사람이 이것을 목격했다! 그리고 하늘로부터 분명히 말씀하시는 내 아버지의 강한 음성을 듣지 못하였느냐? 그분이 말씀하실 때 너는 거기 있지 않았느냐? 그분은 '이는 내 사랑하는 아들이요 내 기뻐하는 자라' 하고 말씀하셨다."

예수님은 그렇게 말씀하지 않으셨습니다. 오히려 그분은 기록된 말씀으로 원수의 기만과 싸우셨습니다. 우리는 말씀의 진리로 모든 견고한 진을 무너뜨리는 일을 시작합니다. 죄를 저항하기 전에 하나님의 말씀을 마음에 두어야 합니다.

> 내가 주께 범죄하지 아니하려 하여 주의 말씀을 내 마음에 두었나이다(시 119:11).

회개와 버림

왜 말씀의 진리가 유혹을 이기는 비결입니까? 이는 유혹이 궁극적으로 기만에서 그 힘을 얻기 때문입니다. 당신이 정욕의 유혹을 받고 있다면, 그것은 당신이 성행위가 당신을 만족시킬 것이라는 거짓말을 믿기 때문일 수 있습니다. 당신이 비용서의 유혹을 받고 있다면, 그것은 당신이 다른 사람을 용서하지 않을 자격이 있다는 거짓말을 믿기 때문일 수 있습니다. 당신이 권력에 대한 유혹을 받고 있다면, 그것은 권력이 필요하다는 거짓말을 믿기 때문일 수 있습니다. 우리가 죄의 행위에서 벗어나려면, 그 죄에 대해 우리가 믿는 거짓에서 벗어나야 합니다.

당신이 죄로부터 자유로워지고 싶다면, 회개하고 죄를 버려야 합니다. 회개와 포기라는 두 단어에는 많은 오해가 있습니다. 많은 사람은 회개가 "돌아서다" 또는 "반대 방향으로 가다"를 의미한다고 생각합니다. 오해하지 마십시오. 우리는 죄에서 완전히 돌이켜야 하지만 회개라는 말은 그런 뜻이 아닙니다.

또한, 많은 사람이 '버림'이라는 단어에 대해 혼란스러워합니다. 버림이라는 단어를 생각할 때 우리 대다수는 과거의 죄나 가계의 악을 나열하는 것을 상상할 것입니다. 우리는 "나는 이전 세대의 주술을 버립니다." 또는 "나는 모든 비통함과 비용서를 버립니다."와 같은 문구를 생각할 수 있습니다. 말로 악을 거부하는 것은 잘못된 것이 아니지만, 이것은 버림이 아닙니다. 성경적인 버림이 아니라는 것입니다. 우리가 조심하지 않으면, 버림은 종교 행위나 의식이 될 수 있습니다. 어떤 사람들은 그들이 잘못한 모든 것을 나열하지 않으면, 하나님이 그들을 자유롭게 하실 수 없다고 생각합니다. 그러나 우리는 성령님의 능력이 과거의 죄에 대한 기억이나 특별한 기도에만 국한되지 않는다는 것을 압니다.

지금, 나는 단지 용어에 대해 까다롭게 대하는 것이 아닙니다. 회개와 버림이 무엇을 의미하는지 이해하는 것은 중요합니다.

회개에 해당하는 헬라어 메타노이아(metanoia)는 문자적으로 "마음의 변화"를 의미합니다. 이것은 우리가 하나님께서 우리의 죄에 대해 말씀하시고 생각하시는 것에 동의해야 함을 의미합니다. 이것이 바로 죄를 회개한다는 것, 즉 죄에 대한 마음을 바꾸는 것입니다.

"버리다"는 무엇을 의미합니까? 당신이 성경에서 "버리다"라는 단어를 발견할 때마다 그것은 거의 항상 "돌아서다" 또는 "포기하다"를 의미합니다. 개역개정과 유대인신약성경에서 디도서 2:12을 보십시오.

> 우리를 양육하시되 경건하지 않은 것과 이 세상 정욕을 다 버리고 신중함과 의로움과 경건함으로 이 세상에 살고(딛 2:12 개역개정).

> 이 은혜는 우리에게 경건하지 않은 것과 세속적인 쾌락을 다 버리고, 지금 이 시대에 절제하고 의롭고 경건하게 살도록 가르칩니다(딛 2:12 유대인신약성경).

진정한 버림은 말이 아니라 행동에 관한 것입니다. 그러므로 회개하는 것은 마음을 바꾸는 것이고, 버리는 것은 행동을 바꾸는 것입니다. 회개는 나를 하나님과 일치하게 합니다. 버림은 나의 악한 길을 버리는 것입니다. 참된 회개는 방향을 바꾸도록 하는 마음의 변화입니다. 우리는 사도행전에서 회개가 하나님께로 돌이키는 결과를 가져온다는 것을 봅니다.

그러므로 너희가 회개하고 '돌이켜' 너희 죄 없이 함을 받으라. 이같이 하면 새롭게 되는 날이 주 앞으로부터 이를 것이요(행 3:19).

너무나 많은 신자가 죄를 회개하기 전에 죄를 버리려고 합니다. 그들은 마음을 바꾸기 전에 행동을 바꾸려고 합니다. 이로 인해 좌절감이 생깁니다. 낡은 사고방식에서 새로운 행동을 하려 한다면 결국 자신에게 화가 날 것입니다. 이것은 우리가 죄에서 돌이키지 말아야 한다는 말입니까? 결코 아닙니다! 나는 죄에서 돌이키려는 당신의 시도는 당신이 또한 회개하고 죄에 관한 생각을 바꿀 때까지 실패할 것이라고 말하는 것입니다.

더욱이 후회를 회개로 착각하지 마십시오. 물론 하나님의 뜻대로 하는 근심은 회개로 이끕니다(고후 7:10 참조). 따라서 건전한 형태의 후회는 회개로 이어질 수 있습니다. 하지만 후회 자체는 회개와 같지 않습니다. 많은 그리스도인은 죄에 대해 슬퍼하는 것이 그 죄를 회개하는 것과 같다고 생각합니다. 당신이 죄에 대해 부끄러움을 느낀다고 해서 실제로 죄에 관한 생각이 바뀌었다는 것을 의미하지는 않습니다.

실제는 다음과 같습니다. 많은 사람은 반드시 죄에서 벗어나기를 원하는 것이 아니라, 수치심과 죄책감과 죄의 영향력에서 벗어나기를 원합니다. 우리는 "주님, 죄송합니다! 다시는 하고 싶지 않습니다!"라는 식으로 말씀드립니다. 그러면서 우리는 우리 자신에게 거짓말을 할 수 있습니다. 우리가 소리 내어 기도할지라도, 육신은 자신을 속이고 있습니다. 당신은 당신에게 거짓말을 할 것입니다. 당신이 "더는 죄를 짓지 않을 것입니다."라고 외칠 때, 여전히 죄를 갈망하는 당신의 일부는 "지금은 그렇다는 것입니다."라고 속삭일 것입니다. 죄의 본성은 항상 죄로 돌아가려고 합니다. 죄에 영향을 주지 마십시오.

당신이 죄에 대한 관용을 마음 한구석에 남겨 두거나 갈망이 일어날 때까지 잘하려고 하면 계속 꼼짝 못 하게 됩니다. 육신은 너무나 기만적이어서 "음, 내가 어쩌다 한 번만 죄를 짓는다면, 엄밀히 말하면 그것은 죄악된 생활방식이 아니라 실수일 뿐이야."라고 자신에게 말할 것입니다. 육신은 당신과 타협하려고 할 것입니다.

"삶의 90퍼센트는 거룩하게 살 거야. 일주일 중 5일 동안 깨끗하게 살 것이다. 무엇이든 줘라. 네가 대체로 잘하는 한 그것은 여전히 거룩하게 살려고 노력하는 것으로 간주된다."

당신은 유혹이 오기 전에 진리에 대해 마음을 정해야 유혹이 올 때 그것을 이미 부인한 상태가 될 것입니다. 당신은 죄를 조금도 용납하지 않겠다는 마음을 가져야 합니다. 육신의 욕망에는 안도감이 없습니다. 그러니 당신은 육신의 욕망을 버리기로 결심해야 합니다.

사실, 원수는 죄에서 자유로워지는 것이 실제로 가능하지 않다는 것을 당신이 확신하게 만들 수도 있습니다. 그는 "오, 너는 정말 여러 해 동안 그렇게 많이 노력했어. 너는 많은 사람이 너를 위해 기도해주었고 너 자신도 기도했어."라고 말할 것입니다. 그가 당신이 거룩하게 살 수 없다고 절대적으로 확신시킬 수 없다면, 적어도 지금으로부터 몇 년 뒤에는 자유가 멀리 어딘가에 있다고 믿게 만들려고 할 것입니다.

회개한다는 것은 하나님과 합의하는 것을 의미합니다. 죄가 잘못되었다는 것에 하나님과 동의하는 것입니다. 지금이나 몇 주 동안 또는 더는 유혹을 견딜 수 없을 때까지가 아니라 죄가 사라져야 한다는 하나님의 뜻에 동의하는 것입니다. 회개한다는 것은, 당신 존재의 중심에서 당신이 하는 일이 잘못되었으며 즉시, 영구적으로, 완전히 사라져야 한다는 것에 하나님과 동의하는 것입니다. 그것은 "더 작은 죄"의 형태라도 당신의 삶에서 다시는 그것을 허용하지 않겠다고 약속하는 것입니다. 당신이 당신의 죄의 진실을 깨닫고 당신을 거룩하게 하시는 하나님의 능력에 대해 완전히 확신하게 되면, 그제야 당신은 진정한 진보를 보기 시작할 것입니다.

당신이 진정으로 회개하고 마음을 바꾸면, 유혹의 기만은 힘을 잃습니다. 회개하고 죄에 관한 생각을 바꾸십시오. 그러면 당신은 죄를 포기하고 버릴 수 있습니다. 죄의 미혹을 버린 후에는 자아와 사탄보다 앞서는 문제만 남아 있습니다.

사탄과 자아

당신에게는 자아와 사탄이라는 두 원수가 있습니다. 당신은 사탄과 싸우는 것과 같은 방식으로 자신과 싸우지 않습니다. 이것은 대다수 신자가 혼란스럽고, 낙심하고, 꼼짝 못하게 되는 영역입니다.

우리는 우리가 마귀와 및 그의 귀신들과 영적 전쟁을 하고 있다는 것을 압니다.

> 우리의 씨름은 혈과 육을 상대하는 것이 아니요 통치자들과 권세들과 이 어둠의 세상 주관자들과 하늘에 있는 악의 영들을 상대함이라(엡 6:12).

> 근신하라 깨어라 .너희 대적 마귀가 우는 사자 같이 두루 다니며 삼킬 자를 찾나니(벧전 5:8).

우리는 또한 신자에 대한 원수의 주요 무기가 기만이라는 것을 이해합니다. 그 기만은 궁극적으로 속박을 낳을 수 있습니다. 그래도 우리에게는 또 다른 원수가 있는데, 이 원수는 때때로 귀신들의 세력과 협력합니다. 이것은 자아(육체의 소욕)라고 불리는 원수입니다.

> 육체의 소욕은 성령을 거스르고 성령은 육체를 거스르나니 이 둘이 서로 대적함으로 너희가 원하는 것을 하지 못하게 하려 함이니라(갈 5:17).

언뜻 보면 이것은 모순처럼 보일 수 있습니다. 성경은 우리가 혈과 육에 대항하여 싸우는 것이 아니라 육체의 욕심이 성령님을 거스르고 싸운다고 말씀합니다.

유명한 에베소서 6장 12절에서 우리가 혈육과 싸우지 않는다는 말은 단순히 다른 인간과 전쟁을 벌이는 것이 아니라는 말씀을 듣는 것입니다. 그러므로 우리의 무기는 육적인 것이 아니라 영적인 것입니다. 그래서 우리는 사람의 손으로 만든 갑주가 아니라 하나님의 갑주를 받았습니다. 어떤 이들은 에베소서의 의미를 잘못 적용하여 우리에게 오는 모든 것이 마귀적이라고 주장합니다. 그들은 죄성(sin nature)에 관한 성경의 다른 진리를 무시합니다.

성경이 성령님을 거스르고 싸우는 "육체의 소욕"에 대해 말하는 갈라디아서에서 그것은 궁극적으로 죄성에 대해 말하고 있습니다. 죄성은 단순히 우리가 하나님의 본성과 모순되는 어떤 것을 결정하기 위해 하나님이 주신 자유의지를 사용할 때 나타나는 결과입니다. 귀신들은 우리가 죄성 안에서 활동하도록 영향을 미칠 수 있지만, 죄성 자체가 귀신이 아닙니다. 죄성이 단지 귀신이라면 우리는 우리의 죄에 대해 개인적으로 책임을 지지 않을 것입니다. 따라서 우리는 두 원수를 모두 처리해야 합니다.

사탄을 처리하기

귀신들은 그들의 거짓말을 사용하여 당신이 죄성에 따라 행동하도록 영향을 미칠 수 있으므로 우리는 그들의 유혹에 저항함으로써 귀신들을 처리합니다.

> 그런즉 너희는 하나님께 복종할지어다. 마귀를 대적하라. 그리하면 너희를 피하리라(약 4:7).

영향력을 유지하기 위해 주장하거나 복종을 미루는 완고한 귀신들에 대해 이야기하는 것은 나에게 흥미롭습니다. 그들은 그렇게 강하지 않습니다. 그들이 당신에게 미치는 영향력은 너무 약해서 대결은 고사하고 대적하는 것만으로도 도망칠 수 있습니다.

예수님은 원수가 도망하기 전에 세 번 대적하셨습니다. 당신이 원수를 대적하면 그는 결국 도망칩니다. 예수님은 말씀의 진리로 원수를 대적하셨습니다. 우리도 똑같이 해야 합니다. 우리는 단순히 "안 돼."라고 말함으로써 원수를 대적합니다. 우리는 그가 제시하는 유혹에 따라 행동하지 않기로 선택함으로써 원수를 대적합니다. 우리는 하나님의 말씀을 선포함으로써 원수의 유혹을 물리칩니다.

신자의 권위는 하나님의 말씀에서 옵니다. 하나님이 약속하셨다면, 당신은 그것을 시행할 수 있습니다. 성적인 죄를 예로 들면 실제 적용에서 전투는 다음과 같이 보일 수 있습니다.

원수는 당신이 본 포르노 이미지를 상기시킵니다. 그것은 안목의 정욕입니다. 이에 대한 응답으로 신체는 자신이 보는 것을 갈망하기 시작합니다. 그것은 육신의 정욕, 곧 탐욕입니다. 당신은 원수와 논쟁하는 대신에 즉시 "젊은 여인에게 눈이 팔려 두리번거리지 않겠다고 나는 스스로 약속하였네"(욥 31:1)라고 대답합니다. 그런 다음 즉시 그 생각을 거부하고 성령님께 힘을 구하기 시작합니다.

그러면 원수가 돌아와서 "하지만 딱 한 번만 더 그러는 것일 뿐이야." 또는 "너는 몇 주 동안 깨끗하게 살았어. 주님께서 이해하실 거야."라고 말합니다. 타협하라는 권유에 대해 당신은 반발합니다. "음행과 온갖 더러운 것과 탐욕은 너희 중에서 그 이름조차도 부르지 말라. 이는 성도에게 마땅한 바니라"(엡 5:3). 당신은 기도로 나아갑니다. 당신은 성령님이 당신을 구원해주시기를 부르짖습니다.

> 사람이 감당할 시험 밖에는 너희가 당한 것이 없나니 오직 하나님은 미쁘사 너희가 감당하지 못할 시험 당함을 허락하지 아니하시고 시험 당할 즈음에 또한 피할 길을 내사 너희로 능히 감당하게 하시느니라(고전 10:13).

원수는 집요하게 다시 시도합니다. "네가 이 행위를 습관으로 만들지 않는 한 이건 너에게 아무런 피해도 주지 않을 거야. 이게 너에게 무슨 해가 된다는 것이냐?" 당신은 당신의 친구이신 성령님을 염두에 두고서 이렇게 선언합니다. "하나님의 성령을 근심하게 하지 말라. 그 안에서 너희가 구원의 날까지 인치심을 받았느니라"(엡 4:30).

지금 나는 당신이 따라 해야 할 정확한 대본(script)을 제공하고 있지는 않습니다. 그것은 종교적인 접근이 될 것이며, 종교는 항상 율법주의로 가는 길을 내줍니다. 율법주의는 결코 자유로 이어지지 않습니다. 여기서 내가 당신에게 제공하는 것은 전투가 어떻게 전개될 것인지에 대한 예일 뿐입니다. 주된 요령은 원수와 성경적으로 교전하는 것입니다. 즉, 곧바로 저항하고 하나님 말씀의 진리를 사용하여 유혹을 저항하기 어렵게 만드는 거짓말에 맞서 싸우는 것입니다.

귀신들은 매우 지능적인 존재입니다. 당신은 그들과의 논쟁에서 이기지 못할 것입니다. 그러므로 유혹을 피해야 합니다. 이것이 성경이 우리에게 유혹을 피하라고 가르치는 이유입니다.

> 또한 너는 청년의 정욕을 피하고 주를 깨끗한 마음으로 부르는 자들과 함께 의와 믿음과 사랑과 화평을 따르라(딤후 2:22).

즉각적인 저항이 필요합니다. 만약 당신이 "해야 할까, 말아야 할까?"라는 질문을 했다면, 원수는 이미 당신을 장악한 것입니다. 당신이 선택사항들에 관해 토론하고 고려하고 저울질하는 것은 이미 거짓말에 빠진 것을 나타냅니다.

죄는 당신의 통제하에 있지 않습니다. 사색에 갇히면 죄를 "저항"한다는 환상에 빠지게 됩니다. 사색은 죄에 대한 저항이 아니라 더 느린 속도로 죄에 굴복하는 것입니다. 그러니 고민하지 말고 피하십시오! 즉시 저항하십시오. 마귀와 논쟁하지 말고 즉시 유혹을 저항하여 그를 물리치십시오.

저항할 때 하나님의 말씀을 묵상하면서 사용하십시오.

> 보혜사 곧 아버지께서 내 이름으로 보내실 성령 그가 너희에게 모든 것을 가르치고 내가 너희에게 말한 모든 것을 생각나게 하리라(요 14:26).

당신이 말씀으로 충만할 때, 성령님의 영향력은 당신의 삶에 강력해집니다. 당신에게 유혹이 오려고 할 때에 진리를 상기시켜 주시도록 하나님께 간구하십시오. 그런 다음 유혹이 올 때 속히 그분의 음성에 귀를 기울이십시오. 그분에게 "도와주세요, 성령님!" 하고 부르짖으십시오. 그리고 구출될 때까지 그분을 부르는 것을 멈추지 마십시오. 성령님의 도우심을 구하여 원수의 유혹하는 거짓말을 물리치십시오.

유혹은 사건이 아니라 과정입니다. 대부분의 전투는 죄의 기회가 드러나기 오래전에 이기거나 집니다. 당신은 말씀을 받아들이고 사는 방식으로 생활화함으로써 유혹이 당신의 길을 가로막기 훨씬 전에 죄에 대항할 준비를 합니다.

그래서 그것이 유혹의 견고한 진과 귀신적인 측면을 다루는 방법입니다. 당신은 유혹을 극복하기 더 어렵게 만드는 거짓말에 대항하기 위해 즉시 저항하고 말씀을 적용합니다. 이것은 원수를 도망치게 합니다. 그런 다음 당신은 자아를 처리해야 합니다.

자아 처리하기

우리는 이미 귀신들이 유혹의 견고한 진에 어떻게 관련되어 있는지 압니다.

그들은 당신이 죄를 짓도록 유혹하는 거짓말을 합니다. 귀신들은 당신을 위해 죄를 짓지 않습니다. 당신은 당신의 자유의지로 죄를 짓습니다. 당신에게 정말로 훈련이 필요할 때 당신은 구출사역을 요구할 수 있습니다. 우리는 훈련되지 않은 육체에 대해 책임지는 대신 우리의 죄 문제를 마귀 탓으로 돌리는 것을 멈춰야 합니다. 사실, 성경은 귀신들이 우리를 유혹할 수 있는 유일한 이유가 바로 훈련과 절제 부족 때문이라고 분명히 밝히고 있습니다. 이에 관해서 보여주겠습니다.

> 서로 분방하지 말라. 다만 기도할 틈을 얻기 위하여 합의상 얼마 동안은 하되 다시 합하라. 이는 너희가 절제 못함으로 말미암아 사탄이 너희를 시험하지 못하게 하려 함이라(고전 7:5).

"이는 너희가 절제 못함으로 말미암아 사탄이 너희를 시험하지 못하게 하려 함이라." 우리가 절제 못함은 애초에 대적에게 우리를 유혹할 힘과 기회를 주는 것입니다.

나는 지금 그리스도인들이 결코 구출이 필요하지 않다고 말하는 것이 아닙니다. 물론 우리는 때때로 구출이 필요합니다. 이 책 전체는 견고한 진으로부터의 구출을 경험하는 것에 관한 것입니다. 그러나 원수가 믿는 자들을 유혹의 견고한 진에 가두어 둘 수 있는 유일한 방법은 그들이 당신의 절제 못함에 대한 것을 알고 있기 때문입니다.

> 오직 성령의 열매는 사랑과 희락과 화평과 오래 참음과 자비와 양선과 충성과 온유와 절제니 이같은 것을 금지할 법이 없느니라(갈 5:22-23).

당연해 보일지 모르지만, 우리 중 많은 사람은 절제가 자신을 통제할 수 있도록 성령님께서 주시는 능력이라는 사실을 놓치고 있습니다. 그분은 당신을 통제하지 않으시지만, 당신이 자신을 통제할 수 있는 능력을 주셨습니다.

귀신들을 비난하지 마십시오. 우리는 귀신들에게 너무 많은 책임을 돌립니다. 우리의 훈련 부족이 그들의 유혹이 역사하는 유일한 이유입니다. 무엇이 우리를 유혹하는지에 대해 몇 시간 동안 생각하다가 우리가 거룩하게 살지 못한 것을 귀신의 억압 때문이라고 비난할 수 있다는 것은 문제가 있지 않습니까? 이것은 정죄의 메시지가 아니라 진리의 메시지입니다. 그리고 오직 진리만이 우리를 자유롭게 합니다. 나는 어떤 사람들이 자기의 잘못된 선택에 대해 귀신들을 비난한다는 것을 압니다. 그러나 궁극적으로 죄를 짓기로 선택한 사람들은 우리입니다.

죄성을 처리하는 유일한 방법은 그것을 무력화시키는 것입니다. 죄성이 원하는 기회를 만들지 마십시오. 당신의 삶 전체를 거룩함을 중심으로 재정비하십시오. 극단적인 경우에도, 필요하면 변화를 시도해야 합니다.

> 오직 주 예수 그리스도로 옷 입고 정욕을 위하여 육신의 일을 도모하지 말라 (롬 13:14).

죄성은 당신이 평생 처리해야 하는 것입니다.

> 내가 내 몸을 쳐 복종하게 함은 내가 남에게 전파한 후에 자신이 도리어 버림을 당할까 두려워함이로다(고전 9:27).

여기서 사도 바울은 몸이 죄성이라고 말하지 않습니다. 그는 몸이 통제되지 않으면 죄성의 도구가 될 수 있다고 말하는 것입니다.

원수 마귀를 꾸짖고 대적하십시오.

죄를 버리기로 마음을 결정하십시오.

유혹받을 때 진리의 말씀을 생각나게 해달라고, 구하십시오.

진리의 말씀을 계속적으로 묵상하십시오.

죄성을 무력화시켜달라고 성령님께 구하십시오.

> 그리스도 예수의 사람들은 육체와 함께 그 정욕과 탐심을 십자가에 못 박았느니라(갈 5:24)

> 그럴 수 없느니라. 죄에 대하여 죽은 우리가 어찌 그 가운데 더 살리요(롬 6:2)

Chapter 11
중독의 견고한 진

중독의 본질

마약 중독. 알코올 중독. 포르노 중독. 음식 중독 등은 많은 종류의 중독 중 일부에 불과합니다. 이것들의 영향으로 사람들의 삶을 극적으로 변하게 하고 완전히 망칠 수 있는 것입니다. 중독은 습관이나 지속해서 악덕을 선택하는 것 이상입니다. 중독을 그토록 강력한 견고한 진으로 만드는 것은 귀신적, 정신적, 감정적 측면뿐만 아니라 신체적 측면도 있습니다. 처음에는 어리석은 결정으로 중독이 시작되지만, 결국에는 생리적 요소로 발전합니다. 몸은 결국 그것들을 욕망하도록 훈련되었기 때문에 괴로워합니다.

내가 중독의 신체적 측면에 관해 쓸 때마다 어떤 사람들은 이렇게 외칩니다.

"데이비드 형제님, 당신은 영적인 측면을 놓치고 있습니다! 중독은 귀신의 역사입니다!"

내가 중독의 귀신적인 측면에 관해 쓸 때마다 어떤 사람들은 이렇게 외칩니다.

"데이비드, 모든 것이 귀신의 역사는 아닙니다. 중독은 뇌와 신체 모두에 영향을 미칩니다!"

왜 둘 다일 수 없습니까? 중독에는 귀신적인 영역과 신체적 영역이 모두 존재합니다. 하나님은 영적 세계와 물질세계를 모두 창조하셨습니다. 자연적인 것과 초자연적인 것에는 원인과 결과가 있습니다. 이 "둘 중 하나"라는 사고방식 때문에 많은 사람이 여전히 속박되어 있습니다. 귀신에 관해 말하는 사람들은 "미친 사람들"로 분류됩니다. 생리학에 대해 말하는 사람들은 "영적으로 충분히 깊지 않은 사람들"로 분류됩니다. 두 극단은 모두 하나님 말씀의 일부분을 부인합니다. 두 극단은 모두 하나님이 만드신 실재의 한 측면을 부인합니다. 성경은 구원과 징계, 유혹과 자유의지, 혼과 몸, 귀신들과 죄성을 분명히 말씀합니다. 이것은 "둘 다… 아니다"가 아니라 "둘 중 하나… 그리고"입니다. 중독은 귀신적이기도 하고, 생리적이기도 합니다.

우리는 중독에 빠진 사람들의 영적 필요에 더하여 신체적, 실제적 필요를 인정하고 해결하는 법을 배워야 합니다.

내 친한 친구가 헤로인 중독을 극복하려다가 겪은 끔찍한 투쟁에 대해 이야기했습니다. 그녀는 자신이 참석한 "구출" 수련회에 대해 말했습니다. 수련회를 운영하는 사람들은 속박의 귀신적인 측면에만 너무 집착했기 때문에 그 사건은 정신적으로나 감정적으로 내 친구에게 상처를 주었고 실제로 그녀의 문제를 훨씬 더 악화시켰습니다. 그녀의 이야기는 일부 신자들이 소위 구출(deliverance)이라는 것으로부터 구출(deliverance)받아야 한다는 것을 나에게 확인시켜 주었습니다.

심각한 마약 중독을 겪고 있는 사람들이 그 수련회에 매력을 느꼈다고 말하던 그녀의 목소리는 떨렸습니다. 수련회가 산에서 이루어졌기 때문에 수련회 참석자들은 숙식을 수련회 주최 측에 의존해야 했습니다. 사람들은 오랫동안 음식을 먹지 못하고 기도회를 빙자한 수면 부족과 몇 시간 동안 이상한 가르침을 받았습니다. 그래서 이 사람들은 마약중독을 일으킨 귀신들을 쫓는 행위에 시달렸고, 음식과 수면을 박탈당했고, 귀신들이 완전히 나갔다고 믿어질 때까지 집회 장소를 떠날 수 없다는 말을 들었습니다. 불행하게도, 그들은 토하기 전까지는 귀신들이 완전히 나간 것으로 간주되지 않았습니다. 그들이 공복 상태에서 토하는 것은 어려운 일이었습니다.

참고로, 우리는 구토가 구원의 전제조건이라는 것을 성경에서 찾지 못합니다. 나는 구출사역을 할 때 이것을 주장하곤 했지만, 내가 그것을 제안하는 것을 멈추는 순간 그것이 일어나지 않는다는 것을 깨달았습니다. 내가 성경에서 본 것과 구출사역의 경험에서 본 것을 통해 나는 사람들이 토하지 않고도 여전히 자유롭게 될 수 있다는 결론을 내렸습니다. 누군가가 자유롭게 될 때 구토가 일어난다면, 나는 그것에 대해 문제 삼지 않습니다. 성경은 귀신들이 쫓겨나기 위해서는 구토가 필요하다고 하지 않기 때문에, 자유롭게 되기 위해서는 구토가 전제조건이라는 것은 문제가 있습니다.

그래서 이 절박한 사람들은 기본적으로 양동이에 토할 때까지 인질로 잡혀 있었습니다. 구토는 그곳에서 나가는 티켓이었습니다. 그것은 마치 수련회 주최 측이 중독자들을 구출할 수 없는 것에 좌절했고, 그들이 수련회에 대한 성공담을 말할 수 있도록 함께 놀도록 요구한 것 같았습니다.

내 친구가 견뎌야 했던 학대는 우리가 영적 속박과 관련된 모든 요인을 인정하지 않을 때 발생할 수 있는 일종의 종교적 행동을 나타냅니다. 선의의 신자들은 마약중독자들에게 도움을 주려고 하지만, 자신들의 방법이 통하지 않을 때 좌절하게 됩니다. 어떤 사람들은 진정한 능력을 가지고 성경적으로 접근하는 대신 단순히 인간이 만든 의식의 강도를 높입니다. 따라서 우리가 진정한 능력을 행사하려면, 중독의 귀신적 측면과 물질적 측면을 모두 처리해야 합니다.

리마인더

중독의 견고한 진과 싸울 때 이 기본을 적용하는 것을 잊지 마십시오.

기만과 열린 문 처리하기

- 하나님의 갑옷을 입으십시오. (2장)
- 진리의 영을 의지하십시오. (4장)
- 열린 문을 닫으십시오. (5장)
- 하나님의 말씀, 성령님의 음성, 건전한 교사들을 통해 견고한 진을 식별하십시오. (6장)

귀신들을 처리하기 (7장)

- 하나님의 권위를 아십시오.
- 하나님의 권위에 일치시키십시오.
- 명령하십시오.
- 믿음을 증가시키기 위해 금식하고 기도하십시오.

정신적, 감정적 문제 처리하기 (8장)

- 기본을 지키십시오.
- 진리를 믿기로 선택하십시오.
- 강화하는 거짓말에 맞서 싸우십시오.
- 마음을 새롭게 하십시오.

중독에서 악령의 역할

중독의 견고한 진에서 귀신들이 하는 역할은 단순합니다. 그들은 기만을 사용하여 당신을 유혹에 빠뜨리고, 당신이 그 유혹에 자주 굴복하면 중독이 됩니다.

사도 바울은 결혼한 고린도 부부들에게 서로 성관계를 끊지 말라고 지시했습니다. 비록 바울이 다음 구절에서 특별히 성관계에 관해 말하고 있지만, 우리는 다음의 구절에서 사탄의 전략에 관해 매우 통찰력 있는 것을 봅니다.

> 서로 분방하지 말라. 다만 기도할 틈을 얻기 위하여 합의상 얼마 동안은 하되 다시 합하라. 이는 너희가 절제 못함으로 말미암아 사탄이 너희를 시험하지 못하게 하려 함이라(고전 7:5).

바울은 사탄이 성적인 죄로 부부를 유혹할 기회를 주지 않기 위해 짧은 기간의 금욕을 취할 수 있다고 교회에 경고했습니다. 사탄은 효과적인 유혹의 기회를 잡으려고 합니다. 요점은 간단합니다. 사탄은 우리가 가장 취약할 때, 우리가 굴복할 가능성이 가장 높은 영역에서 우리를 유혹합니다.

그것이 중독에 관한 마귀의 역할입니다. 기만은 유혹으로 이어집니다. 누군가가 충분히 오랫동안 유혹에 굴복하면, 중독이라는 신체적 문제가 발생할 수 있습니다. 따라서 중독의 뿌리인 기만과 유혹은 영적인 것이지만, 강하게 갈망케 하는 중독 자체는 육체적인 것이라고 할 수 있습니다. 이것이 우리가 중독이 영적 문제이자 육체적 문제라고 말하는 이유입니다.

죄성이 중독에서 하는 역할

이제 나는 인기 있는 가르침이 아닌 것을 쓰려고 합니다. 그러나 이것은 진리입니다. 귀신들이 당신에게 거짓말을 먹일 수 있지만, 당신은 자신이 갈망하는 것을 자신에게 먹입니다. 귀신들은 당신을 유혹할 수 있지만, 죄를 짓기로 선택하는 것은 당신입니다. 귀신들은 당신을 위해 술을 마시지 않습니다. 귀신들은 당신을 위해 당신의 팔에 주삿바늘을 꽂지 않습니다. 귀신들은 당신을 위해 음란사이트 검색을 하지 않습니다. 물론, 그들은 때때로 당신이 직면하는 유혹에서 매우 중심적인 역할을 하지만, 당신을 위해 죄를 짓지는 않습니다.

나는 이것이 가혹해 보인다는 것을 압니다. 특히 중독이 너무 강해져 마치 당신 몸에서 다른 사람이 당신을 거스르는 것처럼 보일 때 그렇습니다. 그러나 당신이 거듭난 신자라면 당신을 넘어지게 하는 이 "다른 사람"은 단순히 죄성입니다. 죄성은 당신의 오래된 패턴으로 구성되어 있습니다. 성경은 몸이 죄성 아래 "프로그램이 될" 수 있음을 보여줍니다.

> 그러므로 너희는 죄가 너희 죽을 몸을 지배하지 못하게 하여 몸의 사욕에 순종하지 말고 또한 너희 지체를 불의의 무기로 죄에게 내주지 말고 오직 너희 자신을 죽은 자 가운데서 다시 살아난 자 같이 하나님께 드리며 너희 지체를 의의 무기로 하나님께 드리라. 죄가 너희를 주장하지 못하리니 이는 너희가 법 아래에 있지 아니하고 은혜 아래에 있음이라(롬 6:12-14).

당신의 몸은 하드웨어(hardware)와 같습니다. 당신의 생각은 소프트웨어(software)와 같습니다. 오래된 프로그램 아래에서 당신의 몸은 죄의 도구였습니다. 새로운 프로그램 아래에서 당신의 몸은 중독에서 벗어날 수 있습니다.

> 육신의 생각은 사망이요 영의 생각은 생명과 평안이니라. 육신의 생각은 하나님과 원수가 되나니 이는 하나님의 법에 굴복하지 아니할 뿐 아니라 할 수도 없음이라. 육신에 있는 자들은 하나님을 기쁘시게 할 수 없느니라(롬 8:6-8).

이것이 중독이 하는 일입니다. 중독은 육체를 통해 "오래된 프로그램"에 힘을 줍니다.

> 내가 원하는 바 선은 행하지 아니하고 도리어 원하지 아니하는 바 악을 행하는도다. 만일 내가 원하지 아니하는 그것을 하면 이를 행하는 자는 내가 아니요 내 속에 거하는 죄니라. 그러므로 내가 한 법을 깨달았노니 곧 선을 행하기 원하는 나에게 악이 함께 있는 것이로다. 내 속사람으로는 하나님의 법을 즐거워하되 내 지체 속에서 한 다른 법이 내 마음의 법과 싸워 내 지체 속에 있

는 죄의 법으로 나를 사로잡는 것을 보는도다. 오호라 나는 곤고한 사람이로다! 이 사망의 몸에서 누가 나를 건져내랴? 우리 주 예수 그리스도로 말미암아 하나님께 감사하리로다. 그런즉 내 자신이 마음으로는 하나님의 법을 육신으로는 죄의 법을 섬기노라(롬 7:19-25).

우리는 죄성이 모든 중독에 얼마나 중요한지 경시할 수 없습니다. 중독이 작동하는 방식은 다음과 같습니다.

기만 > 유혹 > 죄 > 습관적인 죄 > 중독

따라서 마귀의 기만이 우리를 죄로 유혹할 수는 있지만, 중독이 형성될 수 있는 것은 우리가 그 유혹에 반응할 때만 가능합니다. 우리를 중독의 덫에 빠뜨리는 것은 죄의 본성에 굴복하기 때문입니다.

중독에서 신체의 역할

육체가 일상적으로 먹여온 죄악의 쾌락 때문에 고통을 받도록 "프로그램이 되면", 우리는 그것을 "중독"이라고 부릅니다. 중독은 음식, 섹스, 술, 마약, 포르노 등 몸과 뇌가 간절히 갈망하는 것에 순응할 수 있는 모든 것이 될 수 있습니다. 몸과 뇌가 바뀔 수 있다는 것과 죄악된 갈망이 배고픔만큼이나 강해질 수 있는 지점까지 재구성될 수 있다는 것은 사실입니다. 마약과 알코올의 경우, 당신의 몸은 물질에 의존하게 됩니다. 그 시점에서 극단적인 경우, 몸의 악행에 대한 욕구는 생명을 위협할 수도 있습니다.

중독이 이 지점에 도달하면 의지력과 규율만이 힘을 잃기 시작합니다. 몸은 훈련받은 대로 행동하고 갈망하기 시작합니다. 슬프게도, 이러한 갈망은 너무 강해서 남자들과 여자들은 그것을 성취하기 위해 그들이 사랑하는 모든 것을 포기합니다. 나는 부모들이 자녀들을 버리고, 배우자들이 배우자들을 버리고, 사람들이 간절히 원하는 것을 "한 번만 더" 맛보기 위해 자신들이 얻고자 노력한 모든 것을 포기하는 것을 보았습니다.

따라서 중독의 본질은 기만에서 시작됩니다. 그 기만은 당신을 유혹에 더 취약하게 만듭니다. 당신은 그 유혹에 굴복하기로 선택합니다. 유혹에 굴복하는 것은 습관이 됩니다. 그 습관은 중독이 될 정도로 뇌와 몸에 깊은 영향을 미칩니다. 속박이 중독이 될 즈음에는 그것에 신체적인 요소가 있습니다. 중독은 끊임없이 유혹에 굴복한 신체적인 결과입니다.

중독 해결

우리는 하나님께서 원하시는 것은 무엇이든지 하실 수 있다는 사실을 기억해야 합니다. 나는 모든 종류의 중독자들이 즉각 구원받는 것을 보았고, 그들은 자신들이 선호하던 악을 다시는 만지거나 심지어 갈망하지도 않았습니다. 그런 다음 중독자들이 점점 더 주님께 항복하면서 시간이 지남에 따라 중독을 일으키는 갈망을 잃어가면서 점진적으로 구원받는 것을 본 적이 있습니다. 그러나 자유가 찾아오더라도 이 견고한 진에는 고려해야 할 단계들이 있습니다.

이것은 엄청난 주제입니다. 특히 물질 중독에 관해서 말하자면, 책 한 권 분량을 써야 합니다. 나는 의료 전문가가 아니기에 중독의 모든 측면을 다룰 수는 없습니다. 그러나 나는 말씀을 가르치는 교사이기 때문에 자유를 위한 영적 기초가 될 수 있는 어떤 성경적 진리를 당신에게 가르쳐주고 싶습니다.

성경을 봅시다.

조기에 처리하라

특정 시점에서 마약 중독과 같은 일부 중독은 신체와 뇌에 영향을 미쳐 훈련과 의지력만으로는 효과를 잃습니다. 나는 마약이나 알코올 중독으로 어려움을 겪어 온 많은 사람과 이야기했습니다. 나는 그들이 중독의 힘이 너무 강해서 그것을 채우기 위해 자신들이 사랑하는 모든 것을 희생할 수 있다는 것을 발견했습니다. 따라서 모든 문제와 마찬가지로, 가능한 한 빨리 중독을 해결하는 것이 가장 좋습니다.

아마도 당신은 아직 유혹의 견고한 진을 벗어나 중독의 견고한 진 아래로 들어가지 않았을 것입니다. 아마도 당신의 습관은 정말로 여전히 단지 습관, 즉 고의적인 불순종의 순환일 것입니다. 습관이 몸과 뇌에 깊은 영향을 미치지 않도록 할 수 있을 때, 거기에서 멈추십시오.

성경은 욕망에서 시작하여 죽음으로 끝나는 죄의 점진적으로 증가하는 영향에 대해 말씀합니다.

> 오직 각 사람이 시험을 받는 것은 자기 욕심에 끌려 미혹됨이니 욕심이 잉태한즉 죄를 낳고 죄가 장성한즉 사망을 낳느니라(약 1:14-15).

쾌락이나 안도감 또는 도피에 대한 욕망으로 시작된 것은 결국 치명적인 것이 될 것입니다. 폭발 장치의 도화선에 불을 붙이는 것처럼 유혹에 굴복하면, 좋든 싫든 계속 발전하는 과정이 시작됩니다. 당신이 죄에 굴복하는 한, 당신은 죄의 습관의 사슬을 강화하고 있는 것입니다. 죄는 예외가 없습니다. 당신은 심은 대로 거둡니다.

> 스스로 속이지 말라. 하나님은 업신여김을 받지 아니하시나니 사람이 무엇으로 심든지 그대로 거두리라(갈 6:7).

죄는 충분한 시간이 주어지면 항상 파괴됩니다.

> 우리를 위하여 여우 곧 포도원을 허는 작은 여우를 잡으라. 우리의 포도원에

꽃이 피었음이라(아 2:15).

아가서는 두 연인이 함께하는 이야기입니다. 포도원은 서로에 대한 사랑을 나타냅니다. 작은 여우는 즉시 처리하지 않으면 파괴를 가져오는 작은 것들을 나타냅니다.

"한 모금"은 곧 "한 잔 더"가 됩니다. "한 잔 더"는 곧 술 취하는 생활방식이 됩니다. "한 편 보기"는 곧 "한 편 더 보기"가 됩니다. "그냥 친구일 뿐이야."는 금방 "그들에게 들키지 않았으면 좋겠어."가 됩니다. 어떤 종류의 중독이든 일찍 해결할수록 좋습니다.

실질적으로 처리하기

그가 네 모든 죄악을 사하시며 네 모든 병을 고치시며(시 103:3).

하나님은 당신의 중독을 기적적이고도 즉각적으로 치유하실 수 있습니다. 우리는 그것을 알고 있습니다. 그것이 중독의 모든 사례에서 우리가 믿어야 할 것입니다. 그러나 우리는 기적을 바라는 동시에 중독에 대항하기 위한 실질적인 조치도 취해야 합니다. 병든 사람이 자신의 치유를 믿으면서 실제적인 건강 조치도 취하는 것처럼, 중독으로 고통받는 사람은 즉각적인 기적을 믿으면서 동시에 중독과 싸우기 위한 실제적인 조치를 취해야 합니다. 이것은 믿음이 부족한 것이 아닙니다. 오히려 이것은 행함이 있는 믿음입니다.

중독에서 벗어나는 것이 즉각적이지 않더라도 초조해하거나 버림받았다고 생각하지 마십시오. 너무나 많은 그리스도인이 단순히 기적이 그들이 오기를 바랐던 시간에 자신들이 원하는 방식으로 오지 않았기 때문에 기적을 포기합니다.

여담으로, 나는 귀신들이 당신 안에 계신 그리스도의 권위에 어떻게 즉각적으로 반응해야 하는지에 대해 많은 글을 썼습니다. 그래서 이 시점에서 어떤 독자들은 왜 하나님은 중독의 육체적 측면도 즉시 치유하시지 않는지 궁금할 것입니다. 하나님은 때때로 그렇게 하십니다. 그리고 우리는 중독에 대항하여 기도할 때마다 그것을 믿어야 합니다. 나는 기적이 우리가 원하는 만큼 빨리 일어나지 않을 때 우리가 해야 할 일을 말하고 있을 뿐입니다.

둘째로, 나는 당신이 귀신들에게 당신을 공격하지 말라고 명령한 후에도 그들이 당신을 괴롭히기 위해 남아 있을 수 있다고 말하는 것이 아닙니다. 나는 중독 자체의 물리적 영향이 남아 있을 수 있다는 것과 하나님이 그러한 물리적 영향을 즉시 제거하시지 않으면 우리가 그것을 처리해야 한다는 것을 말하고 있습니다. 중독의 신체적 영향은 질병에 비유할 수 있습니다. 그리고 성경적으로 말해서 귀신들과 질병은 같은 것이 아닙니다. 오래 지속되는 질병과 싸우지만 귀신의 속박은 결코 지속되지 않는 그리스도인의 성경적 예가 많이 있습니다. 질병에 대한 자세한 내용은 12장에서 읽을 수 있습니다.

나의 요점은 모든 일에 믿음으로 접근해야 한다는 것입니다. 믿음으로 즉각적인 기적을 믿으십시오. 그렇게 해야 한다고 생각했을 때 그렇게 되지 않는다면, 계속해서 믿음으로 실제적인 조치를 취하십시오. 그리고 당신 혼자 중독과 싸우는 것이 아님을 기억하십시오. 성령님은 당신의 중독을 극복하는 일에 관여하십니다. 사실 성경은 성령님이 우리 육신을 도우신다고 분명히 말씀하고 있습니다.

> 만일 너희 속에 하나님의 영이 거하시면 너희가 육신에 있지 아니하고 영에 있나니 누구든지 그리스도의 영이 없으면 그리스도의 사람이 아니라. 또 그리스도께서 너희 안에 계시면 몸은 죄로 말미암아 죽은 것이나 영은 의로 말미암아 살아 있는 것이니라. 예수를 죽은 자 가운데서 살리신 이의 영이 너희 안에 거하시면 그리스도 예수를 죽은 자 가운데서 살리신 이가 너희 안에 거

하시는 그의 영으로 말미암아 너희 죽을 몸도 살리시리라(롬 8:9-11).

성령님은 우리의 몸을 살리십니다. 그분은 우리의 몸을 거룩함에 이르도록 능력을 주십니다. 그리스도의 몸에 생명을 되돌려준 부활의 능력이 당신 안에서 역사하여 죄성이 프로그래밍 하는 것을 저항할 수 있도록 힘을 줍니다. 하나님 능력의 실제적이고 물리적인 손길이 당신에게 있습니다. 그 능력 없이는 그것을 할 수 없습니다. 자유를 향한 매일의 실질적인 단계를 취할 때 그 힘을 사용하십시오.

매일 당신의 삶에 대한 하나님의 뜻과 일치하는 모든 것을 사용해야 합니다. 우리는 주님께서 당신이 중독과 함께 사는 것을 원하시지 않는다는 것을 압니다. 따라서 중독을 치료하고 성경의 가르침에 위배되지 않는 의학적 치료를 받아야 합니다. 문제를 악화시킬 수 있는 철학과 치료법과 관행이 있습니다. 그래서 우리는 주로 하나님 말씀의 진리에 기초를 두어야 합니다. 뉴에이지 관행과 인본주의와 같은 것들을 피하십시오.

그러나 일반석으로 말하면, 하나님은 도움이 되는 치료에 반대하시지 않으며, 정당한 치료를 구하는 것도 믿음이 부족함을 나타내는 것이 아닙니다. 사실 온갖 중독을 치료하는 그리스도인 의사들이 있습니다.

예수님이 긍정적인 맥락에서 의료 행위에 대해 말씀하셨다는 사실을 생각해 보십시오.

> 예수께서 들으시고 이르시되 건강한 자에게는 의사가 쓸 데 없고 병든 자에게라야 쓸 데 있느니라(마 9:12).

예수님이 의료 행위를 경건하지 않다고 생각하셨다면, 긍정적인 관점에서 의료 행위를 비유로 사용하시지 않았을 것입니다. 그분은 죄인들에 대한 그분 사역의 비유로 악한 행위라고 생각하는 것을 사용하시지 않았을 것입니다.

치료나 상담이 제안될 때마다, 열심은 있지만 잘못 생각하는 그리스도인들은 당신에게 "당신이 그것을 쫓아낼 수 없기에 의사의 상담을 받는 것입니다!"라고 말할 수 있습니다. 이 말 자체에는 문제가 없습니다. 때로는 그리스도인들이 영적 전쟁의 현실을 부인하고 회피하기 때문에 적절하게 사용되었다고 생각합니다. 나는 사람들이 영적인 현실을 잊는 경향이 많다는 데 동의합니다. 그러나 많은 사람은 귀신적인 요소 외에는 생각할 것이 없는 것처럼 말합니다. 그러나 상대적으로 간단한 귀신을 다룬 후에도 여전히 우리의 생각과 습관과 중독의 경우 견고한 진의 신체적 측면을 다룰 필요가 있습니다. 이것은 기적적으로 즉시 대처할 수 있지만, 그렇게 되지 않는다면 그냥 앉아서 저항 없이 중독을 방치해서는 안 됩니다.

성령님의 능력을 의지하여 당신의 몸이 거룩한 생활을 하도록 살아나게 하십시오. 그리고 동시에 약물치료와 재활과 심지어 상담과 같은 성경적으로 일관된 물질적 해법을 적용하는 것을 부끄러워하지 마십시오. 귀신들은 즉시 떠날 수 있지만, 신체적 문제는 지속할 수 있습니다. 즉각적인 기적을 계속 믿으면서 점진적인 기적과 싸우지는 마십시오.

적극적으로 처리하라

깊고 어두운 구덩이 옆에 서서 물방울이 떨어지는 것을 내려다보고 있는 두 친구를 상상해보십시오. 그들은 바닥을 볼 수 없지만, 바닥이 훨씬 더 아래에 있음을 압니다. 긴장한 한 친구는 이렇게 경고합니다.

"너무 가까이 서 있지 마! 떨어질 수 있어."

다른 친구는 자신만만하게 자랑합니다.

"난 안전해."

그는 양팔로 몸의 균형을 잡으면서 절벽 가장자리를 걷기 시작합니다.

"좋은 생각이 아니야. 가장자리에서 멀리 떨어져. 넌 나를 긴장하게 만들고 있어!"

그의 친구가 그에게 간청합니다.

"알겠어. 난 괜찮을거야."

그는 균형을 유지하는 능력에 대해 말하다가 미끄러져 구덩이로 떨어집니다. 그의 친구가 할 수 있는 일은 그가 살아남을 수 있을지 확신이 서지 않는 공포 속에서 지켜보는 것뿐입니다.

이것은 중독입니다. 사람들은 통제력을 유지할 수 있는 자기의 능력을 완전히 확신하거나 넘어져도 상관하지 않기 때문에 가장자리 가까이에 서는 선택을 합니다. 그들은 떨어지기 시작하고 선택의 여지가 줄어들고 결과가 커집니다. 그들은 가장자리까지 걸어갔지만, 일단 구덩이에 빠지면 빠져나오기 위해 도움이 필요합니다.

> 육체의 소욕은 성령을 거스르고 성령은 육체를 거스르나니 이 둘이 서로 대적함으로 너희가 원하는 것을 하지 못하게 하려 함이니라(갈 5:17).

당신은 죄성을 마치 다른 사람이 당신을 대적하는 것처럼 취급해야 합니다. 그것을 다루는 데는 많은 노력이 필요합니다. 실제로 문제가 있음을 인정하는 것으로 시작하십시오. 그리고 죄의 사람(man of sin)에게 기회를 주지 마십시오.

> 오직 주 예수 그리스도로 옷 입고 정욕을 위하여 육신의 일을 도모하지 말라 (롬 13:14).

모든 각도에서 이 문제를 공격하십시오. 죄의 사람에게 힘을 키우거나 욕망에 빠질 기회를 주지 마십시오. 육체에게 "안 돼."라고 말하십시오.

혹시 그들이 넘어지면 하나가 그 동무를 붙들어 일으키려니와 홀로 있어 넘

> 어지고 붙들어 일으킬 자가 없는 자에게는 화가 있으리라(전 4:10).

다른 신자들과 서로 책임을 지우십시오. 부끄러움 때문에 도움을 청하지 못하는 일이 없도록 하십시오. 그들에게 정직하게 행하고, 그들이 당신과 진실하고 의미 있는 관계에 접근할 수 있도록 하십시오. 당신에게 도전하고 당신을 확인하는 그들의 역할을 존중하십시오. 중독은 고립된 상태에서만 더 강해집니다.

> 또한 너는 청년의 정욕을 피하고 주를 깨끗한 마음으로 부르는 자들과 함께 의와 믿음과 사랑과 화평을 따르라(딤후 2:22).

당신이 진정으로 자유롭게 되고 싶어 하고 진정으로 중독을 끝내고 싶어 하면, 당신의 몸이 일시적으로 당신에게 불리하게 작용하도록 "프로그램"되어 있더라도 가능한 한 당신의 의지를 행사해야 합니다. 이것은 당신이 충분히 필사적이라면 죄의 사람을 굶주리게 하기 위해 큰 변화를 만들 것이라는 점을 의미합니다. 그에게 기회를 주지 마십시오. 연락처를 삭제하십시오. 새 전화를 개통하십시오. 필요한 경우 멀리 이동하십시오. 불경한 영향력에서 완전히 단절하십시오. 중독을 얼마나 잘 다룰 수 있는지에 대해 자신에게 거짓말을 하지 마십시오. 유혹이나 유혹받을 기회조차 피하십시오. 이것에 대해 진지하게 생각하십시오.

그런 다음 경계를 풀지 마십시오.

> 그런즉 선 줄로 생각하는 자는 넘어질까 조심하라(고전 10:12).

당신이 일단 잘하기 시작하면, 죄성이 힘을 되찾을 기회를 기다리고 있다는 것을 깨달아야 합니다. 당신이 거듭났을 때 당신은 죄의 형벌에서 해방되었습니다. 이것이 칭의입니다(롬 5:1). 당신은 신자로서 계속해서 죄의 권세에서 해방됩니다. 이것이 바로 성화의 과정입니다(빌 1:6). 그러나 당신은 천상의 몸을 받을 때까지 죄의 존재로부터 자유로울 수 없을 것입니다. 이것은 영화롭게 될 약속이 성취되는 것입니다(빌 3:20-21).

육신의 죄성이 올라오려는 것을 주의하십시오. 자신이 있기로 선택한 상황, 주변에 있기로 선택한 사람들, 즐겁게 생각하도록 허용하는 생각을 주의하십시오. 재발하는지 검사하십시오. 계속 검사하십시오. 자아에 대한 승리는 일회성 사건이 아니라 경계하는 생활방식입니다.

악한 세력에 저항하십시오. 유혹 뒤에 있는 속임수에 대처하십시오. 그런 다음 기도하는 마음과 실제적인 방법을 통해 중독의 신체적 측면을 다루어 죄의 사람을 약화시키십시오. 죄의 사람을 다른 사람처럼 대하십시오. 그의 욕망을 충족시킬 모든 기회를 그에게서 빼앗으십시오. 그에 대해 공격적인 행동을 취하십시오. 그는 기만적이고 교활하며 강압적이고 이기적입니다. 그가 원하는 것을 주지 마십시오.

대신 성령님 안에서 담대하고 공격적인 발걸음을 내딛으십시오.

Chapter 12
질병의 공격

질병과 질환의 문제는 항상 기만의 결과가 아니기 때문에 견고한 진으로 분류될 수 없습니다. 그래도 나는 질병의 문제를 언급하고 싶었습니다. 이는 많은 사람이 질병의 잠재적인 귀신적 측면에 대해 궁금해 한다는 것을 알고 있기 때문입니다. 질병은 귀신의 역사일 수도 있지만, 모든 질병이 귀신의 역사는 아닙니다. 질병의 공격은 육체에 영향을 미친다는 점에서 중독의 견고한 진과 비슷합니다. 중독과 달리 질병은 항상 우리가 내리는 선택의 결과가 아닙니다. 물론, 우리가 하는 많은 건강 및 식이 선택으로 인해 질병에 더 취약해질 수 있습니다. 그러나 질병은 무작위로 올 수도 있습니다. 질병은 귀신의 공격일 수도 있지만, 자연적인 원인일 수도 있습니다. 따라서 완전히 귀신의 공격인 질병과 단순히 자연계에 존재하는 결과로 발생하는 질병 사이의 미묘한 차이를 이해하는 것이 중요합니다.

귀신의 공격

귀신들은 두 가지 경우를 제외하고는 거듭난 신자에게 물리적으로 해를 끼칠 수 없습니다. 귀신들은 신자의 신체에 질병으로 공격할 수 있으며, 귀신의 영향을 받은 개인을 통해 신자를 신체적으로 공격할 수 있습니다. 어떤 경우든 그리스도인을 신체적으로 공격하기 위해시는 귀신이 이 세상에 물리적으로 존재하는 것을 사용해야 합니다. 귀신은 신자를 직접적으로 소유하기 위한 공격을 할 수는 없습니다. 만약 귀신들이 우리의 육체에 해를 입히고자 한다면, 그들은 질병이나 귀신의 영향을 받은 사람이라는 두 가지 중 하나를 사용해야 합니다.

먼저 귀신들이 질병을 어떻게 이용하는지 살펴보겠습니다. 질병은 타락한 세상의 현실입니다. 모든 질병이 특정한 죄로 인해 직접적으로 발생하는 것은 아니지만, 죄가 이 세상에 들어왔기 때문에 질병이 존재합니다. 마귀는 이 세상의 질병의 존재를 이용하여 신자의 육신을 공격할 수 있습니다. 욥의 질병은 구약의 사례이지만 이것이 어떻게 보일 수 있는지를 보여줍니다.

> 사탄이 여호와께 대답하여 이르되 가죽으로 가죽을 바꾸오니 사람이 그의 모든 소유물로 자기의 생명을 바꾸올지라. 이제 주의 손을 펴서 그의 뼈와 살을 치소서. 그리하시면 틀림없이 주를 향하여 욕하지 않겠나이까? 여호와께서 사탄에게 이르시되 내가 그를 네 손에 맡기노라. 다만 그의 생명은 해하지 말지니라. 사탄이 이에 여호와 앞에서 물러가서 욥을 쳐서 그의 발바닥에서 정수리까지 종기가 나게 한지라(욥 2:4-7).

우리는 귀신들이 신자들에게 질병을 사용할 수 있지만, 질병은 귀신과 다르다는 점에 유의해야 합니다. 성경은 이 둘을 명확히 구분합니다. 귀신들은 지각이 있는 존재이고, 질병은 단순히 신체의 무질서입니다. 귀신 들림은 귀신이 당신의 몸에 거처하고 기생충처럼 당신의 신체적 능력의 일부를 차지하는 것입니다. 어떤 사람이 귀신 들리면, 그 사람 안에는 귀신이 있는 것입니다. 반면에 누군가가 아프면, 그 사람은 병에 걸린 것입니다. 따라서 질병은 귀신과 같은 것이 아닙니다.

또한, 귀신은 신자에게 질병을 일으키기 위해 신자를 사로잡거나 억압하거나 들어갈 필요가 없습니다. 질병은 외부에서 당신에게 불리하게 사용될 수 있는 공격입니다. 질병이 몸에 들어올 수는 있지만, 이것이 귀신이 몸에 들어온다는 의미는 아닙니다.

둘째로, 귀신의 영향을 받은 사람을 귀신들이 어떻게 이용할 수 있는지 살펴봅시다. 이것을 설명하기 위해 나는 단순히 성경에 나오는 다양한 순교자들을 지적할 필요가 있습니다. 스데반은 돌에 맞아 죽었습니다. 요한은 참수당했습니다. 예수님은 십자가에 못 박혀 죽으셨습니다. 이러한 살인 행위는 마귀의 세력 아래 있던 사람들에 의해 자행되었습니다. 어떤 경우에는 하나님이 주권적으로 개입하시는 것처럼 기적적으로 개입하시지 않는 한 그리스도인들은 귀신의 폭력에서 제외될 수 없습니다.

결론적으로, 귀신이 그리스도인에게 신체적으로 해를 입히고자 한다면 귀신의 영향을 받은 사람을 사용하거나 질병을 사용해야 합니다. 이 두 가지 모두 물리적 세계에 존재하는 것입니다. 귀신 들려 난폭한 사람의 공격을 받는 것도, 질병에 걸리는 것도 귀신 들림과 같지 않습니다.

수면 마비는 어떤가?

따라서 귀신들이 질병과 및 귀신의 영향을 받은 사람들을 통해 간접적으로 신자들을 신체적으로 해칠 수만 있다면, 수면 마비(sleep paralysis)는 어떻습니까? 많은 신자가 침대에서 쉬고 있다가 갑자기 귀신에게 억눌리거나 심지어 목이 졸려서 예수님의 이름을 선포할 때에 비로소 풀려난 유사한 이야기를 합니다. 이런 제보가 무수히 많기에 이 충격적인 현실을 그냥 지나칠 수는 없습니다. 우리가 할 수 있는 것은 그것을 성경과 일치하는 방식으로 설명하는 것입니다.

첫째로, 귀신들이 성령 충만한 그리스도인을 육체적으로 해치거나 붙잡을 수 있는데도 항상 똑같은 방식으로 계속해서 그렇게 하는 것이 이상하다고 당신은 생각하지 않습니까? 왜 그들은 신자를 숨만 막히게 하는 것일까요? 왜 그들은 일을 끝내지 않는 것일까요? 신자가 침대에 누울 때까지 귀신들이 기다리는 것처럼 보이는 이유는 무엇일까요? 왜 그들은 다른 방법으로 신자의 몸을 공격하지 않는 것일까요? 즉, 만약 귀신들이 거듭난 신자의 육신을 직접적으로 해칠 힘을 진정으로 가졌다면, 신자가 반쯤 잠든 상태에서만 그렇게 하는 것처럼 보이는 이유는 무엇일까요?

이유는 다음과 같습니다. 수면 마비는 일부는 귀신의 역사이고, 일부는 생물학적 현상입니다. 나는 이게 옳지 않은 것 같다는 것을 압니다. 이에 관해서 설명하겠습니다. 원수가 얼마나 기만적이고 교활한지 당신에게 보여주겠습니다.

먼저 생물학적 측면을 다루겠습니다. 당신이 꿈을 꾸는 동안 움직이지 못하도록 당신의 몸은 실제로 매일 밤 스스로 마비됩니다. 당신은 이 사실을 조사할 수 있습니다. 꿈에서 경련을 일으키거나 이불을 걷어차는 것을 통해 알 수 있듯이 이것이 항상 완전히 성공적인 것은 아닙니다. 그러나 이것은 잠자는 동안 자신을 방해하지 않도록 하기 위한 당신 신체의 자연스러운 시도입니다. 따라서 당신은 달리기나 점프나 싸움 또는 그와 유사한 꿈을 꿀 때 몸부림치거나 깨어나지 않습니다. 그렇습니다. 매일 밤 잠자는 동안 몸이 마비됩니다.

때때로, 당신의 뇌는 당신이 깨어날 때도 여전히 자고 있다고 생각합니다. 아직 움직일 수 없는 상태에서 알아차리는 것은 바로 이 순간입니다.

텍사스 A&M 대학에서 실시한 연구에 따르면 "수면 마비는 뇌가 몸에게 여전히 급속 안구 운동(REM) 수면 단계에 있다고 알려주는 사건입니다. 이 단계에서는 팔다리가 일시적으로 마비되어 꿈을 육체적으로 행동하지 못하게 합니다. 또한 심장 박동과 혈압이 상승하고 호흡이 불규칙하고 얕아집니다. 이 단계는 가장 생생한 꿈이 발생하는 수면 단계이며, 일부 사람들이 수면 마비 중에 환각을 경험하는 이유를 설명할 수 있습니다."4)

    당신의 몸이 REM 수면 모드에서 벗어나기 전에 잠에서 깨어나면, 마비 상태가 유지되고 의식적으로 그 공포에 시달리게 됩니다. 이것은 수면 단계이기 때문에 실제로 물리적 영역에 있지 않은 것을 주변에서 볼 가능성이 매우 높습니다.

    따라서 심박수 증가 및 얕은 호흡과 함께 마비 자체는 생물학적입니다. 이것은 몸이 여전히 깊은 수면 모드에 있는 동안 깨어 있기 때문에 발생합니다.

    이것은 귀신의 공격이 시작되는 때입니다. 귀신들은 당신에 대한 그들의 힘을 과장하는 것을 좋아하고 당신이 취약한 상태에 놓일 때까지 공격을 기다립니다. 수면 마비를 경험할 때 마음은 깨어 있지만, 몸은 여전히 잠들어 있습니다. 이 시점에서 원수는 거짓말을 할 수 있으며, 기만적인 투사 및 소리를 유발할 수 있습니다. 이 무서운 순간에 원수가 귀신의 존재를 보고 듣게 할 수 있습니다. 따라서 당신이 당신 몸의 자연스러운 수면 상태에 의해 "움직이지 못하는 것"을 원수는 당신이 귀신의 존재에 의해 움직이지 못하는 것처럼 보이게 하여 그 힘을 과장할 수 있습니다. 그래서 생물학적 측면은 마비 그 자체이지만, 귀신적 측면은 수면 마비 동안 원수가 만드는 투사에서 발견됩니다.

    나는 이것이 수면 마비에 대한 대중적인 설명이 아니라는 것을 알고 있지만, 이것은 성경적으로 일관된 설명입니다.

    이것도 고려하십시오. 수면 마비에서 벗어나는 알려진 방법의 하나는 당신의 호흡을 조절하는 것입니다. 호흡은 자발적인 동시에 비자발적인 신체 기능이기 때문에 호흡을 조절하면 몸이 깨어 있다는 신호를 받습니다. 이것은 부분적으로 <u>당신이 기도하기 위해 입을 열 수 있는 순간 마비가 풀리는 이유</u>입니다.

---

4) Texas A&M University. "Sleep paralysis: Fully awake and unable to move," ScienceDaily, September 19, 2016; www.sciencedaily.com/releases/2016/09/160919151320.htm; accessed December 19, 2022.

그런 다음 마귀는 우리가 모든 것을 마귀 짓이라고 믿는 모습을 보고 우리를 비웃습니다. 부분석으로는 마귀 짓입니다. 그러나 두려움 부분만 마귀 짓입니다. 당신에게 거짓말을 하는 귀신들은 그들이 실제보다 더 큰 힘을 가지고 있다고 당신이 믿는다는 사실을 즐거워합니다. 그러면 당신은 걱정하게 됩니다. 당신은 '오, 안 돼! 마귀는 물리적으로 나를 공격했어! 그의 힘이 나에 대해 증가하고 있어. 내가 무슨 문을 열어놓은 것이지? 내가 어디에서 잘못된 것이지? 하나님이 나에게서 그분의 보호를 거둬 가신 것인가?'라고 생각합니다.

그러면 어떻게 됩니까? 당신은 걱정합니다. 당신은 공격에 더 취약해졌다는 생각에 집착합니다. 당신은 클릭 미끼인 유튜브(YouTube) 동영상을 보고, 지금 마귀가 어떻게 더 많은 힘을 갖고 있는지에 대한 공포를 조장하는 기사를 읽습니다. 당신은 두려움 때문에 더 지치게 되고, 피로는 수면 마비의 주요 원인입니다. 따라서 이런 순환이 계속됩니다. 당신은 토끼 굴속으로 점점 더 깊이 들어갑니다. 이것은 마귀가 실제로 그리스도인을 공격하는 방법을 보여주는 완벽한 예입니다. 그는 기만을 사용합니다.

나는 심한 불안 때문에 거의 매일 밤 수면 마비를 경험하는 계절이 있었습니다. 나는 과로하고 취침 시간에 이르러서 하는 식사와 등을 기대고 자는 것이 수면 마비의 자연스러운 요인임을 발견했습니다. 나는 또한 원수의 거짓말에 대한 두려움과 믿음이 영적 요인임을 발견했습니다.

사실 나는 신체적인 측면을 이기기 전에 귀신적인 측면을 먼저 극복했습니다. 원수가 나를 만질 수 없다는 것을 깨닫고 나니, 수면 중 귀신을 보고 귀신의 음성을 듣는 것이 더는 내 수면 마비에 동반되지 않았습니다. 실제로 고군분투가 끝날 무렵에 나는 두려움이나 귀신을 보는 것 없이 수면 마비를 경험했습니다. 나는 얼어붙은 채로 침대에 누워서 속으로 '음, 이제 호흡을 제어할 시간이군.'이라고 생각했던 것을 기억합니다. 나는 마비와 싸우거나 움직이려고 하지 않았습니다. 그 대신 침착하게 서서 주님의 보호하심에 감사하고 천천히 호흡을 조절하기 시작했습니다. 평화와 믿음이 수면 마비를 낮게 했습니다. 결국 나는 수면 마비 자체에 대한 두려움 때문에 더는 지치지 않았기에 수면 마비가 완전히 멈췄습니다. 따라서 원수는 수면 마비를 자기의 힘을 과장하는 기회로 사용할 수 있지만, 수면 마비는 실제로 당신을 해치거나 육체적으로 만질 수 있는 귀신의 예가 아닙니다. 수면 마비는 원수가 무시무시한 영상과 소리 (실제적인 펀치가 없는 투사)로 포착하는 생물학적 사건입니다. 당신의 몸은 성령님의 성전입니다.

자연적인 것과 귀신적인 것

그러므로 질병은 신자의 육신을 공격하는 원수의 방법의 하나입니다. 우리는 질병이 귀신 공격의 결과일 수 있다는 것을 압니다. 하지만 질병이 자연적으로 발생한다는 성경적 예가 있을까요? 에바브로디도를 생각해 보십시오.

> 그러나 에바브로디도를 너희에게 보내는 것이 필요한 줄로 생각하노니 그는 나의 형제요 함께 수고하고 함께 군사 된 자요 너희 사자로 내가 쓸 것을 돕는 자라. 그가 너희 무리를 간절히 사모하고 자기가 병든 것을 너희가 들은 줄을 알고 심히 근심한지라. 그가 병들어 죽게 되었으나 하나님이 그를 긍휼히 여기셨고 그뿐 아니라 또 나를 긍휼히 여기사 내 근심 위에 근심을 면하게 하셨느니라(빌 2:25-27).

에바브로디도는 바울 자신이 그를 위해 기도했을 가능성이 있음에도 불구하고 즉시 완전히 회복되지 않았습니다. 실제로 에바브로디도는 고침을 받기도 전에 거의 죽을 지경에 이르렀습니다. 디모데도 자연적인 질병에 걸렸습니다. 바울은 위장 문제를 도우려고 디모데에게 편지를 썼습니다.

이제부터는 물만 마시지 말고 네 위장과 자주 나는 병을 위하여는 포도주를 조금씩 쓰라(딤전 5:23).

따라서 디모데의 경우에는 신성한 치유(신유)가 없었습니다. 대신 바울은 그에게 의학적 방법을 사용하라고 말했습니다. 바울은 디모데의 경우에 그의 삶에서 귀신의 영향력을 제거하라고 말한 것이 아닙니다. 바울은 그에게 자연적인 질병에 대해 자연 요법을 사용하도록 지시했습니다. 그래서 분명히 질병은 본질적으로 귀신적인 것은 아닙니다.

이것은 "본질적으로 귀신의 영향을 받은 질병과 자연적인 원인의 질병 사이의 차이점을 어떻게 알 수 있습니까?"라는 질문을 제기합니다. 귀신적인 질병과 자연적인 질병의 차이를 분별하는 것은 두 각도에서 질병을 다루는 것만큼이나 간단합니다. 방법은 다음과 같습니다.

귀신적인 질병 처리하기

우리는 귀신들이 당신 안에 있는 그리스도의 권위에 복종해야 함을 알고 있으며, 그들이 즉시 순종하지 않으면 성경이 우리에게 주는 치료법은 기도와 금식입니다.

> 그러나 이런 귀신은 기도와 금식이 아니면 나가지 않는다(마 17:21 현대인의 성경).

따라서 질병이 본질적으로 귀신적이라고 의심되는 경우, 귀신에게 믿음으로 가득 찬 명령을 내리십시오. 어떤 의식, 속임수, 기술도 귀신을 쫓아낼 수 없습니다. 그것은 단순히 당신 안에 있는 그리스도의 권위로 쫓아냅니다.

질병이 남아 있으면 금식하고 기도하십시오. 그런 다음 귀신의 공격을 다시 꾸짖으십시오. 당신은 내가 말하는 것을 좋아하지 않을 수도 있지만, 그것이 귀신에 뿌리를 둔 질병을 다루는 데 필요한 전부입니다. 만약 확실히 해두고 싶다면, 당신은 몇 번 더 금식하고 기도할 수 있지만, 원수가 이기고 있다고 믿는 좌절감에 갇히지 마십시오.

때로는 원수를 꾸짖은 후에도 질병이 남아 있을 수 있기에 그 질병을 "귀신의 영향을 받은 것"이라는 이름을 붙이고 싶은 유혹을 받을 수 있습니다. 그러나 질병이 지속되는 힘은 실제로 그것이 자연적 기원이라는 증거입니다. 왜 그럴까요? 귀신들은 당신을 통해 행사된 그리스도의 권위에 복종해야 하기 때문입니다. 이것은 당신이 기적을 포기해야 한다는 뜻이 아닙니다. 이것은 원수가 이기도록 하기 위해 무언가를 하고 있다는 부담스러운 생각에서 자유로울 수 있다는 뜻입니다. 물론 당신이 죄 가운데 살고 있다면 그것은 다른 이야기가 됩니다. 그러나 당신이 믿음과 성령님으로 충만한 성도로서 하나님과 동행하고 귀신을 꾸짖으면, 귀신이 순종해야 합니다. 따라서 그 시점에 남아 있는 것은 질병은 무엇이든지 귀신적일 수 없습니다.

특히 당신에게 건강 문제가 연달아 있는 것 같으면 답답할 수 있습니다. 연약하고 절박한 상태에서 종교적이고 무력한 방법을 파고들지 않도록 주의하십시오. 당신은 하나님의 자녀입니다. 영적 공격에 대한 간단한 명령 한 마디면 됩니다.

다시 말하지만, 당신이 죄 가운데 살고 있거나 오컬트 미신에 손을 대거나 뉴에이지를 시행하고 있다면 영적 공격에 자신을 개방하는 것입니다. 그러나 당신이 죄를 회개하고 원수를 책망하는 순간 그것으로 끝입니다. 그 시점에서 당신은 올바르게 살고 있습니다. 당신이 올바르게 살고 그리스도의 권위를 행사한다면, 귀신의 공격은 반드시 멈추어야 합니다. 그 시점에서 질병이 멈추지 않는다면, 그것은 귀신적일 수 없습니다. 기본으로 돌아갑니다. 올바르게 살고, 권위를 행사하고, 금식과 기도를 하십시오. 그런 일을 하고 나서 질병이 떠나가면, 그것은 귀신의 공격입니다. 반면에 그런 일을 하고 나서도 그 질병이 남아 있으면, 그것은 자연적이라고 단정할 수 있습니다.

그렇다면 우리는 자연적인 원인의 질병을 어떻게 처리합니까?

자연적인 질병 처리하기

귀신적일 가능성이 해결된 후에는 우리가 어떻게 치유를 받아야 할까요? 성경적으로 말하면, 당신의 치유를 막을 수 있는 몇 가지가 있습니다. 당신은 이러한 막힘 중 하나가 귀신의 공격일 수 있다는 것을 이미 알고 있습니다. 성경은 또한 불순종이 모든 경우가 아니라 일부 질병을 유발할 수 있다고 가르칩니다.

> 주의 몸을 분별하지 못하고 먹고 마시는 자는 자기의 죄를 먹고 마시는 것이니라. 그러므로 너희 중에 약한 자와 병든 자가 많고 잠자는 자도 적지 아니하니(고전 11:29-30).

이것은 모든 질병이 항상 개인적인 죄의 직접적인 결과라는 것을 의미합니까? 결코 아닙니다.

> 제자들이 물어 이르되 랍비여 이 사람이 맹인으로 난 것이 누구의 죄로 인함이니이까? 자기니이까, 그의 부모니이까? 예수께서 대답하시되 이 사람이나 그 부모의 죄로 인한 것이 아니라 그에게서 하나님이 하시는 일을 나타내고자 하심이라(요 9:2-3).

성경은 또한 의심이 치유를 방해할 수 있음을 분명히 보여줍니다. 예수님이 치유하기를 원하셨던 사람들의 경우에도 마찬가지였습니다.

> 거기서는 아무 권능도 행하실 수 없어 다만 소수의 병자에게 안수하여 고치

실뿐이었고(막 6:5).

우리는 믿음이 치유를 받는 데 역할을 한다는 것을 반복적으로 봅니다.

> 예수께서 이르시되 딸아 네 믿음이 너를 구원하였으니 평안히 가라 네 병에서 놓여 건강할지어다(막 5:34).

> 그에게 이르시되 일어나 가라. 네 믿음이 너를 구원하였느니라 하시더라(눅 17:19).

> 네게 무엇을 하여 주기를 원하느냐? 이르되 주여 보기를 원하나이다(눅 18:42).

이것은 물론 모든 경우에 사람들이 믿음이 부족하기 때문에 치유되지 않는다는 것을 의미하지는 않습니다. 이것은 때때로 의심이 기적을 막고 있다는 것을 의미합니다. 치유사역을 하는 사람들은 종종 잔인하다는 비난을 받고, 치유가 일어나지 않을 때 체면을 세우기 위해 병자들을 비난한다는 비난을 받습니다. 어떤 경우에는 사실일 수 있습니다. 그러나 우리는 또한 우리가 성경에서 보는 분명한 진리를 무시할 수 없습니다. 따라서 믿음의 부족이 항상 치유되지 않는 이유는 아니지만, 적어도 이것이 가능한 요인이라는 것을 고려해야 합니다.

따라서 성경적으로 말하면, 귀신과 불순종과 의심은 어떤 면에서는 치유를 받는 것을 방해할 수 있습니다. 따라서 당신이 정직하게 성경적 답을 찾고 있다면, 바로 여기에서 찾을 수 있습니다. 성경에 따르면, 이것들은 일부 사람들이 고침을 받지 못하는 이유가 될 수 있습니다.

당신도 알다시피, 나는 치유를 믿습니다. 나는 열정적으로 치유를 설교합니다. 나는 아픈 사람을 위해 기도할 때마다 하나님이 그들을 치유해 주실 것이라고 전적으로 믿습니다. 그러나 그것이 치유가 항상 일어난다는 것을 의미하지는 않습니다. 이것은 내가 의심한다는 것을 진술하는 게 아닙니다. 이것은 현실입니다. 우리는 기적을 믿는다고 해서 하나님의 주권을 무효화하는 것은 아니라는 사실을 기억해야 합니다. 우리는 그분의 때와 뜻을 신뢰하는 법을 배워야 합니다.

그러므로 항상 기적이 일어날 것처럼 기도하고 믿으며 결과에 상관없이 하나님의 때를 믿으십시오. 믿음으로 기적을 요청하십시오. 하나님을 신뢰하는 마음으로 결과에 접근하십시오. 당신이 믿음이 있고 모든 귀신을 꾸짖고 죄를 회개하고도 여전히 치유되지 않는다면, 어떻게 생각해야 할까요? 우리가 할 수 있는 일은 기도하고 믿고 그 결과에 대해 하나님을 신뢰하는 것뿐입니다. 이것은 많은 사람이 듣고 싶어 하는 대답이 아닙니다. 그러니 이것은 현실입니다. 우리는 치유자가 아닙니다. 우리는 가능한 일을 합니다. 하나님은 불가능한 일을 하십니다.

만약 바울이 자기의 의지로 질병을 고칠 수 있었다면, 친구를 죽을 위기까지 내버려 둔 이유가 무엇이겠습니까? 디모데의 질병이 무엇이든, 왜 바울은 그를 치유하지 않았을까요? 여기서도 우리는 하나님의 주권을 요인으로 봅니다. 또한 나사로를 생각해 보십시오. 사람들은 예수님께 질병을 낫게 해 달라고 간청했지만, 때가 맞지 않았습니다. 예수님은 기적을 행하시기 위해 죽을 때까지 기다리셨습니다.

예, 하나님은 참으로 치유하기를 원하십니다. 하나님의 능력을 믿음으로 기적이 일어날 수 있다고 생각하지 않았다면, 나는 치유사역에 참여하지 않았을 것입니다. 그러나 하나님의 치유의 때는 사람들이 거의 고려하지 않는 요소입니다. 이러한 진리는 감정적으로 만족스럽지 않을 수 있지만, 성경이 말씀하는 현실입니다.

종종 자신의 요청이 받아들여지지 않는 것에 대해 감정적으로 혼란스럽고 정신적으로 갈등하고 화내거나 걱정하는 그리스도인들이 나에게 접근합니다. 그들은 "데이비드, 이해가 안 돼요. 저는 하나님께서 저를 낫게 해주셨음을 믿었는데 아직도 아파요! 저는 믿음이 있어요. 저는 죄를 회개했어요. 저는 모든 귀신의 영향을 제거하고 있어요. 무슨 일이 있는 건가요? 왜 하나님은 하셔야 할 일을 하지 않으시는 건가요? 저는 실망했어요. 저는 그분의 말씀을 믿었지만, 효과가 없었어요."라고 설명합니다.

그러한 반응은 하나님이 일하시는 방식에 대한 근본적인 오해에서 비롯됩니다. 하나님에 대한 이러한 관점은 하나님을 자판기처럼 취급합니다. 사실, 많은 사람이 이러한 오해의 결과로 믿음이나 심지어 성령 충만한 사역의 운동을 떠났습니다. 이러한 오해는 사람들로 하여금 하나님에게 속았고, 무시당했고, 거절당했다고 느끼게 만듭니다. 이것이 내가 치유 사역뿐만 아니라 이 주제에 대한 성경적 가르침에 열정적으로 임하는 이유 중 하나입니다.

그렇습니다. 하나님의 능력에 대한 믿음은 치유의 결과를 가져올 수 있지만 그것이 우리가 하나님을 통제할 수 있다는 것을 의미하지는 않습니다.

그렇다면 왜 일부는 치유되지 않는 것일까요? 그것은 예수님과 사도들의 시대에도 사람들이 고침을 받지 못한 것과 같은 이유입니다. 때때로 귀신의 역사 때문입니다. 때때로 불순종 때문입니다. 때때로 의심 때문입니다. 이러한 요소를 해결하고 배제하면 하나님의 시간과 주권이 남게 됩니다. 그렇다면 그것은 우리가 치유를 믿어서는 안 된다는 의미입니까? 결코 아닙니다! 큰 소망과 기대를 가지고 치유를 계속 믿으십시오. 기다리는 동안 믿으십시오.

> 구하라. 그리하면 너희에게 주실 것이요 찾으라. 그리하면 찾아낼 것이요 문을 두드리라. 그리하면 너희에게 열릴 것이니 구하는 이마다 받을 것이요 찾는 이는 찾아낼 것이요 두드리는 이에게는 열릴 것이니라(마 7:7-8).

매일 매일을 기적이 일어나는 날로 여기고, 기적이 일어나지 않는다면 내일 기적이 올 수 있음에 하나님께 감사하십시오. 나는 남은 인생을 소망에 찬 상태로 보내겠습니다. 너무 빨리 포기하는 것보다 남은 생애 동안 계속해서 믿고 싶습니다. 이것은 우리도 치유를 믿으면서 기대해야 할 하늘의 큰 소망 중 하나입니다.

결론적으로, 이것은 믿음으로 가득 찬 성경에 근거한 추론의 문제입니다. 질병은 귀신의 공격일 수도 있고, 자연적인 원인일 수도 있으며, 두 가지가 결합한 것일 수도 있습니다. 당신의 질병이 귀신의 공격일지도 모른다고 의심된다면, 귀신의 세력을 떠나라고 명령하면 질병도 함께 떠날 것입니다. 그래도 질병이 낫지 않으면 금식하고 기도하십시오. 그 시점에서 질병이 사라지지 않는다면, 마치 자연적인 원인인 것처럼 치료할 때입니다. 당신이 그것을 자연적인 질병으로 취급하면, 당신은 의심과 불순종의 잠재적인 문제를 처리하게 될 것입니다.

또한 동시에 바울이 디모데에게 지시한 것처럼 세상의 수단을 통해 건강을 개선하려고 노력할 수도 있습니다. 이것은 믿음이 부족한 것이 아닙니다. 가능한 의심과 불순종의 문제를 해결했는데도 질병이 여전히 떠나지 않는다면, 계속 믿으면서 하나님의 때를 신뢰하십시오. 그러나 비성경적인 해결책에 집착하여 정신적으로나 감정적으로 고통스러운 덫에 빠지지 마십시오. 성령님은 당신의 상황에 매우 특정한 것으로 당신에게 지시하실 수 있습니다. 하지만 그렇게 하실 경우, 그분은 그것을 절대적으로 분명하게 하실 것입니다.

성경이 정한 것을 다 한 후에는 모든 것이 신뢰와 소망으로 귀결됩니다. 기다리면서 신뢰하십시오.

Chapter 13
그리스도인들과 귀신에게 소유됨[5]

14장에서 우리는 고통의 견고한 진을 살펴볼 것입니다. 신자가 처할 수 있는 모든 견고한 진들 중에서 고통은 귀신에게 소유됨과 가장 유사한 것입니다. 이 때문에 많은 신자가 고통의 견고한 진을 귀신에게 소유됨처럼 말합니다. 잘못된 진단을 적용하는 신자는 결코 적절한 영적 치유를 받지 못합니다. 이것은 고통받는 사람들이 종종 순환적으로 고통에 갇히는 이유를 설명합니다. 그들은 한 번에 며칠, 몇 달, 심지어 몇 년 동안 자유를 경험하다가 다시 마음에 괴로움을 겪을 수도 있습니다. 우리는 적절한 해법에 집중하기 전에 실제 문제를 명확하게 파악해야 합니다. 당신은 고통이 아닌 것이 무엇인지 알아야 합니다. 적절한 치료법을 찾으려면 정확한 진단이 필요합니다. 문제를 제대로 진단하려면 진리가 필요합니다.

그래서 이 장에서 우리는 그리스도인들이 귀신에게 소유될 수 있다는 대중적이고 강력한 기만을 다룹니다. 이것은 영적 전쟁에 대한 다른 대부분의 오해

---

[5] "귀신에게 소유됨"에 대한 영어는 'demon possession'입니다. 'demon possession'은 영어역 킹제임스성경(KJV)에 주로 사용된 표현입니다. 이 용어는 영어를 사용하는 신자들이 주로 접하는 것이기에 한국 신자들에게는 조금 생소할 수 있으니 주의 깊고 균형 있게 읽기를 바랍니다. 참고로, 개역개정을 비롯한 대다수 한글역 성경은 이것을 "귀신 들림"으로 번역했습니다. (역주)

보다 신자들을 영원한 속박에 가두는 것입니다. 그리스도인들이 귀신에게 소유될 수 있다는 이 비주류적인 생각은 대다수의 진지한 성경 교사와 그리스도인이 믿지 않지만, 기독교에 속한 아주 작은 하위 종파에서 문제가 될 정도로 인기가 있습니다. 내가 99%에 적용되지 않을 수도 있는 장을 쓰는 것은 바로 1%를 위해서입니다. 일반적으로 이 강력한 거짓말의 먹잇감이 되는 사람들은 가장 필사적이고 취약한 사람들입니다.

고맙게도, 이 교리는 근거를 잃어가고 있지만, 나는 그것이 추세로 남아 있는지 확인하는 데 도움이 되도록 이 장을 씁니다. 다음 세대는 영적 전쟁과 구출사역에 대한 확고하고 기초적인 교리를 갖추어야 합니다. 나는 하나님의 백성과 구출사역을 사랑하기 때문입니다. 구출사역은 신성하고 아름답습니다. 우리가 구출사역을 진정으로 강력하게 유지하려면 완전히 순수하게 유지해야 합니다. 이 장이 원수의 이 강력한 거짓말에 묶인 사람들의 눈을 뜨게 하고 진리를 알고 전파하고자 하는 사람들에게 참고 자료가 되기를 바랍니다.

우리는 성령으로 거듭난 그리스도인들이 귀신에게 소유될 수 없음을 계시하는 성경적 진리를 살펴보고 이 주제에 관해 가장 자주 잘못 적용되는 성경 구절들을 다룰 것입니다. 우리는 때때로 그리스도인들 속에 귀신들이 있는 것처럼 보이는 이유에 대한 설명을 살펴볼 것입니다. 요컨대, 우리는 성경적 진리를 찾을 것입니다.

그리고 이 진리를 다룬 후에 우리는 다음 장에서 고통의 견고한 진을 다룰 것입니다.

진리를 직면하라

우리는 진리를 직면했을 때 결정을 내려야 합니다. 그래서 진리를 듣는 것은 불편합니다. 특히 우리가 자주 큰 소리로 단호하게 오랜 기간 들은 것과 진리가 모순될 때 그렇습니다. 진리가 우리의 깊은 믿음과 모순될 때, 우리는 즉시 방어적이 됩니다. 그러니 나는 지금 당장 당신이 진리와 약속하기를 바랍니다. 사람들이 말하는 것보다 성경이 말하는 것을 믿겠다고 다짐하십시오. 사람들의 이야기보다 성경을, 전통보다 진리를 믿겠다고 다짐하십시오. 견고한 진에는 강조하는 거짓말이 있다는 것을 기억하십시오. 따라서 자신의 믿음을 방어하려고 시도할 때 사탄의 간교한 책략에 빠지지 않도록 주의하십시오. 하나님의 말씀을 사용하여 논쟁하는 것은 자유를 거슬러서 논쟁하는 것입니다. 당신이 받을 구출사역을 거슬러 논쟁하지 마십시오.

고통은 그 강렬한 본질 때문에 귀신에게 소유됨과 가장 자주 혼동되는 견고한 진이지만, 원수는 당신을 소유하기 위해서 당신을 고통스럽게 하지 않습니다. 거듭난 신자의 경우, 원수는 외부에서 그를 괴롭힐 수밖에 없습니다. 많은 신자는 강력한 기만인 견고한 진에서 구출을 추구해야 할 때 그들이 생각하는 귀신의 소유됨에서 구출하려고 너무 많은 시간을 소비합니다.

우리는 이 진리를 확립하기 위해 "그리스도인들은 귀신에게 소유될 수 있는가?"라는 큰 질문을 연구해야 합니다. 우리는 귀신에게 소유됨이 실재한다는 것을 압니다. 우리는 불신자들이 귀신에게 소유되었음을 압니다. 또한 우리는 그리스도인들이 귀신들의 공격을 받고, 영향을 받고, 기만당할 수 있음을 압니다. 그러나 그리스도인들이 귀신에게 소유될 수 있습니까? 귀신들이 문자 그대로 신자에게 거하거나 달라붙을 수 있습니까? 그리스도인들은 구출(deliverance)이 필요하지만, 귀신축출(exorcism)이 필요한 적이 있습니까?

이 질문에 대답하는 방법은 두 가지뿐입니다. 이 질문에 답하는 한 가지 방법은 당신의 경험이나 다른 사람의 경험을 살펴보는 것입니다. 주요 수단으로 경험적인 유일한 문제는 다음과 같습니다. 서로 다른 사람들은 서로 모순되는 서로 다른 경험을 가지고 있습니다. 그래서 어떤 사람들은 "내 경험상 귀신에게 소유된 적이 있는 모든 사람은 진정으로 거듭난 것이 아니라는 것을 발견했습니다."라고 말할 수 있습니다. 그리고 다른 사람들은 "오, 나는 그리스도인들에게서 귀신들이 드러나는 것을 보았습니다!"라고 말할 수 있습니다. 그들은 심지어 "나는 그리스도인으로서 귀신에게 소유된 상태에서 해방되었습니다."라고 말할 수도 있습니다. 경험이 중요하므로 경험을 완전히 무시해서는 안 됩니다. 나는 "당신의 경험을 말씀에 비추어 어떻게 해석합니까?"라고 묻고자 합니다. 몇몇 사람은 영적 속박이나 견고한 진으로부터의 강한 구출을 귀신의 소유에서 구출하는 것으로 착각할 수 있습니다.

따라서 우리는 혼동을 피하기 위해 그리스도인이 귀신에게 소유됨의 문제에 대하여 더 나은 대답을 찾게 됩니다. 우리는 먼저 하나님의 말씀을 살펴보아야 합니다. 성경은 우리의 이야기보다 더 큰 권위를 가지고 있습니다. 우리는 성경이 우리의 궁극적인 권위임을 기억해야 합니다. 오해하지 마십시오. 경험은 중요하고 매우 좋을 수 있습니다. 그러나 경험은 성경의 진리를 통해 해석되어야 합니다. 따라서 우리는 먼저 성경에 근거하여 이 질문에 답한 다음 성경이 명확하게 가르치는 것을 통해 우리의 경험을 설명하려고 노력해야 합니다.

이 질문에 대한 답변에 많은 설명이 있습니다. 그리스도인들이 귀신에게 소유될 수 있다면, 성령 충만한 삶 하나만으로는 우리를 자유롭게 지키기에 충분하지 않습니다. 만약 그리스도인들이 귀신에게 소유될 수 있다면 이제 우리는 자유를 누리기 위한 완전히 새로운 접근 방식이 필요합니다. 이것이 바로 기독교의 하위문화 전체가 이 개념에 따라 형성되었기 때문에, 당신이 이 개념에 의문을 제기하면 많은 사람이 화를 내는 이유입니다.

당신이 현재 어떤 측면에 서 있든 당신의 정체성은 영적 전쟁 교리에 대해 당신이 믿는 것이 아니라 그리스도 안에서 발견된다는 것을 알기를 격려합니다.

> 그러나 귀신들이 너희에게 항복하는 것으로 기뻐하지 말고 너희 이름이 하늘에 기록된 것으로 기뻐하라 하시니라(눅 10:20).

만약 당신이 그리스도인들도 귀신에게 소유될 수 있다고 믿는다면, 성경에서 진리를 들을 때 당신은 당신이 믿는 것을 옹호하고, 당신이 가진 어떤 경험에 근거하여 당신의 관점을 설명하고, 당신에게 진리를 말하는 사람에게 영적 전쟁에 대해 "더 깊이 들어가거나" "더 많이 배워야" 하는 사람이라는 꼬리표를 붙이는 반응을 보일 수 있습니다.

나는 내가 예전에 그랬기 때문에 사람들에게서 이런 반응이 나온다는 것을 압니다. 알다시피, 나도 그리스인들이 귀신에게 소유될 수 있다고 가르쳤습니다. 나는 그것을 여러 다른 비성경적인 영적 전쟁 교리와 함께 가르쳤습니다. 누군가가 나를 시정하려 할 때마다 나는 오만하게 "그건 그들이 종교적이기 때문입니다. 그들은 능력이 부족합니다. 나는 경험이 있지만, 그들은 경험이 없습니다. 그들은 나만큼 많은 귀신을 쫓아내지 못했습니다."라고 논쟁했습니다. 또는 "바리새인들도 예수님을 공격했습니다! 당신은 사람들을 속박하고 있습니다. 영적 전쟁은 당신의 전문 분야가 아닙니다. 어쩌면 당신은 귀신축출이 필요할지도 모릅니다!"라고 주장했습니다.

이런 말들은 진리를 찾는 데 도움을 주려는 사람들에게 내가 사용한 공격이었습니다. 나는 진리 자체에 반하는 것이 아무것도 없다는 것을 알았기 때문에 진리를 말하는 사람을 공격해야 했습니다. 나는 사람들에게 "영적 전쟁은 당신의 전문 분야가 아닙니다. 구출사역을 전문으로 하는 사람들에게 맡기십시오."라고 말했습니다. 그러나 이러한 대답이 부족하였다는 것에 대해 생각하십시오. 이런 대답에는 편견이 드러납니다. 즉, 나는 "당신은 나와 동의하는 경우에만 전문가입니다." 또는 "당신은 내가 이미 들은 것을 말하지 않으면 옳을 수 없습니다."라고 말한 것이었습니다.

우리에게 정보가 주어졌다고 해서 그 정보가 사실인 것은 아닙니다. 어떤 생각을 뒷받침하는 것처럼 보이는 성경구절을 받았다고 해서 그 성경구절이 적절하게 사용되었다는 의미는 아닙니다. 우리에게 동의하지 않는 모든 사람이 즉시 "무지한" 사람으로 평가 절하된다면, 우리가 잘못된 경우 정확히 어떻게 시정을 받을 수 있겠습니까?

내가 구체적으로 영적 전쟁에 관해 성경을 공부하고 성령님의 실제적인 인도를 따르기 시작했을 때 나에게 변화가 일어났습니다. 나는 책망을 받고 수정되었습니다. 나는 불필요하고 부정확한 교리에 매달리려고 애쓰는 대신, 하나님 말씀의 진리에 머리를 숙였습니다. 나는 종교와 사람의 전통을 따른 것을 회개했습니다.

귀신이 붙은 것은 항상 귀신에게 소유된 것을 의미한다

먼저 "귀신에게 소유됨"의 의미를 정의해야 합니다. 귀신에게 소유됨은 귀신이 몸에 달라붙은 것입니다. 귀신에게 소유됨의 경우 귀신은 숙주에게 달라붙어 그 사람을 괴롭힙니다. 심지어 개인의 신체적 능력 중 일부를 제어할 수도 있습니다. 귀신에게 소유되었다는 것은 그 사람이 숙주라는 것이며, 귀신은 그를 소유하고 그의 속에 거주한다는 것입니다. 성경에는 이 상태를 설명하는 단어가 있습니다. 바로 귀신 들림입니다. 다음의 구절에서 사용됩니다.

> 저녁이 되자, 사람들이 '귀신에게 소유된 사람'을 많이 데리고 예수께 오니 예수께서 말씀으로 귀신들을 쫓아내시고 병든 자들을 다 고치셨다(마 8:16 KJV, 역자의 번역).

마태복음 8장에 나오는 이 구절에서 "귀신에게 소유된 사람"을 뜻하는 헬라어는 다이모니조마이(daimonizomai)입니다. 다이모니조마이는 거듭난 신자의 상태를 설명하는 데 사용되지 않으며, 문자 그대로 "귀신에게 소유됨"을 의미합니다. 당신은 Strong's Interlinear New Testament의 "정의"에서 이것을 찾아볼 수 있습니다. A Greek-English Lexicon of the New Testament and Other

Early Christian Literature에서 귀신에게 소유됨에 대한 정의는 "적대하는 영에 사로잡힘"입니다. 이것이 바로 성경의 거의 모든 번역판에서 귀신에게 소유됨에 대해 "귀신에게 사로잡힘"이라는 문구를 사용하는 이유입니다. 이는 이것이 의미하는 것이기 때문입니다. 간단히 말해서, 귀신에 사로잡힘은 항상 귀신에게 완전히 소유됨에 대한 언급입니다.

때때로 귀신에게 사로잡힘이라는 단어는 "귀신의 힘 아래에 있음"으로 번역됩니다. 그러나 "귀신의 힘 아래에 있음"이라는 표현은 단순히 "귀신에게 소유됨"이라는 말의 또 다른 표현일 뿐입니다. 이것들은 동의어입니다. 결론적으로, 신약성경에는 "귀신에게 소유됨"에 대한 단어가 단 하나밖에 없습니다.

나는 이 단어의 의미에 대한 논쟁을 일으키기 위해 자주 사용되는 영리한 언어유희(word play)를 들었습니다. 당신은 종종 사람들이 "글쎄요, 귀신에게 소유됨이라는 단어는 헬라어 원어에도 사용되지 않습니다. 이것은 실제로 귀신 들림인 것입니다. 그리고 귀신 들림은 항상 '귀신에게 소유됨'을 의미하지는 않습니다."라고 말하는 것을 들을 것입니다.

그 추론은 사실이 아닌 것이 문제입니다. "귀신 들림"이라는 단어는 우리가 사용하는 "귀신에게 소유됨"에 대한 헬라어와 똑같습니다. 그리고 적어도 성경에는 귀신 들림의 범위가 없습니다. 귀신 들림은 귀신에게 소유되는 것입니다. 다시 말하지만, 귀신 들림이라는 단어는 항상 완전히 귀신에게 소유됨을 의미합니다. 그것은 결코 다른 것을 의미하지 않습니다.

더욱이 어떤 사람들은 "귀신을 소유함", "영적 배우자를 소유함"(뉴에이지의 가르침), "귀신에 압박당함" 또는 "귀신이 붙음"과 같이 귀신에게 소유됨에 대한 새로운 표현을 만들어 혼란을 일으킵니다. 이 혼란은 하나님의 말씀을 고수함으로써 해결됩니다. 누군가가 귀신이 어떤 사람 안에 있거나 붙어 있다는 의미로 어떤 문구를 사용한다면, 그들은 귀신에게 소유됨을 묘사하고 있는 것입니다. 그리고 귀신에게 소유됨은 항상 귀신에게 소유됨일 뿐입니다.

당신은 "그리스도인은 원하는 것은 무엇이든 가질 수 있다."라는 말을 들어 보았을 것입니다. 이런 생각이 정확히 그리스도인에게 귀신의 소유됨에 대한 강력한 예를 만들지는 못하지만, 이 말에는 약간의 진실이 있습니다. 그리스도인은 하나님의 선물을 원하는 대로 무엇이든 가질 수 있습니다. 그런데 귀신이 하나님에게 속한 것을 가질 수 있습니까?

소유권 문제

따라서 귀신에게 소유됨이라는 말이 문자 그대로 귀신에게 소유되는 것이라면, "누가 신자를 소유합니까?"라는 질문이 제기됩니다. 성경이 무엇이라고 말씀하는지 살펴봅시다.

> 이 성령은, '하나님의 소유인 우리'가 완전히 구원받을 때까지 우리의 상속의 담보이시며, 우리로 하여금 하나님의 영광을 찬미하게 하십니다.(엡 1:14 새번역).

> 그러나 너희는 택하신 족속이요 왕 같은 제사장들이요 거룩한 나라 '그의 소유가 된 백성'이니 이는 너희를 어두운 데서 불러내어 그의 기이한 빛에 들어가게 하신 이의 아름다운 덕을 선포하게 하려 하심이라(벧전 2:9).

> 너희는 '그리스도의 것'이요 그리스도는 하나님의 것이니라(고전 3:23).

성령으로 거듭난 신자가 하나님의 소유인 것은 아주 명백합니다. 그것은 성경을 진지하게 믿는 신자들 사이에서도 논쟁거리가 되지 않습니다. 그런 다음 당신은 "신자가 동시에 하나님과 귀신에게 소유될 수 있는가?"라고 자문해야 합니다. 즉, 신자에게 성령님과 귀신이 함께 거할 수 있습니까? 성경은 이렇게 말씀합니다.

> 자녀들아 너희는 '하나님께 속하였고' 또 그들을 이기었나니 이는 너희 안에 계신 이가 세상에 있는 자보다 크심이라(요일 4:4).

성경이 당신 안에 있는 하나님과 세상에 있는 영을 구별하고 있음을 주목하십시오. 이 말씀은 하나가 당신 안에 있다고 분명히 가르치고, 다른 하나는 그렇지 않다고 분명히 말씀합니다. 그러므로 그리스도인은 귀신에게 소유될 수 없다는 것이 명백합니다. 누군가가 "성경은 그리스도인들이 귀신에게 소유될 수 없다고 명시적으로 말하지 않는다."라고 말한다면, 위의 구절이 노골적으로 달리 진술하고 있음을 알게 됩니다.

만약 누군가가 실제로 귀신에게 소유되었다면, 그는 구원받을 때 귀신이 드러납니다. 그러나 그가 거듭난 후에는 귀신이 그를 소유하는 것은 불가능합니다. 다른 형태의 공격은 여전히 신자들에게 영향을 미칠 수 있지만, 적어도 성경의 가르침에 따르면 신자는 귀신에게 소유될 수 없다는 것은 의문의 여지가 없습니다. 귀신 들림은 귀신에게 소유됨입니다. 귀신에게 소유됨은 귀신에게 소유권이 있다는 것입니다. 그리고 신자는 귀신이 소유하는 존재가 아니라 하나님이 소유하시는 존재입니다.

이제 이 시점에서 누군가는 이렇게 말할 수 있습니다.

"그리스도인들은 귀신에게 소유될 수 없지만, 압제될 수는 있습니다."

"압제되다"라는 말이 단순히 그리스도인이 공격받거나 기만당할 수 있다는 뜻이라면, 이것은 올바른 생각입니다. 이것은 우리가 이미 성경에서 본 것입니다. 그러나 "압제되다"가 "귀신에게 소유됨"을 의미한다면, 그것은 틀린 말입니다.

몸은 어떤가?

신자의 몸은 성령님의 거처이기 때문에 귀신이 거할 수 없습니다.

너희 몸은 너희가 하나님께로부터 받은바 너희 가운데 계신 성령의 전인 줄을 알지 못하느냐? 너희는 너희 자신의 것이 아니라 값으로 산 것이 되었으니 그런즉 너희 몸으로 하나님께 영광을 돌리라(고전 6:19-20).

혼은 어떤가?

귀신이 믿는 자의 영과 몸에 거할 수 없음이 분명해지면 귀신이 숨을 곳이 없어진 것 같습니다. 이 시점에서 어떤 사람들은 "그러나 사람은 몸과 혼과 영이 있습니다. 성령님이 거하시는 몸에는 귀신들이 거할 수 없습니다. 귀신들이 사람의 영에는 거하지 못하지만, 신자가 그들에게 법적 권리를 주면 혼에 거할 수 있습니다."라고 불쑥 끼어들 것입니다.

신자가 죄와 타협 속에 산다면 심각한 결과가 뒤따른다는 것은 의심의 여지가 없습니다. 나는 이미 5장에서 열린 문이 신자에게 어떤 영향을 미칠 수 있는지 다루었습니다.

그러나 "혼 소유"라는 개념이 신약에서 결코 가르치지 않았다는 사실을 차치하고 그러한 현실이 의미하는 바가 무엇인지 생각해 보십시오. 혼은 의지가 거하는 곳입니다. 귀신이 의지를 지배하도록 허용하는 것은 고사하고 하나님도 의지를 지배하시지 않을 것입니다. 귀신들이 인간의 자유의지를 지배할 수 있습니까? 마가복음 5장에 나오는 귀신 들린 사람을 봅시다.

> 배에서 나오시매 곧 더러운 귀신 들린 사람이 무덤 사이에서 나와 예수를 만나니라(막 5:2).

어떤 귀신이 자유를 향해 포로가 되려고 하겠습니까? 우리는 이것이 귀신이 의지를 행사한 것이라고 정말로 생각합니까? 그 사람은 자신의 의지로 예수님께 이끌려 주님께 나아갔습니다. 분명히 그 남자의 의지는 손상되지 않았기 때문에 귀신에게 소유된 것은 그의 혼이 아니었습니다.

귀신들은 본질적으로 기생충들입니다. 그들은 숙주들을 찾습니다. 그들은 신체를 가진 존재의 밖에 머무는 것이 다소 불편합니다. 그래서 그들은 예수님께 돼지 떼에 들어갈 수 있게 해 달라고 간청했습니다.

> 이에 간구하여 이르되 우리를 돼지에게로 보내어 들어가게 하소서 하니(막 5:12).

귀신들은 물리적 숙주의 몸에서 추방될 때 지칩니다.

> 더러운 귀신이 사람에게서 나갔을 때에 물 없는 곳으로 다니며 쉬기를 구하되 쉴 곳을 얻지 못하고(마 12:43).

따라서 귀신들이 혼속에 숨을 수 있다는 개념은 성경적이지 않습니다. 귀신들은 의지가 아니라 몸을 소유합니다. 또한 성경에 나오는 귀신에게 소유됨의 모든 경우가 심각하고 분명한 징후와 증상을 동반한다는 사실을 고려하십시오. 성경은 우리에게 숨겨진 귀신들이나 무증상적으로 귀신에게 소유된 사람들에 대한 예를 제시하지 않습니다. 나는 어떤 사람들이 이 점과 모순되는 것처럼 보이는 경험을 할 수도 있다는 것을 알고 있지만, 이 장의 뒷부분에서 이에 대해 다룰 것입니다.

잘못 적용된 성경 구절에 대한 대처

우리는 지금까지 다음의 내용을 다루었습니다.

- 귀신 들림이라는 단어와 이 단어의 모든 보조 문구는 항상 귀신에게 완전히 소유됨을 나타냅니다.

- 귀신 들림이라는 단어는 거듭난 신자를 묘사하는 데 사용되지 않습니다.
- 그리스도인은 공격받고 기만당할 수 있습니다. 그러나 이것을 귀신에게 소유됨과 혼동해서는 안 됩니다.
- 신자는 하나님의 소유이기 때문에 귀신의 소유가 될 수 없습니다.
- 신자의 영에는 귀신들이 거할 수 없습니다.
- 신자의 몸에는 귀신들이 거할 수 없습니다.
- 귀신들은 그리스도인의 혼과 육에 침투할 수는 있습니다.

우리가 성경의 진리를 붙잡을 때, 그 진리에 의해 만들어진 경계들은 우리를 피할 수 없는 결론에 이르게 합니다. 마가복음 16장은 신자들에게서 귀신들이 쫓겨나야 하는 것이 아니라 그들이 귀신들을 쫓아내는 사람들임을 보여줍니다.

만일 누군가가 그리스도인이 귀신에게 소유될 수 있다고 당신으로 믿게 하고자 한다면, 그것을 증명해야 할 책임은 그 사람에게 있습니다. 그 사람은 이것이 실제임을 성경으로 증명해야 할 것입니다. 지금까지 우리는 성경이 그리스도인은 하나님의 소유라고 분명히 가르치는 것을 보았습니다. 그러므로 그리스도인이 귀신에게 소유되거나 사로잡힐 수 있다고 믿을 만한 타당한 이유가 없습니다. 다음은 이 비성경적인 개념을 증명하려는 몇 가지 일반적인 시도입니다.

유다는 어떤가?

사탄이 가룟 유다를 소유했다는 것은 의심의 여지가 없습니다. 이것이 무서운 현실입니다.

> 조각을 받은 후 곧 '사탄이 그 속에 들어간지라. 이에 예수께서 유다에게 이르

시되 네가 하는 일을 속히 하라 하시니(요 13:27).

당신이 유다에 대해 성경이 계시하는 것을 보면, 유다는 참된 신자가 아니라 오히려 양 떼 가운데의 이리였음이 분명해집니다. 유다가 그리스도의 제자였다고 해서 그것이 그가 마음에 온전히 헌신했다는 의미는 아닙니다. 마태복음 7장의 내용을 생각해 보십시오.

나더러 주여 주여 하는 자마다 다 천국에 들어갈 것이 아니요 다만 하늘에 계신 내 아버지의 뜻대로 행하는 자라야 들어가리라. 그 날에 많은 사람이 나더러 이르되 주여 주여 우리가 주의 이름으로 선지자 노릇 하며 주의 이름으로 귀신을 쫓아내며 주의 이름으로 많은 권능을 행하지 아니하였나이까 하리니, 그 때에 내가 그들에게 밝히 말하되 내가 너희를 도무지 알지 못하니 불법을 행하는 자들아 내게서 떠나가라 하리라(마 7:21-23).

실제로 예수님의 가르침을 받아들이기가 너무 어려워지자 몇몇 제자가 예수님을 떠났습니다.

그러나 너희 중에 믿지 아니하는 자들이 있느니라 하시니 이는 예수께서 믿지 아니하는 자들이 누구며 자기를 팔자가 누구인지 처음부터 아심이러라. 또 이르시되 그러므로 전에 너희에게 말하기를 내 아버지께서 오게 하여 주지 아니하시면 누구든지 내게 올 수 없다 하였노라 하시니라. 그 때부터 그의 제자 중에서 많은 사람이 떠나가고 다시 그와 함께 다니지 아니하더라(요 6:64-66).

당신이 유다가 사탄에게 소유되었을 때 타락했다고 믿든, 그가 처음부터 거듭나지 않았다고 믿든, 문제의 사실은 유다가 사탄에게 소유되었을 때 분명히 거듭난 신자가 아니었다는 것입니다.

> 그들이 우리에게서 나갔으나 우리에게 속하지 아니하였나니 만일 우리에게 속하였더라면 우리와 함께 거하였으려니와 그들이 나간 것은 다 우리에게 속하지 아니함을 나타내려 함이니라(요일 2:19).

또한, 예수님은 유다를 하나님의 아들로 부르지 않고 멸망의 자식으로 부르셨습니다.

> 내가 그들과 함께 있을 때에 내게 주신 아버지의 이름으로 그들을 보전하고 지키었나이다. 그 중의 하나도 멸망하지 않고 다만 멸망의 자식뿐이오니 이는 성경을 응하게 함이니이다(요 17:12).

유다는 회개하지 않는 도둑이었고 탐욕 때문에 예수님을 따랐습니다. 이 욕심이 결국 유다가 예수님을 배반하게 했습니다.

> 이렇게 말함은 가난한 자들을 생각함이 아니요 그는 도둑이라. 돈궤를 맡고 거기 넣는 것을 훔쳐 감이러라(요 12:6).

예수님은 처음부터 유다가 진정한 제자가 아니라는 것을 아셨습니다.

> 예수께서 대답하시되 내가 너희 열둘을 택하지 아니하였느냐? 그러나 너희 중의 한 사람은 마귀니라 하시니(요 6:70).

실제로 예수님은 유다가 참으로 깨끗하지도 않고 진정으로 거듭나지도 않았다고 매우 명백하게 선언하셨습니다. 예수님은 모든 제자가 어느 정도 깨끗해질 필요가 있다고 하셨지만, 유다는 완전히 불결하다고 분명히 말씀하셨습니다.

> 예수께서 이르시되 이미 목욕한 자는 발밖에 씻을 필요가 없느니라. 온 몸이 깨끗하니라. 너희가 깨끗하나 다는 아니니라 하시니 이는 자기를 팔자가 누구인지 아심이라. 그러므로 다는 깨끗하지 아니하다 하시니라(요 13:10-11).

그러므로 유다는 귀신에게 소유된 그리스도인의 예가 아닙니다.

예수님이 베드로를 사탄이라고 부르지 않았는가?

예수님은 제자들에게 자신이 십자가에 못 박히실 것이라고 계시하셨습니다.

> 이 때로부터 예수 그리스도께서 자기가 예루살렘에 올라가 장로들과 대제사장들과 서기관들에게 많은 고난을 받고 죽임을 당하고 제삼 일에 살아나야 할 것을 제자들에게 비로소 나타내시니(마 16:21).

지금까지 많은 사람은 예수님이 땅에서의 승리의 새 시대를 열 것이라고 믿었습니다. 예수님이 실제로 일어날 일에 대해 분명히 말씀하셨을 때 베드로는 저항했습니다.

> 베드로가 예수를 붙들고 항변하여 이르되 주여 그리 마옵소서. 이 일이 결코 주께 미치지 아니하리이다(마 16:22).

베드로는 하나님의 뜻에 반하는 말을 하고 있었습니다. 이것이 예수님께서 그에게 그토록 가혹하게 대하신 이유입니다.

> 예수께서 돌이키시며 베드로에게 이르시되 사탄아 내 뒤로 물러가라. 너는 나를 넘어지게 하는 자로다. 네가 하나님의 일을 생각하지 아니하고 도리어 사람의 일을 생각하는도다 하시고 (마 16:23).

베드로가 사탄에 소유되었기 때문에 예수님이 베드로를 사탄이라고 부르신 것입니까? 사실 예수님은 베드로를 사탄이라고 부르신 이유를 "네가 하나님의 일을 생각하지 아니하고 도리어 사람의 일을 생각하는도다."라고 분명히 설명하셨습니다. 예수님은 베드로의 관점을 바로잡고 계셨습니다. 베드로는 무의식적으로 원수의 뜻을 대신하여 말했기 때문에 예수님은 베드로를 대적자(사탄)로 언급하셨습니다. 이 구절은 유다의 경우와는 달리 사탄의 소유됨에 관해 아무 말도 하지 않습니다.

게다가 이것은 결정적인 증거입니다. 우리는 나중에 베드로가 사탄을 쫓아내는 기도를 받아야 했다는 것을 결코 읽지 못합니다. 성경의 이 부분은 단순히 베드로가 그의 인간적 관점에 영향을 받아 궁극적으로 원수를 대신하여 말하게 된 것으로 널리 알려져 있습니다. 이것은 사탄의 영향을 받은 것이지만, 확실히 사탄의 소유가 된 것은 아닙니다. 특히 우리는 성경이 거듭난 신자가 귀신에게 소유됐다는 생각과 모순되는 진리를 가르치고 있음을 알기 때문에 베드로가 귀신에게 소유됐다는 주장을 일축할 수 있습니다.

아나니아와 삽비라는 어떻습니까? 베드로의 경우와 마찬가지로 아나니아와 삽비라의 이야기는 종종 그리스도인들이 귀신에게 소유된 것으로 추정되는 예로 사용됩니다. 아나니아와 삽비라는 재산의 일부를 팔아 일부를 가지고 있었지만, 의도적으로 사도들의 일을 위해 전액을 헌금하는 것처럼 보이게 했습니다. 그들의 죄는 그들 자신을 위해 돈의 일부를 간직하고서 전액을 드렸다고 거짓말을 한 것입니다.

> 아나니아라 하는 사람이 그의 아내 삽비라와 더불어 소유를 팔아 그 값에서 얼마를 감추매 그 아내도 알더라. 얼마만 가져다가 사도들의 발 앞에 두니 베드로가 이르되 아나니아야 어찌하여 사탄이 네 마음에 가득하여 네가 성령을

속이고 땅 값 얼마를 감추었느냐? 땅이 그대로 있을 때에는 네 땅이 아니며 판 후에도 네 마음대로 할 수가 없더냐? 어찌하여 이 일을 네 마음에 두었느냐? 사람에게 거짓말한 것이 아니요 하나님께로다(행 5:1-4).

우리는 아나니아와 삽비라가 실제로 거듭난 신자였는지 확신할 수 없습니다. 우리는 사도행전 4장에서 많은 사람이 구원받았고 성령님으로 충만했음을 압니다. 그러나 아나니아와 삽비라가 거듭나지 않은 교인으로서 구원받은 신자들 가운데 있었는지도 모릅니다. 사도행전 4장에는 참된 성도들의 연합과 모든 것을 공유하는 것에 관한 기록이 있습니다. 사도행전 5장의 첫 구절에 주목하십시오.

"그런데 아나니아라는 사람이…"(행 5:1 공동번역).

이 표현은 아나니아와 이전 장에서 언급한 신자들 사이에 대조를 이루는 것 같습니다. 사도행전 4장은 모든 것을 사심 없이 나누는 참 신자들을 묘사합니다. 사도행전 5장은 교회의 헌신에 대해 거짓말한 남자와 여자를 묘사합니다. 이 문구와 대조가 그려지는 것은 아나니아와 삽비라가 진정으로 참된 신자가 아님을 나타내는 것 같습니다.

아나니아와 삽비라는 헌금으로 다른 사람들에게 깊은 인상을 주려고 노력하는 거듭나지 않은 교인들이었을 수도 있습니다. 우리는 단지 모를 뿐입니다. 나는 심지어 아나니아와 삽비라가 재산을 팔고 교회에 돈을 바친 것이 어떻든 그들이 구원받은 증거를 암시하는 것이라는 말을 들은 적이 있습니다. 나는 이에 동의하지 않습니다. 진실한 신자는 헌금하지만, 헌금하는 모든 사람이 진실한 신자는 아닙니다. 나는 경건한 헌신을 돈으로 살 수 있다는 생각을 거부합니다. 나는 당신이 돈을 바쳐서 구원을 살 수 있다는 생각을 거부합니다.

사실, 나는 세상 사람들이 경건한 목적을 위해 돈을 내는 것을 보았습니다.

그런데도 그들이 귀신에게 소유되었었는지의 질문에 답하기 위해 지금은 그들이 거듭난 신자라고 가정해보도록 하겠습니다.

그들의 거짓말의 결과로 그들은 현장에서 죽었습니다.

> 아나니아가 이 말을 듣고 엎드러져 혼이 떠나니 이 일을 듣는 사람이 다 크게 두려워하더라. 젊은 사람들이 일어나 시신을 싸서 메고 나가 장사하니라. 세 시간쯤 지나 그의 아내가 그 일어난 일을 알지 못하고 들어오니 베드로가 이르되 그 땅 판 값이 이것뿐이냐? 내게 말하라 하니 이르되 예 이것뿐이라 하더라. 베드로가 이르되 너희가 어찌 함께 꾀하여 주의 영을 시험하려 하느냐? 보라 네 남편을 장사하고 오는 사람들의 발이 문 앞에 이르렀으니 또 너를 메어 내가리라 하니(행 5:5-9).

사도행전 5:3절에 나오는 사탄이 네 마음에 "가득하여"라는 단어는 pléroó 인데, 이는 "가득 차게 하다" 또는 "완성하다"를 의미합니다. 이것은 "악한 영에 소유되었다"라는 말이 아닙니다. 이것이 귀신에게 소유된 경우라면 "귀신에 사로잡혔다"라는 단어가 사용되었을 것입니다. 또한 사탄이 문자 그대로 그들에게 들어갔다면, 성경은 유다의 경우에서 그랬던 것처럼 귀신이나 사탄의 침입에 대한 노골적인 묘사를 사용했을 것입니다. 여기서 말하는 것은, 사탄은 아나니아와 삽비라가 거짓말을 통해 자기의 영향력을 충만하게 하는 것입니다.

사탄은 아나니아와 삽비라의 마음을 가득 채웠지만, 이것이 반드시 문자 그대로 그들의 마음을 사탄 자신으로 채웠다는 의미는 아닙니다. 그러면 사탄은 그들의 마음을 무엇으로 채웠습니까? 성경은 그가 "거짓말하는" 속임으로 그들의 마음을 채웠다고 말합니다. 그들은 그들의 마음이 반드시 사탄이 아니라 거짓으로 가득 차도록 미혹했습니다. 따라서 사탄의 일은 성령님을 속이는 그들의 반역적인 행위를 통해 "충만하게" 또는 "완성"되었습니다.

플레루(pléroó)라는 단어는 다른 성구에서도 사용되며 이것은 요점을 확고히 합니다. 그것은 에베소서에서 초기의 충만함과 반대되는 신자의 삶에 대한 성령님의 지속적인 영향력을 묘사하기 위해 사용된 것과 같은 단어입니다.

> 술 취하지 말라. 이는 방탕한 것이니 오직 성령으로 충만함을 받으라. 시와 찬송과 신령한 노래들로 서로 화답하며 너희의 마음으로 주께 노래하며 찬송하며(엡 5:18-19).

에베소서 5장은 구원받을 때 이미 성령님으로 충만하게 된 신자를 말합니다(롬 8장, 엡 1장 참조). 따라서 이것은 초기의 채우심이 아니라 지속적인 영향을 말합니다. 이처럼 우리는 같은 방식으로 같은 단어 '플레루'를 사용하여 아나니아와 삽비라의 이야기가 사탄의 영향력에 대해 말하지만 사탄이 그들을 소유했거나 그들 속에 거주했다는 암시를 포함하지 않는다는 것을 알 수 있습니다.

또 아나니아와 삽비라가 사탄에 소유되었다면 왜 베드로는 그들에게서 사탄을 쫓아내지 않았을까요? 왜 그들에게 회개할 기회가 주어지지 않았을까요? 왜 성경은 사탄의 소유나 소유권을 묘사하는 단어를 사용하지 않았을까요? 그리고 가장 중요한 것은 왜 그들에게서 사탄을 쫓아내지 않고 그들이 죽었을까요? 성령을 속였기 때문일 것이다. "누구든지 성령을 모독하는 자는 사하심을 받지 못하리라(눅 12:10)."

아나니아와 삽비라가 거듭난 신자라는 것이 확인되지 않은 사실과 더불어, 성경 원어가 귀신에게 소유됨을 설명하지 않고, "마음에 가득하여"라는 점에서 영향력을 설명하고 있다는 사실을 고려할 때, 우리는 아나니아와 삽비라가 거듭난 그리스도인들이 귀신에게 소유된 예가 아니라는 결론을 내릴 수 있습니다.

예수님은 우리에게 구출을 위해 기도하라고 말씀하지 않았는가?

구출된다는 것은 자유롭게 된다는 것을 의미합니다. 우리는 온갖 속임수와 속박과 공격에서 자유로워질 수 있습니다. 그러나 귀신축출은 좀 더 구체적인 종류의 구출입니다. 이것은 특별히 귀신에게 소유됨에서 해방되는 것입니다. 이는 미묘하지만 매우 중요한 구분이 많은 혼란을 일으킵니다. 구출이라는 단어가 사용될 때마다 "귀신축출"을 의미하는 것은 아닙니다. 구출하는 일은 단순한 귀신축출보다 훨씬 더 많은 것을 포함합니다.

물론 예수님은 우리에게 구출을 위해 기도하라고 말씀하셨습니다. 그러나 이 구출은 귀신에게 소유됨으로부터의 구출이 아닙니다. 다음의 구절을 보십시오.

> 우리를 시험에 들게 하지 마시옵고 다만 악에서 '구하시옵소서.' (나라와 권세와 영광이 아버지께 영원히 있사옵나이다. 아멘(마 6:13).

여기에서 예수님은 우리를 시험하는 악한 자에게서 구출되는 것에 대해 말씀하고 계십니다. 이것은 귀신에게 소유됨에서가 아니라 시험으로부터의 구출입니다. 그리스도인들은 종종 귀신에게 속고 공격받을 수 있기에 구출이 필요합니다. 그러나 그리스도인들은 귀신들이 거하거나 귀신들에게 소유될 수 없기에 귀신축출은 결코 필요하지 않습니다. 그리스도인들에게는 결코 귀신축출이 아니라 구출이 필요한 경우가 많습니다.

사도행전 8장의 사마리아 사람들은 어떤가?

어떤 이들은 사도행전 8장에 나오는 사마리아인들을 그리스도인들의 귀신축출에 대한 예로 듭니다. 이것이 정말 사실일까요?

> 그때에 빌립이 사마리아 시로 내려가 그들에게 그리스도를 선포하매 빌립이

행한 기적들을 사람들이 듣고 보며 그가 말한 그것들에 한마음으로 '주의를 기울였으니' 이는 많은 자들을 사로잡은 부정한 영들이 크게 소리를 지르며 그들에게서 나갔고 마비 병에 걸린 많은 자들과 걷지 못하는 자들이 고침을 받았기 때문이더라(행 8:5-7 킹제임스 흠정역 마제스티 에디션).

그 설명은 다음과 같습니다. "사마리아인들은 빌립의 말에 주의를 기울였으니 거듭난 것이 분명합니다. 그리고 그들이 거듭난 후에 악한 영들이 그들에게서 쫓겨났습니다. 이것이 그리스도인들에게서 귀신들이 쫓겨난 예입니다."

그러나 성경은 사마리아인들이 모두 거듭났다고 말하지 않고 단지 그들이 말하는 것에 "주의를 기울였다"라고 말할 뿐입니다. 누군가가 당신이 말하는 것을 열심히 듣는다고 해서 그들 전부가 빌립의 말을 믿거나 받아들인 것이라는 의미는 아닙니다.

> 어찌 내 말한 것이 떡에 관함이 아닌 줄을 깨닫지 못하느냐? 오직 바리새인과 사두개인들의 누룩을 '주의하라' 하시니 그제서야 제자들이 떡의 누룩이 아니요 바리새인과 사두개인들의 교훈을 삼가라고 말씀하신 줄을 깨달으니라(마 16:11-12).

이 성구에서 헬라어 "주의하라"는 단어는 사도행전 8장에 사용된 "한마음으로 듣다"라는 구절과 정확히 같은 단어입니다. 예수님은 우리에게 바리새인들과 사두개인들의 거짓 가르침을 받아들이고 따르라고 말씀하신 것입니까? 아닙니다. 그분은 우리에게 조심하라고, 주의하라고 말씀하고 계십니다. 이것은 "열심히 듣는 것"이 수용과 믿음과 동일하지 않다는 것을 증명합니다.

회당에서 귀신들이 쫓겨났던 사람들은 어떤가?

이에 온 갈릴리에 다니시며 저희 여러 회당에서 전도하시고 또 귀신들을 내어 쫓으시더라(막 1:39).

이 질문에 대한 답은 간단합니다. 사람들이 회당에 있었다고 해서 거듭난 것이 아닙니다. 슬프게도 교회 건물에 발을 들여놓거나 정기적으로 교회에 출석하는 모든 사람이 진정으로 거듭난 것은 아닙니다. 그러므로 회당에 있던 귀신에게 소유된 사람들에게서 귀신이 쫓겨나간 것입니다.

믿음의 기도는 병든 자를 구원하리니 주께서 그를 일으키시리라 혹시 죄를 범하였을지라도 사하심을 받으리라(약 5:15).

실제로 동료 신자들에게 치유 사역을 할 목적으로 주어진 치유의 은사도 있습니다.

각 사람에게 성령을 나타내심은 유익하게 하려 하심이라... 다른 사람에게는 같은 성령으로 믿음을, 어떤 사람에게는 한 성령으로 병 고치는 은사를(고전 12:7,9).

대조적으로, 우리는 동료 신자에게 사용되는 "귀신축출"의 은사를 보지 못합니다. 왜냐고요? 귀신축출은 비신자를 위한 것이기 때문입니다. 어떤 사람들은 귀신축출이 "기적의 은사"에 포함될 것이라고 제안할 수 있습니다. 그러나 분명히 우리는 성경이 치유와 기적을 구분하는 것처럼 귀신축출과 기적을 구분하고 있음을 봅니다. 기적과 귀신축출은 여기에 별도로 명확하게 나열되어 있습니다.

그 날에 많은 사람이 나더러 이르되 주여 주여 우리가 주의 이름으로 선지자 노릇 하며 주의 이름으로 귀신을 쫓아내며 주의 이름으로 많은 권능을 행하지 아니하였나이까 하리니(마 7:22).

사실, 우리는 성경에서 동료 신자들에게서 귀신을 쫓아내라는 지시를 보지도 못하며, 그리스도인들이 귀신에게 소유될 수 있다는 경고를 신약성경에서 찾아보지 못합니다. 왜냐하면 성경은 그리스도인들이 귀신에게 소유될 수 없다는 사실을 분명히 확인하기 때문입니다.

명백해 보일지 모르지만, 질병은 귀신과 전혀 같은 것이 아니라는 점도 유의해야 합니다. 귀신들은 질병을 사용할 수 있다는 것은 확실합니다. 그러나 귀신들은 감각이 있는 영적 존재입니다. 질병은 신체적인 장애입니다. 따라서 그리스도인들은 귀신들이 소유할 수 없다고 말하는 것은 그리스도인들이 병에 걸릴 수 없다고 말하는 것과 다릅니다.

아브라함의 딸은 어떤가?

> 보라, 열여덟 해 동안 병약하게 하는 영에 붙잡혀 몸이 다 구부러지고 전혀 몸을 들 수 없는 한 여자가 있더라. 예수님께서 그녀를 보시고 그녀를 불러 그녀에게 이르시되, 여자여, 네가 네 병약함에서 풀려났느니라 하신 뒤 그녀에게 안수하시매 즉시 그녀가 몸을 곧게 펴고 하나님께 영광을 돌렸는데(눅 13:11-13 킹제임스 흠정역 마제스티 에디션).

이 본문에 대한 설명은 다음과 같을 것입니다. "아브라함의 딸은 귀신에게 소유되었습니다. 이것은 하나님의 자녀들이 귀신에게 소유될 수 있다는 것을 보여줍니다."

우리는 두 가지를 주목해야 합니다. 첫째로, 이때 예수님이 귀신축출을 하시지 않았다는 사실에서 알 수 있듯이, 이것이 귀신에게 완전히 소유된 것의 예인지는 알 수 없습니다. 예수님은 단순히 그 여인의 병약함에서 풀려났다고 선언하셨습니다. 그분은 귀신이 아니라 질병을 다루셨습니다. 하지만 우리가 아는 것은 이 귀신이 치명적인 병을 이용하고 있었다는 것입니다. 그 병은 귀신이 선택한 무기였습니다.

둘째로, 여자가 아브라함의 딸이라는 것은 단순히 그녀가 유대인 혈통이라는 것을 의미했습니다. 이 사건은 그리스도가 십자가에 못 박히시기 전에 일어났으므로 그녀는 신약의 의미에서 성령 충만하고 거듭난 신자가 될 수 없었습니다. 신약의 신자들은 "아브라함의 자손"으로 언급됩니다.

> 그런즉 믿음으로 말미암은 자들은 아브라함의 자손인 줄 알지어다(갈 3:7 참조).

바울은 갈라디아 교인들에게 주술에 걸렸거나 사악한 주문에 걸다고 말하지 않았는가?

> 어리석도다. 갈라디아 사람들아 예수 그리스도께서 십자가에 못 박히신 것이 너희 눈앞에 밝히 보이거늘 누가 너희를 꾀더냐(갈 3:1)?

영어 킹제임스 성경의 번역으로 다시 읽어보십시오.

> 오 어리석은 갈라디아 사람들아, 누가 너희에게 '주술을 걸어' 진리를 순종하지 않게 하였느냐? 너희 눈앞에서 예수 그리스도께서 분명히 십자가에 못 박히신 것이 아니냐?(갈 3:1 KJV, 역자의 번역)

'주술을 걸다'라는 단어는 헬라어 바스카이노(baskainó)에서 유래한 것으로 "속이다"에서처럼 "비방하다" 또는 "매혹시키다"를 의미합니다.

여기서 바울은 단순히 갈라디아 교인들이 다른 복음, 즉 율법주의 복음을 믿었다는 사실을 언급하고 있습니다. 갈라디아 교인들은 할례가 구원을 위해 필요하다는 말을 들었습니다. 율법주의와 주술은 함께 일합니다. 따라서 바울은 갈라디아 교인들이 그들 안에 귀신들이 있다고 말한 것이 아닙니다. 그는 단순히 그들이 기만당한 것을 바로잡은 것입니다. 그가 그들에게 의식이나 귀신축출의 어떤 과정을 거치도록 지시하지 않았다는 점에 주목하십시오. 그는 귀신의 공격에 대해서도 언급하지 않았습니다. "주술에 걸린" 그들에게 바울이 제시한 해결책은 무엇입니까? 그는 단순히 그들에게 진리를 믿으라고, 거짓 가르침을 믿지 말라고 말합니다.

> 무릇 율법 행위에 속한 자들은 저주 아래에 있나니 기록된바 누구든지 율법책에 기록된 대로 모든 일을 항상 행하지 아니하는 자는 저주 아래에 있는 자라 하였음이라(갈 5:10).

따라서 바울이 언급한 이 "주문을 걸다"는 귀신에게 소유됨이 아니라 기만을 의미합니다. 그리고 그것은 우리가 이 책에서 살펴본 모든 것과 일치합니다.

소조는 어떤가?

헬라어 소조(sozo)는 "구원하다, 치유하다, 구출하다"를 의미합니다. 그리고 이것은 우리의 구원도 구출과 치유와 함께 온다는 것을 의미합니다.

사실 소조는 그것이 사용되는 맥락에 따라 구원받다, 치유되다, 구출되다를 의미할 수 있습니다. 그러나 "구출"이 항상 "귀신축출"을 의미하는 것은 아니라는 점을 기억하십시오. 하나님은 그들을 속박할 수 있는 모든 것으로부터 그리스도인들을 구출하십니다. 그리스도인은 귀신에게 소유될 수 없기에 신자는 결코 귀신에게 소유됨으로부터 해방되어야 할 대상이 아닙니다.

구출은 자녀의 빵이 아닌가?

내가 그리스도인들은 귀신에게 소유될 수 없다고 한 말이 반박당할 때, 내가 듣는 가장 일반적인 반응은 "구출은 자녀의 떡입니다."라는 문구입니다. 많은 사람이 이 문구를 너무 자주 반복해서 들었기 때문에 이 문구로 되돌아갑니다. 물론 그리스도인들은 귀신의 기만과 공격으로부터 구출받을 수 있습니다. 물론 거듭난 그리스도인은 영적 속박에서 자유를 얻기 위해 하나님의 능력을 사용할 수 있습니다. 그러나 대다수 사람은 이 문구가 성경 어디에서도 발견되지 않는다는 사실에 놀랄 것입니다.

자주 잘못 적용되는 성경 본문은 바로 이것입니다.

> 그 여자는 예수에 대해 들은 즉시 그분의 발 앞에 엎드렸다. 그녀의 어린 딸은 악한 영에 소유되어 있었고, 그녀는 딸에서 귀신을 쫓아달라고 그분에게 간청했다. 그녀는 시리아 페니키아 출신의 이방인이기 때문에 예수는 그녀에게 "내 가족인 유대인들에게 떡을 주어야 한다. 자녀들의 떡을 가져다가 개들에게 던지는 것은 옳지 않다."라고 말씀하셨다(막 7:25-27 NLT, 역자의 번역).

사람들은 이 본문을 다음과 같이 설명합니다. "이 이방인 여자가 귀신에게 소유된 딸을 예수님께 데려왔습니다. 그녀가 딸을 대신하여 귀신을 쫓아달라고 예수님께 요청했을 때, 예수님은 먼저 하나님의 자녀들을 배불리 먹여야 한다고 말씀하셨습니다. 그러므로 예수님은 귀신축출이 하나님의 자녀들에게 먼저 시행되어야 한다는 말씀이실 것입니다. 그러므로 하나님의 자녀들에게 귀신축출이 필요하다면, 그들은 귀신 들릴 수 있습니다. 구출은 자녀들의 떡입니다."

구출이 항상 귀신축출을 의미하는 것은 아니라는 사실 외에도 여기서 주목해야 할 몇 가지 사항이 있습니다.

첫째로, 이 이야기는 단순한 귀신축출 그 이상에 관한 것입니다. 이것은 예수님의 전인적인 사역에 관한 것입니다. 예수님은 단순히 가나안 여인에게 자기의 사역이 유대인들을 위한 것이었으며 아직 이방인들에게 사역할 때가 아니라고 설명하고 계셨습니다.

둘째로, 예수님 자신이 이 구절에서 말씀하는 "떡"이십니다.

> '나는 하늘에서 내려온 살아 있는 떡이니' 사람이 이 떡을 먹으면 영생하리라. 내가 줄 떡은 곧 세상의 생명을 위한 내 살이니라 하시니라(요 6:51).

구출은 자녀의 떡이 아니라 예수님 자신입니다. 예수님은 구출을 베푸시는 것이 아니라 그분 자신이 구출이십니다. 당신은 예수님을 영접할 때 당신이 필요로 하는 모든 형태의 구출을 받습니다. 그리고 신자는 귀신 들릴 수 없기에 우리를 위한 구출은 결코 귀신축출의 형태를 취하지 않습니다. 그리스도인들은 실제로 그들에게 영향을 미칠 수 있는 것으로부터 자유로워지기만 하면 됩니다. 귀신에게 소유됨은 그리스도인들에게 영향을 줄 수 없습니다.

그런데도 어떤 사람은 "이것은 귀신축출에 관한 이야기입니다!"라고 주장할 수도 있습니다. 그러나 우리가 성경의 이 부분을 해석하는 방법에 대해 구체적이어야 한다고 주장한다면, 예수님이 자녀들을 언급하셨을 때 무엇을 의미하셨는지에 대해 구체적이어야 할 것입니다. 예수님은 자녀들을 언급하실 때 특히 거듭난 신자들이 아니라 이스라엘 민족에 관해 말씀하고 계십니다.

우리는 이 본문을 두 가지로 해석할 수 없습니다. 우리는 성경의 이 본문을 해석하고 적용하는 데 있어서 구체적이거나 일반적입니다. 우리의 해석이 일반적이라면 이것이 단순한 귀신축출 이상에 관한 것이라고 결론을 내려야 합니다. 이것은 먼저 유대인 다음 이방인에게 제공되는 예수님의 더 폭넓은 사역에 관한 것입니다. 우리의 해석이 구체적이라면 "자녀"라는 용어는 신약의 신자들이 아니라 이스라엘 민족을 구체적으로 가리키는 것이라고 결론을 내려야 합니다. 두 경우 모두 해석의 두 각도에서 볼 때 예수님이 신약의 신자들이 귀신에게 소유될 수 있다고 말씀하신 것이 아님이 분명합니다. 심지어 그와 비슷한 것도 아닙니다.

이 본문은 프레첼(pretzel) 과자가 아닙니다. 이 본문은 우리가 원하는 대로 모양을 만들고 비틀기 위한 것이 아닙니다. 우리는 이것이 우리가 의미하기를 원하는 바대로가 아니라 이것이 의미하는 바대로 받아들여야 합니다. 그리스도인들의 귀신에게 소유됨에 대한 비성경적인 개념을 증명하기 위해 사용된 모든 성경 구절 중에서, 나는 이것이 가장 설득력이 없다고 생각하기 때문에 이런 식으로 자주 사용된다는 것에 놀랐습니다. 이것은 단순히 예수님의 사역이 먼저 이스라엘에게 대한 것이며, 그다음으로 이방인들에게 대한 것이라는 점을 말합니다. 이것은 "구원받은 사람들이냐, 구원받지 못한 사람들이냐"에 관한 것이 아니라 "유대인들과 이방인들"에 관한 것입니다. 이것은 그리스도인들과 귀신의 소유됨에 관한 이야기가 아닙니다. 다시 말하지만, 나는 이 본문이 이 맥락에서 사용된 것에 놀라지만, 이것이 이 주제에서 자주 언급되기 때문에 언급하지 않을 수가 없었습니다.

오용된 성경 구절들

당신이 그리스도인들에게 원수에 관해 경고하는 성경 구절을 보거나 원수가 성경에서 신자를 공격하거나 영향을 미치는 것을 볼 때마다 그것은 결코 귀신에게 소유됨에 관한 언급이 아닙니다. 성경을 주의 깊게 연구하면 이 사실이 항상 밝혀질 것입니다. 내가 이 부분에서 다루지 않은 잘못된 견해가 있을 수 있지만 안심하십시오. 누구든지 그리스도인이 귀신에게 소유된 것의 예라고 제시하는 구절은 결코 그리스도인이 귀신에게 소유된 것의 실제 예가 될 수 없습니다. 말씀을 공부하십시오.

검토할 수 있는 예가 여전히 많이 있습니다. 야고보와 요한이 원수들에게 불을 내리고 싶었을 때 다른 "영"을 가지고 있었던 것; 씨 뿌리는 자의 비유에서 말씀의 씨를 앗아가는 새 또는 "악한 자" 등이 바로 그것입니다. 자신이 원하는 믿음에 맞게 만들기 위해 왜곡할 수 있는 구절은 많습니다. 그러나 당신이 모든 경우에 선입견에 집착하지 않고 연구에 전념한다면, 성경의 분명한 가르침이 항상 우세할 것입니다.

그리스도인들과 귀신에게 소유됨이라는 주제에 관해 잘못 적용된 모든 성경 구절을 철저하게 검토하려면, 그 자체로 한 권의 책이 필요할 것입니다. 나는 이미 가장 많이 잘못 적용된 성경 본문들을 다루었습니다. 따라서 이 시점에서 신자들이 종종 이 주제에 관해 잘못된 결론을 내리고 부정확한 성경 해석을 하게 만드는 두 가지 일반적인 습관을 알려드리는 것이 좋겠습니다.

1. 핵심 단어 및 구문의 오해

우리는 종종 핵심 단어와 구문의 의미를 오해합니다. 예를 들어, 선입견은 "사탄이 네 마음에 가득하여"나 "사탄아, 내 뒤로 물러나라"와 같은 문구에 특정 의미를 강요하도록 우리를 유혹할 수 있습니다. 또는 구출이라는 단어가 항상 "귀신축출"을 의미한다고 주장할 수도 있습니다. 이것이 바로 우리가 이러한 단어들과 문구들의 실제 의미와 문맥과 적용을 연구하고 성경 전체의 배경과 비교해야 하는 이유입니다. 모호한 구절 하나가 성경의 전체적으로 매우 분명한 가르침과 모순되는 데 사용되어서는 안 됩니다. 어떤 선입견도 성경 본문들을 해석하는 데 강제적으로 사용되어서는 안 됩니다.

2. 귀신에게 소유됨과 귀신의 영향을 받음의 혼동

신자들에게 영적 원수에 대한 경고가 주어질 때마다 그리스도인들이 귀신에게 소유될 수 있다고 믿는 사람들은 이것이 그들의 믿음을 입증한다고 주장할 기회에 뛰어들 것입니다. 그러나 성경이 공격하고, 기만하고, 파괴하고, 유혹하는 원수의 능력에 대해 경고한다고 해서 그것이 항상 완전한 귀신에게 소유됨에 관해 말하는 것이 아닙니다. 그리스도인들이 공격받고 영향을 받는 것은 가능하지만 귀신에게 소유되지는 않습니다. 귀신의 영향이나 공격받는 것을 귀신에게 소유됨으로 혼동하지 마십시오.

이야기들보다 성경을 믿으라

성경이 그리스도인들은 귀신 들릴 수(소유될 수) 없다고 가르친다는 것을 깨닫는 것은 일부 사람들에게 매우 혼란스러울 수 있습니다. 내가 이전에 배웠던 것 때문에 나는 개인적으로 그것이 지적으로나 감정적으로 상당히 거슬리는 것을 발견했습니다. 그러나 혼란에 대해 진리를 탓할 수는 없습니다. 혼란의 원인은 그리스도인들이 귀신에게 소유될 수 있다는 믿음이 성경의 분명한 가르침과 상충하지만, 그것에 집착하는 것입니다. 당신이 일단 그 생각을 버리면 조각들이 제자리에 들어가고 점진적 자유와 즉각적인 자유를 모두 경험하는 데 사용할 수 있는 명확하고 단순하고 적용이 가능한 진리들이 남게 됩니다. 이것은 사람이 만든 가르침보다 성경을 믿기로 선택하는 데 전적으로 헌신할 때 가능하게 됩니다.

그러나 많은 사람에게 교리적 토론은 실제로 문제가 되지 않습니다. 그리스도인들이라고 공언하는 사람들이 자신들에게서 귀신들이 드러난 것을 목격한 사람들은 진정한 도전을 받게 됩니다. 우리는 이러한 이야기와 경험을 가지고 무엇을 해야 할까요? 우리는 이러한 간증을 듣지 못한 척할 수 없습니다. 내가 이 주제에 대해 가르칠 때마다 소수의 신자가 다음과 같은 답변으로 성실하고 친절하게 나를 재촉할 것입니다.

- "거의 10년 동안 내게서 귀신들이 드러났을 때 나는 거듭난 그리스도인이었습니다. 이것은 무엇을 의미하는 것입니까?"
- "나는 우리 교회의 찬양인도자가 구출되는 것을 보았고, 귀신들이 그를 통해 말하는 것을 보았습니다!"

- "귀신들은 그리스도인들에게 들어갈 수 있습니다. 나는 그것을 여러 번 보았습니다. 귀신들은 법적 권리를 얻으면 그리스도인들에게 들어갑니다."
- "현대판 귀신에게 소유됨을 믿지 않던 우리 교회의 사모님에서 귀신이 드러났고 구출 받았습니다."
- "우리 할아버지는 몇 년 동안 누군가가 설교하는 것을 들을 때마다 화가 나고 거슬리는 생각을 했습니다. 그는 분명히 그리스도인이었지만, 귀신이 드러났습니다. 그런 다음 그는 귀신축출을 받았고, 지금은 자유롭습니다!"

우리가 그리스도인들과 귀신에게 소유됨에 관한 진리를 전할 때마다 누군가가 그 진리와 모순되는듯한 이야기를 열정적으로 나누는 것은 피할 수 없습니다.

그래서 우리는 거기에서 어디로 가야 하는 것일까요? 이것을 어떻게 설명해야 할까요? 우리는 우리의 경험으로 무엇을 해야 할까요? 귀신에게 소유된 것처럼 보이는 그리스도인들은 어떻습니까? 자신들에게서 귀신들을 쫓아냈다고 생각하는 그리스도인들로부터 우리가 듣는 간증들은 어떻습니까?

우리가 이러한 경험들을 거부하는 것이 아니라 이러한 경험들이 실제로 무엇인지 성경적으로 이해하는 것이 핵심입니다. 이것이 가능할까요? 성경적으로 일관된 몇 가지를 설명하겠습니다. 이러한 설명 중 어느 것도 모든 경우에 적용되는 것은 아니지만, 적어도 그중 하나는 모든 경우에 적용됩니다.

1. 신자는 귀신축출과 구출을 혼동할 수 있다

당신은 너무 화가 나서 몸을 떨기 시작한 적이 있습니까? 너무 무서워서 거의 서 있을 수 없었던 적이 있습니까? 너무 답답해서 끙끙대거나 성가신 소리를 질러 본 적이 있습니까? 우리의 감정은 매우 강력할 수 있습니다. 우리의 감정은 엄청나게 강렬한 반응을 일으킬 수 있습니다. 또한 우리의 감정은 진실한 영적 만남과 일치할 수 있습니다.

- 선지자 이사야는 주님을 보고 부르짖었습니다(사 6:5 참조).
- 베드로는 주님의 변형되신 모습을 보고 놀라움으로 흥분했습니다(마 17:4 참조).
- 간수들은 신체적 반응을 보였고 땅에 엎드렸습니다(마 28:4 참조).
- 목자들은 천사들을 두려워했습니다(눅 2:9 참조).

성경에는 인간이 초자연적인 만남을 가졌을 때 보인 반응에 관한 많은 예가 있습니다. 우리는 하나님과의 매우 실제적이고 매우 강력하고 매우 거룩한 만남에서도 여전히 매우 인간적입니다. 우리의 모든 부분은 하나님께 반응하도록 창조되었습니다. 여기에는 감정도 포함됩니다. 하나님의 능력과의 만남은 확실히 우리 안에 감정적인 반응을 일으킬 수 있습니다. 우리가 하나님의 손길에 감정적으로 반응한다고 해서 그 만남이 가짜라는 의미는 아닙니다. 당신은 하나님과의 매우 실제적인 만남에 대한 반응으로 매우 실제적인 감정을 가질 수 있습니다. 감정은 나쁘지 않습니다. 그것은 인간이 하는 반응의 일부입니다. 신자가 견고한 진에서 해방될 때, 많은 경우에 그는 수년간의 기만에서 풀려난 것입니다. 신자는 돌파할 때 감정에 휩싸일 수 있습니다. 다시 말하지만, 이 감정은 영적 만남이 가짜라는 것을 의미하지 않습니다.

신자들은 자유를 얻거나 하나님의 영광을 볼 때 떨고 흐느끼고, 심지어 큰 소리로 웁니다. 구출은 매우 감정적일 수 있으며, 이는 예상할 수 있는 일입니다. 구출은 신체적 반응을 유도할 수도 있습니다. 나는 하나님이 속박이나 기만적 사고방식에서 나를 풀어주셨을 때 바닥에서 흐느끼며 몸을 떨었던 적이 두 번 있었던 것을 기억할 수 있습니다. 사람들이 하나님의 능력에 감동받을 때 떨고 울 수도 있습니다.

그러나 구출에 대한 강렬한 반응을 귀신축출에서와 같이 귀신들을 드러내는 것으로 혼동해서는 안 됩니다. 강렬한 구출사역 시에 견고한 진에서 해방되는 것은 중요합니다. 귀신에게 소유됨에서 벗어나는 것도 중요한 일인데, 이는 귀신이 당신 안에 거하거나 당신에게 붙어서 당신을 통해 말하고, 당신을 통해 비명을 지르고, 당신의 신체적 움직임을 통제할 수 있다는 것을 의미합니다.

그리스도인들은 자유롭게 되고 하나님과 강력한 감정적 만남을 가질 수 있지만, 이것이 귀신축출과 같은 것이 아님을 이해해야 합니다. 우리가 이러한 반응을 귀신의 드러남으로 착각할 때 혼란이 시작됩니다. 매우 감정적인 구출은 매우 쉽게 귀신축출로 혼동될 수 있습니다.

신자들이 강한 구출을 귀신축출과 혼동하는 것은 일부 사람들이 자신이 거듭난 상태에서도 귀신에게 소유되었다고 믿는 이유에 대한 한 가지 설명입니다.

그렇다면 귀신이 그리스도인을 통해 말하거나 그들의 몸을 조종하는 것처럼 보일 때는 어떻습니까? 그들이 으르렁거리는 경우처럼 말입니다. 이러한 질문에 답하기 위해 두 번째 설명을 살펴보겠습니다.

2. 신자는 잘못된 가르침에서 받은 프로그래밍에 반응하거나 자유로워지기 위해 필요하다고 생각하는 방식으로 반응할 수 있다.

나는 한순간의 감정에 사로잡혀 마치 귀신이 드러난 것처럼 보이는 행동을 했다고 고백하는 많은 신자의 이야기를 들어보았습니다. 나중에야 그들은 잘못된 가르침의 프로그래밍이 자신들의 분노 폭발에 기여했음을 깨닫습니다. 자신에게 인정하기 어려운 일이지만 이런 일이 일어납니다.

이것은 그들이 그 당시에 영적 체험이나 하나님과의 진정한 만남이 없었다는 것을 의미하지 않습니다. 이것은 단지 그 영적 체험에 대한 그들의 반응이 육체에 속했다는 것을 의미합니다.

부정확한 가르침에 의해 프로그램이 된 순간의 감정에 사로잡힌 일부 사람들은 자신의 속박에서 벗어나고자 필사적으로 자신이 효과가 있다고 생각하는 것은 무엇이든 따를 것입니다. 이것은 그들이 의도적으로 기만적이라는 것을 의미하지 않습니다. 하지만 그들은 다른 사람들이 몸부림치는 것을 보고 무의식중에도 '그게 내가 자유로워지기 위해 해야 할 일'일지도 모른다고 생각할 수 있습니다. 또한 목회자들이 "때때로 당신은 품위를 유지하든지 구출사역을 받든지, 하나를 선택해야 합니다."와 같은 교묘한 언어를 사용하는 것도 도움이 되지 않습니다. 이런 종류의 말은 반응을 얻기 위해 필사적인 사람들을 괴롭히고 그들이 특정한 행동을 하도록 압력을 가할 뿐입니다.

당신은 진정한 귀신의 드러남과 연극의 차이를 볼 수 있습니다. 당신은 때로 사람들이 매우 감정적이며 자유를 간절히 원하고, 귀신이 할 수 있다고 생각하는 최선의 인상을 주려고 시도하는 것을 볼 수 있습니다. 당신은 그들이 심문받을 때 귀신이 말할 법한 것을 생각하기 위해 잠시 멈추는 것을 볼 수 있습니다. 그렇기에 실제 귀신의 드러남은 당신의 머리카락이 곤두서게 할 것이며, 가짜 귀신의 드러남은 고등학교 연극에서의 수준 낮은 연기처럼 보일 것입니다.

나는 그 연기가 자신들이 자유로워지기 위해 자신들에게 요구되는 것으로 생각했기 때문에 귀신이 드러나는 것처럼 행동했다고 나에게 인정한 많은 신자와 대화했습니다. 그들은 반드시 기만적이지는 않았지만, 자신들에게 자유를 가져올 것이라고 생각하는 것에 따라 행동했습니다. 더욱이 이 신자들의 대다수는 당시에 자신들이 무엇을 하고 있는지조차 모르고 있었습니다. 그들은 말씀을 배우고 성령님 안에서 성숙하고 진리를 알게 될 때 그 순간들을 되돌아보고 자신들에게 무슨 일이 일어났는지 깨달을 수 있습니다. 다시 말하지만, 이것은 인정하기 쉽지 않습니다. 하지만 만약 누군가가 진정으로 거듭난 신자라면, 이것은 그들이 귀신을 드러내는 것처럼 보인 이유에 대한 합법적인 설명이 될 것입니다. 다른 대안은 성경의 명확한 가르침과 모순됩니다.

이것은 모든 경우에 적용되는 것은 아니지만, 이런 일은 발생합니다.

3. 신자는 귀신이 드러나는 것처럼 보이는 정신 질환을 앓고 있을 수 있다.

예, 정신 질환에는 영적인 측면이 있습니다. 그러나 정신적으로 어려움을 겪는 사람들은 신자를 구출하기 위한 비성경적인 접근 방식에 의해 가장 심하게 학대받고 부정적인 영향을 받는 사람들에 속합니다. 그래서 이것은 영적 전쟁에 관한 그릇된 가르침에 노출되어 정신 질환을 앓고 있는 사람들을 위해 우리가 간절히 기도해야 하는 이유이기도 합니다. 많은 사람이 심각하게 악화한 정신 건강 문제를 안고 있습니다.

개인적으로, 나는 내 불안이 너무 심해서 심부전에 대해 생각하는 것만으로도 심장 마비의 증상을 느낄 수 있다는 것을 알고 있습니다. 나는 생각들과 제안들에 생리적 반응을 보일 것입니다. 내 몸은 문자 그대로 내가 두려워했던 것을 느끼기 시작할 것입니다.

강박장애와 불안 또는 기타 정신 질환이 있는 사람들을 생각해 보십시오. 그리스도인들이 귀신 들릴 수 있다고 믿는 사람들로 가득 찬 방에 그들을 앉히고, 귀신축출이 자유롭게 될 유일한 소망이라고 말한 다음, 부정확한 성경 가르침을 듣게 하십시오.

"당신은 귀신에게 사로잡힐 수 있고 그것을 모를 수 있습니다."

"그리스도인들은 귀신에게 소유될 수 있습니다."

"당신이 지금 불편하게 느끼고 있다면, 아마 당신은 귀신이 속에 있을 수 있습니다."

"당신이 죄스러운 실수를 저질렀으니, 아마도 당신에게 귀신이 다시 들어왔을 것입니다."

이 연약한 사람들이 모임 중에 앉아 있을 때 권위적인 사람이 마이크를 손에 들고 다가와 "내 주변에 귀신 들린 사람이 있습니다. 느낄 수 있어요!"라고 말한다고 상상해보십시오. 제시된 모든 제안이 어떻게 반응을 불러일으킬 수 있는지 생각해 보십시오.

"당신은 당신의 목구멍에서 귀신을 느낄 것입니다."
"당신은 심장이 뛰는 걸 느낄 것입니다."
"당신은 토할 것 같은 기분이 들 것입니다."

물론 그 사람들은 단호하게 반복되는 제안에 대해 생리적 반응을 느낄 것입니다. 특히 그들이 어떻게든 이러한 제안을 성경과 연결한다면 반응은 거의 피할 수 없을 것입니다. 우리는 종종 거듭난 신자의 외상 후 스트레스 장애(PTSD)와 같은 것을 귀신에게 소유됨으로 혼동합니다.

거슬리는 생각을 하는 사람들을 데려다가 그들의 생각이 귀신에게 소유된 결과라고 말해보십시오.

강박 장애가 있는 사람에게 가까이 다가가 "당신 주위에 어두운 영혼이 느껴집니다."라고 말해보십시오. 또는 대다수 그리스도인이 그들 안에 귀신들이 숨어 있다고 주장하는 사람들로 가득 채우고 정신질환으로 고생하는 사람을 그들 가운데 두십시오. 어떻게 될 것 같습니까? 이 사람들은 무엇을 느끼기 시작하겠습니까? 그들 중 일부는 어떤 반응을 보일 수 있겠습니까?

그런 다음에 이 절박한 사람들은 다른 사람들 앞에서 귀신에게 소유된 것으로 추정되는 그리스도인들의 예로 사용됩니다. 그들은 며칠 또는 심지어 몇 주 동안 기분이 좋아집니다. 그리고서 그들은 견고한 진이나 육신의 문제를 결코 언급하지 않았기에 이전의 상태로 곧장 돌아갑니다. 그들의 악순환은 반복되고 상황은 점점 더 나빠집니다. 이것은 또한 왜 일부 사람들이 여러 번의 구출 사역을 거쳐야 하는지 설명해 줍니다. 더군다나 많은 목사는 무의식적으로 압박 전술과 고도로 제안적인 문구를 사용하여 정신적으로 아픈 사람들에게서 귀신이 드러나는 것처럼 보이도록 합니다.

나는 구출을 믿고 실제로 구출사역을 합니다. 나는 귀신축출을 믿고 실제로 귀신들을 축출합니다. 귀신에게 소유되는 것은 실제입니다. 영적 전쟁은 실재합니다. 그러나 그리스도인들은 귀신에게 소유된 사람들이 될 수 없으며, 정신 질환을 앓고 있는 신자는 고의가 아니더라도 귀신에게 소유된 것처럼 보이게 하기 위해 그들의 힘겨운 투쟁을 이용할 수 있습니다.

4. 사람은 귀신 들린 척 연극을 할 수도 있다.

이런 경우는 매우 드뭅니다. 어떤 경우에는 사람들이 귀신 들린 척 합니다. 구출사역을 하는 사람은 드문 경우지만 관심을 끌기 위해 귀신이 드러나는 것처럼 속이는 사람이 있다고 당신에게 말해줄 것입니다. 다시 말하지만, 이것은 매우 드문 경우입니다.

5. 사람은 거짓 개종자일 수 있다.

우리는 성경을 통해 그리스도인들은 귀신에게 소유될 수 없다는 것을 압니다.

사람은 진정으로 거듭났거나 아니면 진정으로 귀신의 소유일 것입니다. 그들은 양편에 다 속할 수 없으며, 그것이 무엇인지 스스로 분별해야 합니다. 실제 귀신에게 소유된 사람들보다 자신들이 귀신에게 소유됐다고 생각하는 실제 그리스도인들이 더 큰 문제가 있다고 믿습니다. 예수를 믿는다고 말하는 사람들이 귀신에게 소유되지 않은 경우가 대다수입니다. 그러나 어떤 경우에는 그 사람이 실제로 귀신에게 소유된 거짓 개종자일 가능성이 매우 높습니다.

어떤 사람은 내가 누군가의 구원에 의문을 제기하는 것을 교만하다고 말할 수도 있습니다. 솔직히 사람들이 구원받았는지 아닌지를 판단하는 것은 내가 할 일이 아닙니다. 그건 내 자리가 아니기 때문입니다. 내가 할 수 있는 일은 성경적 진리를 제시하는 것뿐입니다. 나는 그들이 구원받았는지 아닌지를 말하는 것이 아닙니다. 내가 말하는 것은 누군가가 "구원받고" "귀신에게 소유되는" 두 가지를 동시에 할 수 없다는 사실에 대해 성경이 분명히 말씀한다는 것입니다. 그들이 실제로 어디에 속했는지는 오직 그들과 하나님만이 압니다.

> 그런즉 누구든지 그리스도 안에 있으면 새로운 피조물이라. 이전 것은 지나갔으니 보라 새 것이 되었도다(고후 5:17).

"이전 것"이라는 용어는 이전의 영적 상태에 관한 모든 것을 가리킵니다.

> 그가 우리를 흑암의 권세에서 건져내사 그의 사랑의 아들의 나라로 옮기셨으니(골 1:13).

우리 그리스도인들은 더는 어떤 식으로든 어둠의 왕국의 일부가 아닙니다. 귀신들이 우리에게 달라붙었거나 우리 안에 거주하거나 우리가 귀신들에게 소유되었거나 우리가 귀신들과 관련되지 않습니다. "귀신에게 소유된 그리스도인"은 "네모난 원"이나 "결혼한 총각"처럼 용어상의 모순입니다.

다섯 가지 설명

그리스도인들이 귀신 들렸다고 일부 사람들이 믿는 것을 바로잡는 설명은 다섯 가지가 있습니다. 이러한 설명 중 어느 것도 성경적 정통성에 위배되지는 않습니다. 이 다섯 가지 설명은 모두 그리스도인들의 귀신 들림에 대해 바로잡습니다. 따라서 이러한 경험을 설명하고 성경에 부합하는 다섯 가지 설명이 있는데, 도대체 왜 일부 사람들은 성경과 모순되는 한 가지 설명을 고집하는 것일까요? 우리에게는 상황을 보는 성경적으로 일관된 다섯 가지 방법이 있으므로 실제 그리스도인들이 귀신 들릴 수 있다는 해석에 집착할 필요가 없습니다. 가능한 모든 설명 중에서 성경과 모순되는 한 가지 설명에 도달하는 이유가 나를 괴롭게 합니다.

그리스도인들이 귀신 들릴 수 있다고 하는 믿음에 대한 완고한 집착은 믿음을 성경에 일치시킬 수 없음과 하나님 말씀의 권위에 대한 경외심이 부족함을 보여줍니다. 우리가 성경이 가르치는 바를 기꺼이 보지 않고, 그 진리를 우리의 경험에 적용하고 우리의 믿음을 바로잡으려 하지 않는다면, 우리가 믿는 것은 성경이 아니라 우리 자신의 선입견입니다. 우리는 경험을 무시할 필요가 없습니다. 우리는 단지 진리의 빛으로 그것들을 이해하기만 하면 됩니다. 우리의 선입견을 성경의 실재성보다 높이지 맙시다. 성경은 우리의 이야기보다 더 많은 권위를 가지고 있습니다. 거듭난 그리스도인은 귀신 들릴 수 없습니다.

자신이 죽었다고 믿는 환자를 치료하려던 심리학자의 이야기가 있습니다. 심리학자는 상담, 약물 치료, 과학적 설명 등 그가 할 수 있는 모든 것을 시도했습니다. 그러나 아무것도 효과가 없었습니다. 심리학자가 환자에게 그가 살아 있다고 설득하려고 시도할 때마다 환자는 설명을 거부하고 자신의 신념에 집착하는 방법을 찾았습니다. 어느 날 심리학자가 환자에게 물었습니다.

"말해보세요. 죽은 사람이 피를 흘리나요?"

환자가 대답했습니다.

"안 흘립니다. 죽은 사람은 피를 흘리지 않는다는 것을 모두가 압니다."

"그렇군요. 그래서 우리가 당신의 손에 작은 상처를 내고 피를 흘리면 마침내 당신이 살아 있다는 것을 확신하게 될까요?"

환자는 말했습니다.

"나에게 상처를 내도 나는 피를 흘리지 않을 거예요. 나는 살아 있지 않아요. 나는 죽었어요. 내가 여러 번 말했잖아요."

환자의 주장을 더는 참을 수 없었던 심리학자는 자기의 전문성을 잠시 내려놓고서 환자의 손을 자신 쪽으로 잡아당겨 그의 손에 작은 상처를 냈습니다. 환자는 작은 핏방울을 흘리기 시작했습니다. 환자는 손의 작은 상처를 내려다보며 눈을 크게 뜨고 턱을 떨어뜨렸습니다. 그는 깨달았습니다. 환자의 놀란 표정을 본 심리학자는 자신이 돌파구를 마련했다고 확신했습니다. 그러나 환자는 심리학자를 올려다보며 헐떡이며 말했습니다.

"제가 틀렸어요. 죽은 사람은 피를 흘려요!"

나는 사람들을 진리로 인도할 수 있을 뿐입니다. 나는 그들을 대신해서 진리를 믿을 수는 없습니다. 그리스도인들이 "저는 저에게 그 일이 일어나기 전에는 그리스도인들이 귀신에게 소유될 수 없다고 생각했습니다."라는 식으로 말하는 것은 "저는 성경이 가르치는 것을 믿었지만, 그것과 모순되는 것처럼 보이는 경험을 하기 전까지는 그랬습니다."라고 말하는 것입니다.

그렇다면 그리스도인들이 자신이 귀신에게 소유되었다고 믿고 실제 귀신축출 사역을 받았다고 믿는다면, 그들은 어떻게 생각해야 할까요? 그리스도인들이 귀신축출이라고 생각하는 일을 겪고서 실제로 긍정적인 결과를 가져오는 것 같으면, 우리는 어떻게 해야 합니까? 때때로 그리스도인들은 고통과 견고한 진으로부터의 구출과 귀신축출을 혼동한다는 것을 기억하십시오. 그러나 만약 그리스도인 자신이 귀신에게 완전히 소유되었다가 자유롭게 되었다고 확신한다면, 나는 그들이 실제로 자유롭게 되었다는 데 동의할 것입니다. 그러나 그는 무엇으로부터 자유롭게 된 것입니까? 실제로 귀신에게 소유됨으로부터 자유롭게 된 것입니까? 아닙니다. 진실한 신자의 경우 귀신에게 소유됨으로부터 자유롭게 된 것이 아닙니다. 그들은 처음부터 귀신에게 소유되었다는 거짓말로부터 자유롭게 된 것입니다. 진리가 그들을 자유롭게 했습니다.

그러나 그들은 귀신축출과 같은 의식을 건너뛰고 바로 믿음으로 나아갈 수도 있었습니다. 이것이 바로 내가 신자들에게 의례를 건너뛰고 진리를 믿게 하려는 이유입니다. 그들은 귀신축출이라고 생각했던 것을 경험한 후에 마침내 사탄이 더는 그들을 소유하고 있지 않는다는 진리를 믿게 되었습니다. 문제는 그들이 성경의 말씀 때문이 아니라 종교적 의례 때문에 그런 믿음에 이르렀다는 것입니다. 그들이 자유롭다고 확신하게 한 것이 의례였다면, 의례의 연속만이 그들이 그 자유를 계속 믿도록 할 것입니다.

반면에 그들이 단순히 하나님의 말씀이 가르치는 것 때문에 진리를 믿게 된다면, 어떤 느낌이나 감정이나 생각이나 경험도 하나님이 그들을 귀신에게 소유되도록 하셨다는 것을 그들이 다시는 확신하도록 하지는 못할 것입니다. 그러면 그들은 그 진리의 자유 안에서 영원히 살게 될 것입니다.

진리에 직면한 모든 사람은 자신의 잘못을 교정 받게 됩니다. 그 교정으로 우리를 성장시킬 수 있는 것입니다.

그리스도인들이 귀신 들릴 수 있다고 믿는다면, 내가 성경에서 보여준 것을 무시하고 싶은 유혹을 느낄 수 있습니다. 이것을 무시하기는 쉽습니다. 이것을 진정으로 고려하기는 어렵습니다.

그러나 내가 제시하는 것을 거부하려면 올바른 이유로 거부하십시오. 들은 것과 다르다고 무시하지 마십시오. 모순되는 것처럼 보이는 이야기가 있다고 해서 이것을 무시하지 마십시오. 자신이 이 분야의 전문가라고 주장하는 어떤 열정적인 교사가 그렇지 않다고 주장한다고 해서 이것을 무시하지 마십시오.

내가 보여준 것을 공부하십시오. 사실이 아닌지 확인하십시오. 요점을 증명하려고 공부하지는 마십시오. 성경이 스스로 말하게 하십시오. 그리고 그 진리를 무시하지 마십시오. 그냥 평소처럼 업무에 복귀하는 것이 편하지만 성장은 불편할 수 있습니다.

귀신들은 진짜입니다. 그리스도인들은 때때로 구출이 필요합니다. 신자들은 귀신축출 사역을 해야 합니다. 그러나 거듭난 그리스도인들은 귀신 들릴 수 없습니다.

이것이 왜 중요한가?

내가 그리스도인들에게는 귀신축출이 필요하지 않다고 말할 때마다 많은 사람은 내가 "그리스도인들은 구출이 필요하지 않다."라고 말하는 것으로 생각합니다. 그래서 결국 내가 그들의 경험에 반대하여 말하고 있다고 생각하기 때문에 그리스도인들이 나에게 방어적이 되는 일이 벌어집니다.

여기서 어떤 사람들은 "그래서 뭐가 어쨌다는 겁니까? 억압, 우울증, 귀신에게 소유됨, 기만, 귀신의 공격 또는 귀신의 영향력, 이것들은 모두 같습니다. 사람들이 자유로워지는 한 우리가 어떤 단어를 사용하든 누가 신경 쓰겠습니까?"라고 비꼬아 말할 것입니다.

이러한 제안은 그리스도인들이 귀신에게 소유될 수 있다는 믿음 자체가 속박이라는 사실을 고려하지 않은 것입니다. 그렇기에 나는 이 점을 매우 단호히 명확하게 말하는 것입니다.

사탄의 가장 큰 거짓말 중 하나는 거듭난 그리스도인들이 귀신에게 소유될 수 있다는 것입니다. 이 믿음은 영원한 고통, 속박, 혼란의 문을 열어줍니다.

이 거짓말은:

- 성도에게서 승리의 삶을 빼앗습니다.
- 귀신의 힘을 확대하고 성령님의 능력을 최소화합니다.
- 끊임없는 절차, 의식, 의례, 기도를 가장한 주문, 그리고 편집증적이고 주저하는 삶의 접근 방식에 자신을 복종시켜야 하는 신념의 하위문화를 만듭니다.
- 성령님의 능력 이상의 것이 필요하다고 믿게 만듭니다.

- 성령님의 권위 대신에 인간의 전문성을 강조합니다.
- 기만과 불순종의 실제 문제로부터 주의를 분산시킵니다.

나는 이 신념이 만들어내는 고통을 보았고, 신자가 진리를 깨닫고 끊임없이 요구하면서도 실망스럽게 무익한 미신적 추구가 아닌 영적 훈련의 삶을 선택할 때 오는 자유와 안도감을 보았습니다. 이 거짓말의 힘을 깨뜨려 악순환을 끊으십시오.

우리는 신약성경의 귀신에 대한 모든 경고와 영적 전쟁에 대한 모든 지침에서 거듭난 신자들에게서 귀신을 쫓아내라는 것을 볼 수 없습니다. 이것은 우리가 공격받을 수 없다는 말은 아닙니다. 그러나 신약성경 어디에서도 그리스도인들이 귀신축출을 받는 모습을 볼 수 없습니다. 신약성경 어디에서도 그리스도인들이 자유를 찾기 위해 특별한 의식과 축귀사역을 받아야 하는 것을 볼 수 없습니다. 이제 당신은 진리를 알았으니 선택해야 할 때가 되었습니다. 성경을 받아들이거나 종교적 이념을 선택하십시오. 선택은 당신의 것이지만, 나는 당신이 성경의 진리 편에 설 것을 적극 권장합니다.

이 단순한 거짓말을 기반으로 많은 것이 만들어졌습니다. 귀신들이 하나님의 자녀안에 거할 수 있다는 이 믿음은 단순히 순종하고 믿음으로 사는 사람들에게 하나님이 주신 자유를 복잡하게 만들었습니다. 원수는 우리가 이 거짓말을 믿게 함으로써 우리가 실제 문제를 해결하는 데 방해가 되도록 하는 데 성공합니다. 자유에 이르는 길은 사람이 만든 무력한 미신이나 다른 믿음 체계에서 빌려온 것이 아니라 거룩함과 순종과 훈련과 믿음과 기도와 권위 행사와 같은 그리스도인의 삶의 기본에 있습니다. 진정한 자유는 성령님 안에서 살 때 옵니다.

그러면 누가 귀신축출 사역을 받는가?

많은 사람이 "우리가 그리스도인들에게서 귀신을 쫓아내지 않는다면, 누구에게서 귀신을 쫓아내야 하는 것입니까?"라고 의아해합니다. 귀신축출은 성령으로 거듭나지 않은 비신자를 위한 것입니다. 그리스도인들이 비신자에게서 귀신을 쫓아내기를 주저하는 주된 이유는 그들이 성경의 이 부분을 잘못 적용하기 때문입니다.

> 더러운 귀신이 사람에게서 나갔을 때에 물 없는 곳으로 다니며 쉬기를 구하되 쉴 곳을 얻지 못하고, 이에 이르되 내가 나온 내 집으로 돌아가리라 하고 와 보니 그 집이 비고 청소되고 수리되었거늘, 이에 가서 저보다 더 악한 귀신 일곱을 데리고 들어가서 거하니 그 사람의 나중 형편이 전보다 더욱 심하게 되느니라. 이 악한 세대가 또한 이렇게 되리라(마 12:43-45).

우리는 마태복음 12장에 있는 본문에서 많은 유용한 계시를 발견합니다. 우리는 귀신들이 사람에게서 떠난 후에 땅을 돌아다니는 것을 봅니다. 귀신들은 재 진입을 시도하기 위해 돌아옵니다. 귀신들은 의지를 가지고 있습니다. 귀신들은 관찰력이 있습니다. 귀신들은 서로 의사소통하고 지원을 요청합니다. 귀신들은 악의 수준이 다를 수 있습니다. 이것들은 모두 유용한 식견입니다.

요컨대, 이것이 바로 성경의 그 부분이 잘못 적용되는 방식입니다. 그들은 "만약 우리가 비신자들에게서 귀신들을 쫓아냈는데도 그들이 구원받지 못하면, 그것은 그들에게 일곱 배나 더 나쁜 위험에 빠지게 하는 것입니다. 그러므로 우리는 믿지 않는 자들에게서 귀신을 쫓아내지 말아야 합니다." 라고 말합니다.

이러한 염려는 실제로 성경에서 귀신들이 다른 일곱 귀신과 함께 돌아올 수 있다고 가르치기 때문입니다. 그러나 우리의 신학이 우리를 주저하게 만들지라도 우리가 사로잡힌 자들을 풀어주어야 할 몇 가지 이유가 있습니다. 성경은 믿지 않는 자들에게서 귀신을 쫓아내는 것에 대해 무엇을 가르치고 있습니까?
바울은 사도행전 16장에서 믿지 않는 자에게서 귀신을 쫓아냈습니다.

> 우리가 기도하는 곳에 가다가 점치는 귀신 들린 여종 하나를 만나니 점으로 그 주인들에게 큰 이익을 주는 자라. 그가 바울과 우리를 따라와 소리 질러 이르되 이 사람들은 지극히 높은 하나님의 종으로서 구원의 길을 너희에게 전하는 자라 하며 이같이 여러 날을 하는지라. 바울이 심히 괴로워하여 돌이켜 그 귀신에게 이르되 예수 그리스도의 이름으로 내가 네게 명하노니 그에게서 나오라 하니 귀신이 즉시 나오니라(행 16:16-18).

우리가 비신자들에게서 귀신을 쫓아내야 하는 아주 좋은 이유는 네 가지 있습니다.

1. 구출은 오늘을 위한 것이며 필수적이다.

우리가 예수님의 사역 모델을 보면, 예수님이 자주 가르치시고 병든 사람들을 고치시고 귀신들을 쫓아내시는 모습을 볼 수 있습니다. 귀신들을 쫓아내는 것은 타협할 수 있는 일이 아닙니다. 구출은 치유와 가르침만큼이나 예수님의 사역의 중요한 부분이었습니다.

> 저물매 사람들이 귀신 들린 자를 많이 데리고 예수께 오거늘 예수께서 말씀으로 귀신들을 쫓아내시고 병든 자들을 다 고치시니(마 8:16). (마 4:23-25와 행 10:38 참조)

다음 성구는 예수님의 말씀을 믿는 사람들을 통한 예수님의 구출 사역의 지속에 대해 말씀합니다.

> 믿는 자들에게는 이런 표적이 따르리니 곧 그들이 내 이름으로 귀신을 쫓아

내며 새 방언을 말하며(막 16:17).

예수님이 귀신 들린 사람 중에서 귀신을 쫓아주신 거듭난 신자는 몇 명이나 될까요? 십자가에서 그분의 일을 마치시기 전에 날마다 예수님을 찾았던 수천 명의 사람 중 그분의 희생을 믿음으로 거듭난 사람이 몇 명이나 되었을까요?

비신자에 대한 구출을 거부하는 것은 예수님이 하신 사역의 주요 부분을 거부하는 것입니다. 비신자만이 귀신에게 소유될 수 있기에, 우리가 그들이 자유롭게 되도록 구출하기를 거부한다면 사역의 주요 기능을 놓치게 될 것입니다. 이것이 내가 당신에게 사탄의 가장 큰 거짓말 중 하나가 그리스도인들이 귀신에게 소유될 수 있다는 것이라고 쓴 이유입니다. 이 거짓말은 그리스도인들이 그들의 견고한 진들을 귀신에게 소유됨처럼 취급하고 사로잡힌 채로 있도록 합니다. 이 거짓말은 또한 진정으로 귀신축출이 필요한 사람들, 즉 비신자들을 위해 귀신축출을 하는 것을 방해합니다. 이것은 참으로 교활한 거짓말입니다!

분명히 예수님은 비신자들에게서 귀신들을 쫓아내셨고 우리도 그렇게 해야 합니다. 비신자에 대한 구출은 너무도 중요해서 한 성경구절을 적용하지 않은 채로 놔두어서는 안 됩니다. 사람들은 속박당하고 있습니다. 사람들은 상처받고 괴로워합니다. 우리는 종교적인 규칙 때문에 필요한 사람들에게 사역하는 것을 중단해서는 안 됩니다. 전통을 위해 포로들을 돌려보내는 것보다 더 종교적인 것이 어디 있겠습니까? 예수님은 정기적으로 인간의 전통을 반박하셨습니다. 그분은 안식일에 병든 사람들을 치유하셨습니다. 마찬가지로, 우리는 현대 기독교의 미신이 지시하는 것이 무엇이든 간에 비신자들에게서 귀신을 쫓아낼 수 있고 또 쫓아내야 합니다.

2. 내일은 약속되지 않았다.

우리 중 누구도 내일을 볼 수 있다는 보장이 없습니다. 귀신에게 소유된 사람들도 마찬가지입니다. 속박당한 사람들을 외면하는 것은 우리의 주 예수님은 방식을 드러내는 것입니다.

> 들으라. 너희 중에 말하기를 오늘이나 내일이나 우리가 어떤 도시에 가서 거기서 일 년을 머물며 장사하여 이익을 보리라 하는 자들아 내일 일을 너희가 알지 못하는도. 너희 생명이 무엇이냐? 너희는 잠깐 보이다가 없어지는 안개니라. 너희가 도리어 말하기를 주의 뜻이면 우리가 살기도 하고 이것이나 저것을 하리라 할 것이거늘(약 4:13-15).

성경은 이렇게 선언합니다. "보라 지금은 은혜 받을 만한 때요 보라 지금은 구원의 날이로다"(고후 6:2). 우리는 내일 이 땅에 누가 남아 있을지 모릅니다. 그런데 왜 영혼들을 위험에 빠뜨리는 것입니까? 그들을 마귀의 소유에서 구출하는 사역을 미루는 이유는 무엇입니까? 우리는 지금 비신자에게서 귀신들을 쫓아내야 합니다.

3. 귀신축출은 구원으로 이어져야 한다.

마가복음 5장에 나오는 귀신 들린 사람을 생각해보십시오. 그는 자유롭게 된 후 예수님을 따르기로 결정했습니다.

> 예수께서 배에 오르실 때에 귀신 들렸던 사람이 함께 있기를 간구하였으나 (막 5:18).

그리고 막달라 마리아도 귀신의 소유됨에서 구출된 후에 그리스도께 자신을 헌신했습니다. 성경은 그녀에게서 일곱 귀신이 쫓겨났다고 언급합니다.

> 예수께서 안식 후 첫날 이른 아침에 살아나신 후 전에 일곱 귀신을 쫓아내어

주신 막달라 마리아에게 먼저 보이시니(막 16:9).

그녀가 받은 귀신축출은 그 일요일 아침에 일어나지 않았다는 점에 유의하십시오. 그녀는 예수님을 따르기 전부터 이미 귀신들에게서 구출된 지 꽤 오래되었습니다. 마가는 그녀를 다른 마리아와 구별하는 데 도움이 되도록 그녀의 간증에 주목했습니다. 요점은 그녀가 귀신축출의 결과로 예수님을 따랐다는 것입니다.

귀신축출은 구원으로 이어지도록 인도하여야 합니다.

> 혹 네가 하나님의 인자하심이 너를 인도하여 회개하게 하심을 알지 못하여 그의 인자하심과 용납하심과 길이 참으심이 풍성함을 멸시하느냐(롬 2:4)?

우리는 "포로를 자유롭게 하라! 오늘 구출하라! 예수님은 여전히 구출하신다!"라는 슬로건을 외칩니다. 그러나 우리는 우리의 신학을 보존하기 위해 자유가 절실히 필요한 사람들을 외면합니다. 이것이 율법주의의 짐이며 종교적 사고의 무력함입니다. 성경을 엄격하게 잘못 적용하는 데 너무 집중하여 너무 많은 신자가 귀신에게 소유된 비신자에게 "내 교리가 그렇게 말하므로 나는 당신을 속박당한 상태로 두어야 합니다."라고 말합니다.

예, 비신자는 귀신축출 후에 회개하지 않으면 더 나빠질 수 있지만, 우리가 가만히 서서 아무것도 하지 않으면 그들 영혼의 영원한 운명은 훨씬 더 나빠질 것입니다. 귀신에게 소유된 사람들이 무시당하지 않았더라면 그들 중 얼마나 많은 이가 벌써 자유롭게 되고 거듭났을지 나는 궁금합니다. 누군가의 구출하는 사역이 그들을 구원으로 인도할 수 있어야 합니다.

이것은 다음과 같은 질문을 제기할 수 있습니다. "그렇다면 우리가 비신자에 대하여 구출사역이 필요한 이유는 무엇입니까? 그냥 모든 사람이 구원받도록 하지 않는 이유는 무엇입니까? 그러면 우리는 누구에게서도 귀신을 쫓아내지 않아도 될 것입니다."

이러한 생각은 구출사역이 단순한 귀신축출 이상이라는 것을 고려하지 못한 것입니다. 또한, 많은 사람은 귀신에게 소유됨에서 해방된 후에야 그리스도께로 올 수 있습니다. 어떤 사람이 귀신 들림의 절망 속에서 살다가 그러한 자유를 경험할 때, 그들은 더 많이 그리스도를 따르기로 결심합니다. 그것을 경험한 후에 그들의 영적 돌파는 매우 심오합니다. 그러므로 우리는 믿지 않는 자들에게서 귀신을 쫓아내야 합니다. 왜냐하면 귀신축출은 하나님이 그들을 구원으로 이끄시기 위해 사용하실 수 있는 것이기 때문입니다.

4. 우리는 전도에 대해 똑같이 말하지 않는다.

비신자들에게서 귀신들을 쫓아내는 것을 거부하는 기본 생각은 그들의 상황을 잠재적으로 악화시키고 싶지 않다는 것에 기초합니다. 나는 그것을 이해할 수 있습니다. 우리는 사람들이 일곱 배나 더 심하게 귀신 들리는 것을 원하지 않습니다. 귀신 들린 사람이 적어도 어느 정도 자유로워질 의지가 있는지 고려하는 것이 현명합니다. 예수님이 구출하신 귀신 들린 사람들은 그분께 나아왔거나 적어도 그들 자신이 그분께 데려가지도록 허락했습니다. 그렇다고 해서 믿지 않는 사람들에게서 귀신을 쫓아내지 말라는 뜻은 아닙니다.

가버나움 사람들은 예수님의 기적을 보았기 때문에 그들의 불신앙은 더 엄한 심판을 받았습니다.

> 가버나움아 네가 하늘에까지 높아지겠느냐? 음부에까지 낮아지리라. 네게 행한 모든 권능을 소돔에서 행하였더라면 그 성이 오늘까지 있었으리라. 내가 너희에게 이르노니 심판 날에 소돔 땅이 너보다 견디기 쉬우리라 하시니라 (마 11:23-24).

이것이 예수님이 기적을 행하시는 것을 막았습니까? 사람들이 "주님, 기적을 행하시면 안 됩니다. 이는 당신이 기적을 보고도 여전히 믿지 않는 사람들에게 더 가혹한 심판을 내리실 수 있기 때문입니다."라고 말한다고 상상해보십시오.

더욱이 진리를 알면서도 배척하는 사람들은 어떻습니까? 그들은 애초에 진리를 전혀 몰랐을 때보다 더 나쁜 위치에 있지 않습니까?

> 의의 도를 안 후에 받은 거룩한 명령을 저버리는 것보다 알지 못하는 것이 도리어 그들에게 나으니라. 참된 속담에 이르기를 개가 그 토하였던 것에 돌아가고 돼지가 씻었다가 더러운 구덩이에 도로 누웠다 하는 말이 그들에게 응하였도다(벧후 2:20-21).

우리는 비신자들이 언젠가 진리에서 떨어져 더 나빠질 것을 두려워하여 그들에게 복음 전하는 것을 보류하면 안 됩니다. 그렇다면 왜 우리는 그들이 일곱 귀신을 더 받을까 봐 두려워해서 귀신에게 사로잡힘에서 그들을 구출하는 것을 보류하겠습니까?

비신자들만이 귀신 들릴 수 있다는 사실 외에도 비신자들에게서 귀신들을 쫓아내야 하는 이유에 대한 네 가지 성경적 이유가 있습니다.

중대한 모순

그렇더라도 실제로 주의를 기울여야 할 또 다른 중요한 모순이 있습니다. 그리스도인들이 귀신 들릴 수 있다고 믿는 사람들은 또한 일곱 귀신이 더 들어오는 것을 막기 위해 비신자들에게서 귀신을 쫓아내서는 안 된다고 믿습니다. 그러나 정말로 이것에 대해 생각해 보십시오. 만약 귀신이 다른 일곱 귀신과 함께 돌아올 수 있기 때문에 우리가 비신자들에게서 귀신을 쫓아내지 말아야 한다면, 그리스도인들에게서 귀신을 쫓아내는 일도 왜 똑같이 적용되지 않습니까? 이는 그들도 귀신 들릴 수 있는데 말입니다.

물론 어떤 사람들은 "글쎄요, 그리스도인들은 그들이 문을 열거나 원수에게 법적 권리를 줄 때만 귀신에게 다시 소유될 수 있습니다."라고 대답할 수 있습니다. 그러나 위험은 여전히 남아 있을 것입니다.

따라서 우리가 귀신 들린 것으로 추정되는 그리스도인들에게 귀신축출을 해야 한다고 믿는 동시에 귀신 들린 비신자들에게 귀신축출을 행해서는 안 된다고 말하는 것은 일관성이 없습니다. 만약 두 부류 다 귀신에게 소유될 수 있다면, 결국 두 부류 다 "일곱 배나 더 나빠질" 수 있습니다. 동일한 진리는 신자와 비신자 모두에게 적용되어야 합니다.

여기서 혹자는 그리스도인들이 성령님의 보호를 받아 한 귀신이 일곱 귀신을 데리고 들어올 수 없도록 하라고 제안할 수 있습니다. 그러나 이것은 내가 줄곧 말해온 것입니다.

그러므로 나는 성령님이 귀신들림을 완전히 막으신다는 것을 믿습니다. 이것은 성령님이 최소한의 귀신을 허용하신다는 말과는 다릅니다. 성령님이 "나는 일곱 귀신이 들어가는 것을 허락하지 않겠지만, 한 귀신은 예외로 두겠다."라고 말씀하시는 것을 상상해보십시오. 이것은 당신이 그리스도인의 귀신 들림이라는 비성경적인 개념을 버리지 못할 때 발생하는 기괴한 모순의 종류입니다.

그래서 성령님은 신자를 귀신에게 소유됨으로부터 보호하시든지 그렇지 않든지, 둘 중 하나입니다. 귀신축출은 비신자를 위한 것이지 아무나 위한 것이 아닙니다.

마지막으로, 만약 축출 후에 귀신이 비신자에게 돌아올까 봐 걱정된다면, 귀신에게 절대로 돌아오지 말라고 명령하기만 하면 됩니다.

> 예수께서 무리가 달려와 모이는 것을 보시고 그 더러운 귀신을 꾸짖어 이르시되 말 못하고 못 듣는 귀신아 내가 네게 명하노니 그 아이에게서 나오고 다시 들어가지 말라 하시매(막 9:25).

비신자가 어둠의 왕국에 "문을 열"거나 "법적 권리"를 준다고 해도, 당신이 쫓아낸 귀신은 다시는 돌아오지 말라는 명령에 여전히 복종해야 할 것입니다.

이 문제에 대한 최종 생각

당신이 지금 무엇을 믿는지 혼란스럽다면, 당신이 하나님의 말씀을 깨달으면 모든 것이 더 명확해진다는 것을 아십시오. 그 혼란은 비성경적인 믿음과 및 진리를 대면한 후에도 그 비성경적인 믿음을 붙들고자 하는 데서 옵니다. 내 충고는 다음과 같습니다. 항상 성경의 편에 서십시오. 종교인들은 그들의 의례와 인간이 만든 믿음을 따르지 않겠다는 당신에게 화를 낼 것입니다. 선의의 그리스도인들도 당신이 그들과 동의하지 않는 것에 대해 화를 낼 수 있습니다. 진리를 전하는 사람들은 항상 기득권층을 화나게 합니다. 나는 당신에 대해 잘 모르지만, 약간 변화를 주는 것을 꺼리지 않습니다.

물론 나는 논쟁을 추구하지 않습니다. 나는 진리를 추구합니다. 그러나 때때로 진리에 이르는 길에서 논쟁을 만납니다. 논쟁을 바라보지 마십시오. 그렇다고 그것을 피하지도 마십시오. 진리를 추구하고, 진리에 따른 모든 것을 받아들이십시오. 진리를 보수하는데 담대해지십시오. 타인들과 다르게 되고 구별되십시오.

나 역시 이 주제에 대해 비판을 받은 적이 있습니다. 사람들은 내가 나누는 이 진리가 사람들을 속박하고 있다고 말합니다. 하지만 자신이 귀신에게 소유될 수 있다고 믿는 그리스도인이 가장 어려움을 겪는 바로 그 사람이기 때문에 이것은 아이러니가 아닐 수 없습니다. 내가 아는 신자 중 진리를 받아들인 사람은 귀신들에 대해 완전한 권위를 가지고 살고 있습니다.

　우리의 대화는 위태로운 일 때문에 너무 강렬합니다. 그리스도인들이 귀신에게 소유될 수 있다는 교리가 계속 가르쳐지면, 많은 것이 남게 됩니다. 이 단일한 믿음은 그리스도인에게 영적인 영역에 대한 성경 외적인 접근 방식의 복잡한 세계를 열어줍니다. 당신 자신이 해방되도록 하십시오. 진리 안으로 오십시오. 하나님이 당신에게 주신 자유를 믿으십시오. 영적으로 제한하는 믿음으로 당신의 권위를 타협하지 마십시오. 성경 편에 서십시오. 성령님의 능력을 믿으십시오.

Chapter 14
두려움과 고통의 견고한 진

고통은 원수의 잔인한 공격입니다. 악몽. 환청. 당신 근처에 있는 어두운 존재에 대한 끊임없는 감각. 이것은 단순한 불안이 아닙니다. 이것은 마음의 고통입니다. 당신의 수면에 방해가 됩니다. 무엇이든 즐기기가 어렵습니다. 당신은 공황 발작과 강박적인 행동과 항상 최악의 상황이 곧 일어날 것이라고 믿습니다. 여기에 거슬리고 때로는 변태적이거나 모독적인 생각의 공세를 더하게 됩니다. 화내는 말과 저주의 말, 비뚤어진 말이 당신의 마음을 스쳐 지나갑니다.

아마도 당신은 끔찍한 백일몽, 즉 사랑하는 사람이 해를 입거나 상실, 고통, 부상, 폭력, 불안한 이미지를 상상하는 꿈을 꿀 수도 있습니다. 뒤틀리고 비뚤어진 성적인 생각이 마음을 지배할 수 있으며 때로는 성적인 꿈으로 절정에 이를 수도 있습니다.

물체가 움직이는 것과 같은 귀신의 나타남이 주변에서 발생할 수 있습니다. 심할 때는 귀신들과 사악한 얼굴들과 그림자 같은 존재들을 볼 수도 있고, 이러한 존재들이 방안에서 떠드는 소리를 들을 수도 있고, 그들의 발걸음도 늗게 됩니다.

나는 교회 모임이나 예배 중에 갑자기 혐오스럽고 모독적인 생각을 하는 신자들의 이야기를 들었습니다. 나는 환청을 듣는 기독교 지도자들을 알고 있습니다.

이것들은 모두 '고통'에 대한 설명입니다. 고통은 다양한 형태로 나타나지만, 그 뿌리는 항상 두려움입니다. 고통은 불안만큼 간단할 수도 있고 환각처럼 강렬할 수도 있습니다. 그러나 그것은 모두 두려움입니다.

고통은 며칠, 몇 주 또는 몇 년 동안 지속될 수 있습니다. 나는 자유의 길을 알지 못한 채 수십 년간 이 견고한 진을 다루었던 몇몇 신자와 이야기하고 그들을 위해 기도했습니다. 이 견고한 진은 증상이 매우 유사하기 때문에 귀신들림으로 가장 자주 혼동됩니다.

마음의 고통은 사람을 쇠약하게 할 수 있습니다. 그것은 당신에 관한 모든 것, 즉 당신의 일, 관계, 사역, 육체의 건강, 그리고 무엇보다도 당신의 영적 삶에 영향을 미칠 수 있습니다. 당신은 모든 것을 시도한 시점에 도달했을 수 있습니다. 당신은 인생에서 어떤 것도 즐기기가 어려운 시점에 있을지도 모릅니다. 슬프게도, 이것은 고립으로 이어지고 그 고립은 문제를 악화시킵니다. 또한, 마음의 고통은 사람들에게 절망감을 불러일으키고 심지어 자살까지 생각하도록 하는 비극적인 현실입니다.

마음의 고통은 아마도 가장 악랄한 견고한 진 중 하나일 것입니다. 왜냐하면 이것은 추악한 절망감과 어둠을 동반하기 때문입니다. 믿기 어렵겠지만, 당신은 당신이 자유로울 수 있다는 것을 알아야 합니다.

당신은 이 장에 도달했을 때 이미 그리스도인들이 귀신의 소유가 될 수 없다는 것을 알고 있습니다. 당신이 다루고 있는 것은 외부로부터의 영적 공격이지만, 당신은 내부에서 영향을 받는 것이 가장 확실하기에 그렇게 느껴지지 않을 수도 있습니다. 그러면 고통의 견고한 진을 어떻게 극복할 수 있습니까?

성경은 사도 바울이 사탄의 사자에게 괴롭힘을 당했다고 말씀합니다.

내가 만일 자랑하고자 하여도 어리석은 자가 되지 아니할 것은 내가 참말을 함이라. 그러나 누가 나를 보는 바와 내게 듣는 바에 지나치게 생각할까 두려워하여 그만두노라. 여러 계시를 받은 것이 지극히 크므로 너무 자만하지 않게 하시려고 내 육체에 가시 곧 '사탄의 사자'를 주셨으니 이는 나를 쳐서 너무 자만하지 않게 하려 하심이라. 이것이 내게서 떠나가게 하기 위하여 내가 세 번 주께 간구하였더니 나에게 이르시기를 내 은혜가 네게 족하도다. 이는 내 능력이 약한 데서 온전하여짐이라 하신지라. 그러므로 도리어 크게 기뻐함으로 나의 여러 약한 것들에 대하여 자랑하리니 이는 그리스도의 능력이 내게 머물게 하려 함이라. 그러므로 내가 그리스도를 위하여 약한 것들과 능욕과 궁핍과 박해와 곤고를 기뻐하노니 이는 내가 약한 그 때에 강함이라(고후 12:6-10).

바울은 "사탄의 사자"라는 표현을 사용합니다. 그래서 우리는 그가 귀신에게 괴롭힘을 당하고 있었다는 것을 압니다. 귀신은 그에게 "고통"을 주도록 허용되었습니다. 이 귀신은 바울을 괴롭히기 위해 인간 박해자들을 이용했을 수도 있고, 직접 괴롭혔을 수도 있습니다. 두 경우 모두 "고통"으로 제한되었습니다. 이 영은 공격적인 특성 때문에 사자(messenger)라고 불렸습니다. 즉, 이 영은 말하고 소통했습니다.

이 존재는 "육체의 가시"로 묘사됩니다. 원어에서 "가시"라는 단어는 뾰족한 물체를 묘사합니다. 사전적 정의는 "말뚝"이나 "가시"입니다. 우리는 바울이 말 그대로 그의 육신을 찌르는 말뚝을 가지고 있지 않았다는 것을 압니다. 따라서 누군가가 바울이 문자 그대로 "육체"에 관해 말하고 있다고 믿고 싶다면, 바울이 문자 그대로 나무 말뚝에 대해 말하고 있다는 믿음을 가져야 합니다. 이는 어리석은 일입니다. 간단히 말해서, "육체의 가시"라는 비유적 언어는 "사탄의 사자"의 문자적 실제를 묘사하는데 사용되었습니다. "육체의 가시"는 비유이고, "사탄의 사자"는 비유의 대상입니다. 따라서 바울은 사자가 자기의 육체 안에 있다고 말한 것이 아닙니다. 이것은 바울의 간청에도 불구하고 하나님께서 이 가시를 제거하지 않으셨다는 사실에 의해 더욱 입증됩니다.

바울의 기록된 간증에 근거하여 우리는 귀신 들리지 않은 상태에서도 귀신의 공격으로 괴로움을 당할 수 있음을 압니다. 우리는 또한 당신이 신자라 할지라도 원수가 고통스럽게 공격할 수 있다는 것을 압니다.

우리에게 주어진 해법은 무엇입니까? "내 은혜가 네게 족하도다"(고후 12:9). 이 은혜는 능력을 주시는 성령님의 임재입니다. 그러면 우리는 성령님의 일에 어떻게 협력합니까?

리마인더

두려움과 고통의 견고한 진에 맞서 싸울 때 이러한 기본 사항을 적용하는 것을 잊지 마십시오.

기만과 열린 문 처리하기
- 하나님의 갑옷을 입으십시오. (2장)
- 진리의 영을 의지하십시오. (4장)
- 열린 문을 닫으십시오. (5장)
- 하나님의 말씀, 성령님의 음성, 건전한 교사들을 통해 견고한 진을 식별하십시오. (6장)

귀신들을 처리하기 (7장)
- 하나님의 권위를 아십시오.
- 하나님의 권위에 일치시키십시오.
- 명령하십시오.
- 믿음을 증가시키기 위해 금식하고 기도하십시오.

정신적, 감정적 문제 처리하기 (8장)
- 기본을 지키십시오.
- 진리를 믿기로 선택하십시오.
- 강화하는 거짓말에 맞서 싸우십시오.
- 마음을 새롭게 하십시오.

당황하지 마라

고통의 견고한 진에는 여러 독특한 도전이 따릅니다. 다른 사람이 당신을 위해 생각하고 있는 것처럼 보일 때 당신은 어떻게 당신의 생각을 붙잡을 수 있습니까? 당신이 이 견고한 진의 잠재적인 귀신적 측면을 이미 처리했다고 가정하면, 이 첫 번째 단계로 넘어갈 수 있습니다. 당황하지 마십시오.

고통의 견고한 진 뒤에 있는 뿌리는 단순히 당신에 대한 원수의 힘에 관한 착각입니다. 공격은 매우 강렬합니다. 공격은 시각적인 것과 청각적인 것과 감정적인 것으로 옵니다. 그러나 이것들은 모두 원수의 힘을 과장한 것입니다.

스미스 위글스워스(Smith Wigglesworth)라는 위대한 믿음의 사람에 관한 이야기가 있습니다. 위글스워스는 부흥회에서 사람들을 위해 몇 시간 동안 사역하고 기도한 후 육체적으로 지쳐서 집에 가서 몇 시간 잠을 잤습니다. 그는 잠든 지 약 30분 만에 갑자기 침대가 흔들리는 바람에 잠에서 깼습니다. 그는 침대 끝에 누군가 앉아 있는 것이 느껴졌습니다. 그가 자신을 흔들었던 것이 무엇인지 보기 위해 몸을 돌렸을 때 귀신이 그곳에 앉아 그를 쳐다보고 있는 것을 보았습니다. 그는 실제로 귀신을 보고 있는지 확인하기 위해 눈을 크게 떴습니다. 그는 실제로 귀신을 보았습니다. 그러나 그는 잠시도 머뭇거리지 않고 "아, 너였구나."라고 말했습니다. 그러고서 그는 방해받지 않고 다시 돌아누워 잠이 들었습니다.

> 하나님이 우리에게 주신 것은 두려워하는 마음이 아니요 오직 능력과 사랑과 절제하는 마음이니(딤후 1:7).

그 상황에서 대다수 신자는 어떻게 합니까? 슬프게도, 대다수는 당황할 것이라고 나는 생각합니다. 나는 그들이 그 밤에 잠을 설칠 것이라고 감히 말할 수 있습니다. 이것이 문제입니다. 대다수 그리스도인은 공격을 받을 때 겁을 먹습니다. 나는 귀신의 공격이 고통스러울 수 있다는 것을 알고 있으며, 하나님의 백성이 겪는 고통에 대해 무관심한 것처럼 보이고 싶지 않습니다. 그러나 우리는 그것에 반응하는 방식으로 고통을 더하게 된다는 것을 알아야 합니다. 사실, 이 견고한 진으로 고통받는 많은 그리스도인은 단순히 그들이 고통을 받고 있다는 사실에 괴로워합니다. 그들은 자신이 공격받고 있다는 생각을 극복할 수 없습니다. 그들은 그 공통을 받아들여서 스스로 걱정하고 자기의 생각을 소비합니다.

나는 북부 캘리포니아에서 사역하고 있었고 영적 전쟁과 구출에 관한 세미나를 주최하고 있었습니다. 질의응답 시간이 되자, 한 여성이 내게 말했습니다.

"데이비드 형제님, 가끔 기도할 때 뱀의 형상이 보입니다."

그래서 내가 대답했습니다.

"그건 좋지 않습니다. 귀신의 역사처럼 들립니다."

그녀는 이어서 말했습니다.

"알아요. 그럼 어떻게 해야 할까요?"

내가 설명했습니다.

"이것은 주의를 분산시키려는 귀신의 공격처럼 들립니다. 당신은 귀신을 꾸짖고 계속 기도해야 합니다."

그녀는 강조하며 대답했습니다.

"아니요, 당신은 이해하지 못합니다! 이것은 제가 기도할 때만 일어나는 일입니다. 이게 무슨 의미인가요? 어떻게 해야 하나요? 이것은 가계에 흐르는 저주인가요?"

"부인, 그것이 무엇이든 그것은 귀신의 역사처럼 들립니다. 만약 그것이 귀신의 역사라면, 당신은 그것에 대한 권한이 있습니다. 귀신을 꾸짖고 계속 기도해야 합니다."

그녀는 내 대답이 조금 마음에 들지 않아서 네 번 정도 더 질문을 반복했습니다. 그녀는 내가 그녀의 가족사를 탐구하고, 뱀의 상징에 관해 이야기하고, 특히 "뱀 귀신"에 대항하는 데 사용할 수 있는 특별한 기도를 해주기를 원했습니다.

질병의 영들과 주술의 영들과 모든 종류의 영을 쫓아내는 권세는 "뱀 귀신"을 쫓아내는 권세와 동일합니다. 그것은 바로 성령님의 능력입니다. 나는 그녀의 기분을 상하게 하지 않으려고 최선을 다하면서 내가 낼 수 있는 가장 친절한 어조로 말했습니다.

"부인, 솔직하게 말하겠습니다. 원수는 당신이 기도할 때 방해하고 있습니다. 원수가 역사하는 것입니다."

나는 이것이 많은 하나님의 백성에게 나타나는 패턴임을 발견합니다. 그들은 매우 특수한 문제에 대해 매우 특수한 해법을 원합니다. 그들은 자신들이 당하고 있는 특수한 문제들의 의미와 기원과 귀신의 유형에 대해 강조합니다. 그들은 마치 기독교화된 버전의 '던전 앤 드래곤'(dungeons and dragons)에 사로잡혀 있는 것과 같습니다. 어떤 사람들은 귀신론(demonology)에서 흥분과 즐거움과 정체성을 찾기 때문에 귀신론에 집착합니다. 다른 사람들은 하나님의 능력이 역사하기 전에 모든 각도에서 귀신의 능력을 이해해야 한다고 배웠기 때문에 귀신론에 집착합니다. 두 반응 모두 집착의 형태입니다. 우리는 하나님 말씀의 일반적인 진리를 신뢰하지 않기 때문에 매우 구체적인 해결책을 고집합니다.

신자들은 공격받고 괴로워할 때 그것에 집착하고 자책하는 질문을 함으로써 문제를 악화시킵니다.

"내가 성령모독죄를 지은 걸까? 예수님이 나를 거부하신 것일까?"

그들은 이렇게 하면서 고통의 근원을 무시하고 그들 자신에게 몇 가지 고통을 추가합니다. 나는 이것을 너무 많이 보았고, 이것을 볼 때마다 마음이 아팠습니다.

"데이비드, 나는 저주를 받은 것 같아요. 성경을 읽으면서 하품했어요. 도와주세요!"

"목사님, 악몽을 꿨어요. 너무 악마적인 꿈이었어요. 제발 도와주세요. 어떻게 해야 할지 모르겠어요."

"데이비드, 내 주변의 모든 사람이 나를 반대하는 것 같아요. 이것은 하나님의 징벌입니까, 아니면 제가 영적 공격을 받고 있는 겁니까?"

나는 실제로 수백 가지의 다른 예를 들 수 있습니다. 그런 말을 들을 때면, 나는 의분에 휩싸입니다. 첫째로, 나는 이런 기만으로 하나님의 백성을 공격하는 원수에게 화가 납니다. 둘째로, 나는 혼란과 두려움을 더해주기만 하는 이런 가르침을 준 사람들에게 화가 납니다.

당신이 원수의 공격을 받을 때 그의 많은 기만적인 계략을 파악하십시오. 그러나 원수가 당신을 거슬러 행동하고 있다는 단순한 사실로 당신의 평안을 잃지 마십시오. 이것이 그리스도인의 삶입니다.

원수의 목표는 당신입니다. 원수는 당연히 당신을 공격해옵니다. 솔직히, 나는 원수가 나를 공격하지 않는 것이 더 걱정됩니다. 우리는 너무 자주 이미 무거운 짐에 걱정을 더함으로써 투쟁을 더 악화시킵니다. 이것은 일부 사람이 자유롭게 될 수 없는 이유입니다. 그들은 해결책이라고 생각했던 것들로 문제를 일으키고 있습니다.

그들은 인터넷에서 영적 전쟁을 조사하는 데 긴 시간을 보냅니다. 그들은 인위적이고 다양한 자유롭게 되는 방법에 집착합니다. 안타깝게도, 많은 정보가 문제를 악화시킵니다. 많은 사람이 성경을 넘어서서 오컬트와 뉴에이지의 가르침을 받아들이고 거기에 기독교 딱지를 붙입니다. 어떤 사람들은 성경에 근거하지 않은 가르침들을 추가하고 이미 고난을 겪고 있는 사람들에게 더 많은 부담을 지웁니다. 일부는 당신이 자유로워지기 전에 충족해야 할 더 많은 기준이 있다고 믿으라고 할 것입니다. 다른 사람들은 모든 것이 귀신의 역사라고 당신을 가르칠 것입니다. 당신은 당신의 걱정 목록에 계속해서 더 많은 것을 추가하기 때문에 고통이 더욱 심해집니다.

당신이 이 견고한 진을 극복하는 첫 번째 단계는 하나님에 대한 확신을 가지고 고통에 반응하는 것입니다. 이것은 실제로 공황 발작에 대한 중요한 돌파구를 제공한 열쇠 중 하나입니다. 물론 공황 발작은 고통의 한 가지 예일 뿐이지만, 이 점에 대한 훌륭한 예가 됩니다.

내가 배운 것은 다음과 같습니다. 나는 고통이나 어지러움이나 심한 공포감을 느끼는 순간에 그것을 느끼도록 나 자신에게 허용했습니다. 나는 그것을 무시하지 않았습니다. 나는 그것을 직시하고 "마귀야, 이게 네가 할 수 있는 최악의 일이냐? 이게 네가 가진 전부냐?"라고 말했습니다. 나는 잠시 멈춘 후 심장이 뛰고 손에 땀이 나고 머리가 두근거리는 것을 느끼곤 했습니다. 공황 발작이 일어나는 바로 그 순간에 나는 "하나님, 당신이 나의 보호자이심을 감사합니다. 저를 사랑하시고 지켜주셔서 감사합니다."라고 말씀드렸습니다. 그렇게 하면서 그 순간 내가 느끼는 감정을 피하지 않으면서, 그것이 현실적으로 느껴지고 위험하게 느껴질지라도, 그것이 실제로 나를 해칠 수는 없다는 것을 깨달았습니다.

이것이 고통에 대한 진실입니다. 고통은 무섭지만 당신을 해칠 수는 없습니다.

공황 발작에 대처하는 나의 예전 방식은 신체적 감각에 대해 생각하는 것을 피하고 그것이 일어나지 않는 척하는 것이었습니다. 그렇게 함으로써 나는 두려움을 쌓아 놓았습니다. 그러나 나는 내가 느끼는 것에도 불구하고 그것을 직시하고 평화를 선택함으로써 공격의 배후에 있는 힘인 두려움을 극복할 수 있었습니다.

> 내가 여호와께 간구하매 내게 응답하시고 내 모든 두려움에서 나를 건지셨도다. 그들이 주를 앙망하고 광채를 내었으니 그들의 얼굴은 부끄럽지 아니하리로다(시 34:4-5).

두려움은 현실입니다. 위험은 현실이 아닙니다. 나는 인생의 한순간도 즐길 수 없을 정도로 원수의 능력을 확신한다는 것이 어떤 것인지 압니다. 나는 침대에서 일어나는 것이 투쟁이라는 두려움에 비정상적이 되는 것이 어떤 것인지 압니다. 사회적 불안과 종말론적 사고와 불안과 같은 경미한 고통에서부터 거슬리는 생각과 환청과 강박과 환각과 같은 강렬한 고통에 이르기까지 공황에 반응하지 않는 것이 중요합니다. 그렇게 함으로써 당신은 투쟁에 또 다른 계층을 추가하기만 하면 됩니다.

나는 우리가 우리의 문제에 대해 부인해야 한다거나 우리가 어려움을 겪고 있다는 사실을 무시해야 한다고 말하는 것이 아닙니다. 긍정적인 생각만을 옹호하는 것도 아닙니다. 나는 단지 어떤 종류의 공격이나 견고한 진에 관해서 신자에게 공황 상태가 되는 것은 적절한 반응이 아니라는 것을 의미합니다.

당신은 공격이나 부정적인 생각이 일어나는 순간에 성령님을 불러야 합니다. 성령님은 결정적인 순간에 우리가 도전에 맞서도록 힘을 주십니다. 마술사가 바울의 복음 전파를 방해했을 때 성령님은 바울에게 능력을 주셔서 귀신의 공격을 저항할 수 있게 하셨습니다.

> 이 마술사 엘루마는 (이 이름을 번역하면 마술사라) 그들을 대적하여 총독

으로 믿지 못하게 힘쓰니, 바울이라고 하는 사울이 성령이 충만하여 그를 주목하고, 이르되 모든 거짓과 악행이 가득한 자요 마귀의 자식이요 모든 의의 원수여 주의 바른 길을 굽게 하기를 그치지 아니하겠느냐? 보라 이제 주의 손이 네 위에 있으니 네가 맹인이 되어 얼마 동안 해를 보지 못하리라 하니 즉시 안개와 어둠이 그를 덮어 인도할 사람을 두루 구하는지라(행 13:8-11).

성경의 이 부분은 내가 가장 좋아하는 성령님에 관한 진리 중 하나를 보여줍니다. 그분은 당신이 그분을 가장 필요로 하는 순간에 나타나십니다. 우리는 바울이 거듭났을 때 이미 성령님으로 충만했음을 압니다. 따라서 이 이야기에서 바울은 권위를 받은 것이 아니라 그가 이미 지녔던 권능을 사용한 것이었습니다. 이 "갑작스러운" 능력은 또한 당신의 것입니다. 성령님은 이미 당신 안에 살고 계십니다. 당신이 공격받거나 도전받을 때마다 성령님은 그 순간 당신에게 필요한 것이 무엇이든 당신에게 능력을 주실 것입니다.

어떤 고통이 있든, 그것이 강하든 약하든, 당신의 첫 반응은 당신이 경험하고 있는 것에 당황하지 않고 성령님을 부르는 것이어야 합니다. 이것은 가치 있는 모든 것과 마찬가지로 연습이 필요할 수 있습니다. 어떤 고통스러운 생각에 대한 신자의 첫 반응은 공황 상태가 아니라 기도여야 합니다. 당신이 악이나 고통을 겪고 있다면, 당신을 구원해 달라고 성령님께 부르짖으십시오.

너희 중에 고난당하는 자가 있느냐? 그는 기도할 것이요 즐거워하는 자가 있느냐? 그는 찬송할지니라(약 5:13).

당신의 머릿속에서 음성이 들리거나 침입적인 생각이 들 수 있습니다. 당신은 불안으로 가득 차 있거나 일반적으로 마음이 괴로울 수 있습니다. 당신은 이러한 격렬한 순간에도 공포보다는 기도를 선택할 수 있습니다. 당신의 첫 반응이 공포 대신 기도가 되도록 허용함으로써, 당신은 정신적 고통이 일어나는 처음 몇 초 동안 성령님을 참여시킴으로써 상황을 장악하게 됩니다. 당신이 폭풍 속을 항해하듯, 배가 요동치더라도 목적지에 집중해야 합니다. 이러한 고통은 모두 그림자일 뿐 실체가 없습니다. 이러한 공격은 프로젝터의 화면과 마찬가지로 실제보다 더 크고 가시적으로 보입니다. 이것은 당신의 주의를 분산시키고 위협하기 위해 고안된 정교한 쇼입니다. 이러한 쇼의 힘에 당신이 굴복하면, 이것은 설득력이 있을 수 있습니다.

여기에서 우리는 우리의 보혜사 성령님을 불러야 합니다. 그렇게 함으로써 당신은 숨을 고르고 진리를 믿기로 선택할 수 있도록 잠시 멈춤의 순간을 만듭니다. 이것은 당신이 하나님의 사랑을 확신하는 두 번째 단계를 밟을 수 있는 위치에 있게 합니다.

그분의 사랑을 확신하라

당신은 고난 중에도 하나님과 연결되어 있습니다. 아마도 정신적 고통을 겪을 때 오는 거짓말 중 가장 감정을 자극하는 것은 그 고통이 어떻게든 하나님이 당신을 버렸다는 증거라는 생각일 것입니다. 당신이 정신 건강 문제나 건강하지 못한 사고방식, 감정적 고통 또는 귀신의 공격으로 고통받고 있다고 해서 당신이 가짜 그리스도인이거나 하나님이 당신을 외면하셨다는 의미는 아닙니다. 당신이 괴로운 꿈이나 거슬리는 생각과 심각한 두려움에 시달릴 수 있다고 해서, 그것이 하나님이 당신을 더는 사랑하지 않는다는 의미가 아닙니다.

> 내가 확신하노니 사망이나 생명이나 천사들이나 권세자들이나 현재 일이나 장래 일이나 능력이나, 높음이나 깊음이나 다른 어떤 피조물이라도 우리를 우리 주 그리스도 예수 안에 있는 하나님의 사랑에서 끊을 수 없으리라(롬 8:38-39).

무엇도 당신을 하나님의 사랑에서 끊을 수 없습니다. 두려움이나 공황 발작, 강박 장애나 거슬리는 생각, 환각이나 환청, 귀신 꿈과 정신적 고뇌조차도 우리를 하나님의 사랑에서 끊을 수 없습니다.

당신의 고통 때문에 하나님의 인내가 닳아 없어지는 일은 없습니다. 당신은 거절당하지 않았습니다. 하나님은 당신을 포기하기 직전이 아닙니다. 그분의 자비는 아침마다 새롭습니다(애 3:23). 그분은 우리의 약함을 참으시고 우리의 곤경에 긍휼을 보이십니다. 하나님 사랑의 실재에 당신의 기초를 두는 것이 고통을 덜어주는 주요 열쇠입니다.

귀신들은 하나님의 사랑에서 당신을 끊을 수 없습니다. 고통은 당신을 하나님의 사랑에서 끊을 수 없습니다. 하나님의 사랑을 확신하는 것은 승리와 정체성을 확신하는 것입니다.

> 이로써 사랑이 우리에게 온전히 이루어진 것은 우리로 심판 날에 담대함을 가지게 하려 함이니 주께서 그러하심과 같이 우리도 이 세상에서 그러하니라. 사랑 안에 두려움이 없고 온전한 사랑이 두려움을 내쫓나니 두려움에는 형벌이 있음이라. 두려워하는 자는 사랑 안에서 온전히 이루지 못하였느니라 (요일 4:17-18).

하나님의 사랑을 받는 사람은 두려워할 것이 없습니다. 무한한 능력을 가지신 하나님은 영원한 사랑으로 당신을 돌보십니다. 결국 당신을 위한 모든 것이 궁극적으로 하나님과 함께하는 것으로 끝난다면, 당신이 두려워할 것은 무엇입니까?

> 몸은 죽여도 영혼은 능히 죽이지 못하는 자들을 두려워하지 말고 오직 몸과 영혼을 능히 지옥에 멸하실 수 있는 이를 두려워하라(마 10:28)

예수님은 오직 하나님만이 영혼을 만지실 수 있다고 가르치셨습니다. 오직 하나님만이 몸과 영혼을 다 멸하실 수 있습니다. 즉, 오직 하나님만이 당신의 영원을 결정할 수 있습니다. 원수가 당신의 마음을 괴롭히기 위해 사용하는 모든 공포와 위협을 생각해 보십시오. 원수가 무엇을 위협하든, 육신의 마음이 무엇을 걱정하든, 감정이 무엇을 느끼든 상관없이, 하나님 사랑의 진리는 당신을 자유롭게 하는 것입니다. 왜냐하면 하나님의 사랑은 궁극적인 안전망이기 때문입니다. 당신에게 무슨 일이 일어나든 일어나지 않든, 당신은 영원히 사랑받고 있습니다.

> 옛적에 여호와께서 나에게 나타나사 내가 영원한 사랑으로 너를 사랑하기에 인자함으로 너를 이끌었다 하였노라(렘 31:3).

위협과 고난은 고통스러울 수 있습니다. 생각, 감정, 귀신의 음성, 환각 등 어떤 공격도 당신을 하나님의 사랑에서 끊을 수 없습니다. 그러므로 당신은 고통 중에도 성령님이 말씀하시는 것을 생각하기로 선택해야 합니다. 당신은 거절당하지 않았습니다. 성령님은 당신을 떠나시지 않았습니다. 당신은 승리할 수 있습니다. 당신은 하나님의 사랑을 받고 있습니다. 성령님은 우리에게 그 진리를 상기시켜 주실 뿐만 아니라 확증해 주십니다. 그분은 확신하게 하시고 설득하시고 간청하십니다. 다른 모든 음성이 당신의 관심을 끌기 위해 비명을 지르는 동안 성령님의 음성은 소음을 뚫고 더 나은 것을 믿도록 부르십니다. 그분은 당신의 마음에 하나님의 사랑을 넓게 부으시는 분입니다.

> 소망이 우리를 부끄럽게 하지 아니함은 우리에게 주신 성령으로 말미암아 하나님의 사랑이 우리 마음에 부은바 됨이니(롬 5:5).

당신은 하나님의 사랑 안에서 확고한 토대와 안전한 정체성과 담대함을 발견합니다.

고통과 자신을 동일시하지 마라

당신 자신이 고통을 받고 있다는 사실을 인정하는 것과 그 고통에 자신을 동일시하는 것 사이에는 큰 차이가 있습니다. 당신이 고통을 당하고 있음을 인정하는 것은 "이런 일이 나에게 일어나고 있어. 도움이 필요해."라고 말하는 것입니다. 자신의 고통과 동일시하는 것은 "내게는 본질적으로 잘못된 것이 있어. 그래서 나는 항상 고통을 불러일으키는 거야."라고 말하는 것입니다. 거듭난 신자는 새로운 피조물입니다.

> 그런즉 누구든지 그리스도 안에 있으면 새로운 피조물이라 이전 것은 지나갔으니 보라 새 것이 되었도다(고후 5:17)

당신은 당신의 거슬리는 생각이 아닙니다. 당신은 당신의 고통이 아닙니다. 당신은 환청이나 환각이나 밤의 공포가 아닙니다. 당신은 두려움이나 불안감이나 공황 발작이 아닙니다. 당신은 강박이나 불경스러운 생각이나 비뚤어진 생각이 아닙니다. 당신은 원수에게 속하지 않습니다. 당신은 하나님의 자녀입니다.

당신의 마음은 단지 오래전에 훈련된 것 아래에서 작용하고 있으며, 그것은 새로워질 필요가 있습니다. 당신이 새로워지는 동안 자신이 누구인지 기억하십시오. 당신 안에 계신 성령님은 당신의 정체성을 확증해주십니다.

> 무릇 하나님의 영으로 인도함을 받는 사람은 곧 하나님의 아들이라(롬 8:14).

당신이 겪는 투쟁에서 당신의 정체성을 분리하는 방법을 배우십시오. "나는 신성 모독적인 마음을 가지고 있어."라고 말하는 대신에 "이것들은 신성 모독적인 생각이야. 나는 이것들을 거부할 수 있어."라고 말하십시오. 이것은 자신의 결정과 실수와 생각에 대해 책임지지 않는다는 의미가 아닙니다. 확실히 하하나님은 우리의 결정에 대해 우리 모두에게 책임을 물으십니다. 이것은 당신의 정체성이 당신의 투쟁에 기반하지 않는다는 것을 의미합니다.

공황 상태가 시작되면 '이 불안은 지나가는 것일 뿐이다. 몸에 공황이 느껴지지만, 나는 평화를 선택할 수 있다.'라고 생각하십시오. 불경스럽거나 비뚤어지거나 고통스러운 생각이 머리를 스쳐 지나갈 때, 이 현실을 인정하십시오.

"하나님은 여전히 나를 사랑하시며 내가 이러한 생각을 거부하도록 도와주실 것이다."

밤마다 잠이 오지 않고 귀신의 방문(귀신에게 소유됨과는 다름)이 있을 때, "나는 하나님께 속해 있다. 어떤 귀신도 나를 소유하거나 내 안에 거할 수 없다. 이러한 공격은 위협에 불과하지만, 원수는 나에게 할 수 있는 일이 제한되어 있다."라고 말하십시오. 당신의 불안과 상처로 인해 사람들이 당신을 나쁘게 생각한다고 생각할 때, 자신에게 물어보십시오. "그들이 정말로 나를 학대하고 있는가? 그들은 정말로 나를 싫어하는가? 아니면 나는 과거의 상처와 불안의 렌즈를 통해 그것들을 읽고 있는가?"

당신이 받는 고통은 당신이 누구인지 정의하지 않습니다. 당신의 진단은 당신의 정체성이 아닙니다. 이러한 공격을 "불안"이나 "강박 장애"나 "거슬리는 생각"이나 "고통"이라고 합니다. 당신은 이를 통해 다른 관점에서 사고 패턴을 볼 수 있습니다. 예를 들어, 나는 최악의 상황을 너무 많이 생각하거나 상상하고 싶은 유혹을 느낄 때마다 "이게 실제로 일어난 일인가, 아니면 불안이 나에게 말하는 것인가?"라고 묻습니다.

나는 당신에게 대본을 주는 것이 아니며, 이것은 특별한 기도가 아닙니다. 내가 당신에게 설명하는 것 뒤에 있는 진리와 원리를 보십시오. 요점은, 당신의 투쟁을 당신의 정체성에서 분리해야 한다는 것입니다.

당신은 공격과 생각과 고통을 당신 자신의 핵심 부분이 아니라 침입자, 또는 지나가는 이방인으로 보기 시작해야 합니다.

영적 세계의 관점에서 당신의 생각을 살펴보십시오. 누가 당신의 생각을 관찰하고 있습니까? 정말로, 이것에 대해 생각해보십시오. 당신을 괴롭히는 생각이 당신 속에서 일어날 때, 그 생각으로 인해 괴로워하는 사람은 누구입니까? 그것은 참 당신, 곧 당신 내면의 영적 자아입니다.

이제는 그것을 행하는 자가 내가 아니요 내 속에 거하는 죄니라(롬 7:17).

참 당신에게서 나온 생각이 어떻게 당신을 괴롭힐 수 있습니까? 그 생각이 당신이라면 어떻게 그 생각을 관찰할 수 있겠습니까? 당신의 내면이 참 당신입니다. 외부의 고통은 당신이 아닙니다.

다시 말하지만, 나는 당신이 이 점을 오해하지 않기를 바랍니다. 나는 우리가 죄나 죄된 생각에 대해 책임이 없다고 말하는 것도 아닙니다. 바울도 그렇게 말하지 않았습니다. 바울은 단지 그가 그 죄성과 동일시하지 않는다는 것을 인정하고 있을 뿐입니다. 그것은 그의 참 자아가 아닙니다.

만약 당신이 고통과 싸우고 있다면, 그것은 오랜 싸움일 가능성이 크며, 꽤 무거운 현실과 고통스러운 과거 경험을 기반으로 할 가능성이 높습니다. 이것은 아마도 당신 자신을 "고통받는 사람"이나 "머리가 이상한 사람" 또는 "손상되고 망가진 사람"으로 보게 만들었을 것입니다. 그러나 당신이 영의 관점에서 자신을 볼 수 있다면, 자신이 구원받았다는 것을 알게 될 것입니다. 당신은 구원받았고 하나님께 속해 있기에 당신의 정체성과 당신의 이전 본성의 타락한 사고 패턴 사이에는 분리가 있습니다.

다시 말하지만, 성령님은 당신이 자유로워지도록 도와주십니다. 왜냐하면 당신의 삶에 임재하시는 성령님이 당신을 구별해주고, 그분이 당신에게 그 구별을 상기시켜 주실 것이기 때문입니다. 당신의 고통스러운 생각을 당신에게서 분리하여 보십시오. 그것들을 당신 자신의 구성 요소가 아니라 당신이 방어해야 하는 불타는 화살로 보십시오.

예배하라

정서적 혼란과 정신적 불안정의 순간에 예배는 하나님의 영광을 바라보도록 주의를 환기시킵니다. 예수님을 보는 것은 평화를 아는 것입니다.

> 주께서 심지가 견고한 자를 평강하고 평강하도록 지키시리니 이는 그가 주를 신뢰함이니이다(사 26:3).

킹제임스성경은 이 구절을 다음과 같이 표현합니다.

> 주께서 생각을 주께 고정한 자를 완전한 화평으로 지키시리니 이는 그가 주를 신뢰하기 때문이니이다(사 26:3 킹제임스 흠정역 마제스티 에디션).

예배는 바쁜 마음의 주의를 사로잡습니다. 그것은 주님을 높여드리고 혼돈을 최소화합니다. 예배는 경외심과 경배를 드리는 것입니다. 당신이 하나님에 의해 경이로워할 때 그 어떤 것도 당신을 괴롭게 하기가 쉽지 않습니다.

생각의 훈련은 당신의 생각을 선택하도록 요구하지만, 예배는 하나님의 선하심 외에 다른 어떤 것에 당신의 관심을 기울이는 것을 거의 불가능하게 만듭니다. 예배는 단순히 노래를 한 곡 부르는 것 이상입니다. 예배는 성령님이 주신 계시에 응답하는 영적 축제입니다.

> 하나님은 영이시니 예배하는 자가 영과 진리로 예배할지니라(요 4:24).

예배는 영과 진리로 드리는 것입니다. 예배는 계시가 필요하기 때문에 진리입니다. 당신은 계시 없이 노래할 수 있고, 계시 없이 춤을 출 수 있고, 계시 없이 외칠 수 있습니다. 그러나 계시 없이는 예배할 수 없습니다. 예배는 하나님께서 계시하신 것에 응답하는 당신의 존재입니다. 예배는 그분의 인격이나 본성에서 보는 것에 대한 응답입니다. 예배는 당신이 그분의 영광을 볼 때 하나님께 영광을 돌리는 것입니다.

이런 의미에서 예배는 성령님에게서 나오는 것입니다. 오직 성령님만이 당신에게 하나님을 계시하실 수 있습니다. 그러므로 오직 성령님만이 당신 안에서 진정한 예배를 일으킬 수 있습니다.

괴로움을 느끼는 순간에는 평화와 안정이 있는 내면으로 물러나십시오. 마음을 하나님께 두십시오. 그분을 생각하십시오. 그런 다음 예배하십시오. 머지않아 고통의 소음은 찬양과 경배의 큰 소리에 묻힐 것입니다. 당신은 감옥에 있을 때도 예배할 수 있습니다.

> 그가 이러한 명령을 받아 그들을 깊은 옥에 가두고 그 발을 차꼬에 든든히 채웠더니, 한밤중에 바울과 실라가 기도하고 하나님을 찬송하매 죄수들이 듣더라. 이에 갑자기 큰 지진이 나서 옥터가 움직이고 문이 곧 다 열리며 모든 사람의 매인 것이 다 벗어진지라(행 16:24-26).

바울과 실라는 옳은 일을 했다는 이유로 감옥에 갇히고, 하나님의 뜻대로 행했다는 이유로 박해받았지만, 피해의식에 빠지지 않았습니다. 그들을 묶고 있는 사슬에 거의 주의를 기울이지 않고 경배하기 시작했습니다. 그들은 자신이 있는 곳에 초조해하거나 당황하지 않고 하나님이 그들을 버리셨다고 생각하지 않았습니다. 지하 감옥의 차갑고 어두운 환경은 그들 안에 있는 천상의 분위기를 방해할 수 없었습니다. 그들은 감옥에 있었지만, 감옥은 그들 안에 없었습니다. 그들은 예배했고 그들의 예배는 감옥의 기초를 흔들었습니다.

정결하게 살라

죄처럼 평화를 앗아가는 것은 거의 없습니다. 모든 고통이 죄로 인한 실수에서 직접 오는 것은 아니지만 죄로 인한 실수는 고통을 악화할 수 있습니다. 죄는 당신을 편집증적으로 만듭니다.

> 악인은 쫓아오는 자가 없어도 도망하나 의인은 사자 같이 담대하니라(잠 28:1).

의는 담대함의 열쇠입니다. 당신이 올바른 자세로 고통에 맞서고 싶다면 대담함이 필요합니다. 고통은 불한당과 같습니다. 그것은 당신이 그것을 크고 나쁘고 위협적인 것으로 보기를 원합니다. 그러나 당신이 고통에 과감히 맞서는 순간 고통은 위축되기 시작합니다.

죄 많은 삶에 사로잡혀 있는 신자는 고통에 맞서는 데 어려움을 겪습니다. 이는 그가 자신이 고통에 대한 권위를 가질 자격이 없다고 생각하거나 자신의 실수 때문에 고통이 남아 있을 권리가 있다고 생각할 수 있기 때문입니다. 죄는 당신으로 하나님의 평화를 받을 자격이 없다고 생각하게 하여 고통을 받아들이게 만듭니다. 그러나 여기서도 성령님은 성결의 영이시기 때문에 우리를 도우십니다. 그분은 죽을 몸이 죄로부터 자유롭게 살 수 있도록 능력을 주십니다.

> 예수를 죽은 자 가운데서 살리신 이의 영이 너희 안에 거하시면 그리스도 예수를 죽은 자 가운데서 살리신 이가 너희 안에 거하시는 그의 영으로 말미암아 너희 죽을 몸도 살리시리라(롬 8:11).

신자들과 교제하라

고통은 고립시키고, 고립은 고통받게 합니다. 이것들은 서로를 더 나쁘게 만듭니다. 사람이 괴로운 마음을 가지고 살면 의심이나 자의식 때문에 다른 사람들과 함께 있기가 어렵습니다. 거부당하거나 오해를 받는다고 느끼는 일부 신자들은 다른 사람들과 함께 있는 것을 두려워합니다. 우리는 거절과 조롱과 배신이 두려워서 다른 사람들을 피하고 싶은 유혹이 들 수도 있지만, 다른 신자들과 교제하기 위해 노력해야 합니다. 교제를 끊는 것은 위험할 수 있습니다.

> 무리에서 스스로 갈라지는 자는 자기 소욕을 따르는 자라 온갖 참 지혜를 배척하느니라(잠 18:1).

우리가 동료 신자들과 단절된 채로 살 때 외부인들의 관점으로 배우게 되는 유익을 잃게 됩니다. 친한 친구들이 없으면 자기 생각을 공유하기 어렵고 자기 생각에 대한 솔직한 피드백을 받기가 어렵습니다. 고립된 상태에서는 지나친 생각이 억제되지 않고 이상한 믿음이 굳어지며 근거를 찾기가 어려워집니다. 사람들은 우리가 균형을 유지하고 현실에 기반을 두도록 도와줍니다.

일부 사람들은 교만 때문에 자신들만큼 영적이지 않은 사람들에 의해 어떻게든 "오염"될 수 있다고 주장함으로써 고립된 생활방식을 변호합니다. 또 다른 사람들은 상처받는 것이 두려워 모든 사람이 자신을 해칠 것이라고 주장함으로써 단절을 방어합니다. 다른 사람들이 영적이지 않거나 다른 사람들이 당신에게 상처를 줄 수 있다는 것이 사실일 수 있지만, 우정의 이점은 어떤 단점보다 큽니다. 이것은 우리가 "육신적인 그리스도인"의 영향을 받는 데 시간을 보내거나 다른 사람들이 우리를 학대하도록 허용해야 한다는 말이 아닙니다. 그러나 이것은 우리가 진정한 우정을 찾을 때까지 관계에서 위험을 감수해야 함을 의미합니다. 성경은 우정을 높이 평가합니다.

> 친구는 사랑이 끊어지지 아니하고 형제는 위급한 때를 위하여 났느니라(잠 17:17).

여기서 우리는 딜레마에 빠질 수 있습니다. 친구들은 당신이 고통을 극복하는 데 도움이 될 수 있지만, 고통은 진정한 친구를 찾기 어렵게 만듭니다.

이 시점에서 나는 우리가 이상하다고 생각하는 사람들에게 기꺼이 위험을 감수하도록 모든 신자에게 도전할 필요가 있다고 생각합니다. 나는 과거에 불안과 우울증에 시달렸기 때문에 이 분야에 대해 더 의식하게 되었습니다. 나는 하나님의 도움으로 다른 사람들과 교제하기 어려운 사람들과 친구가 되려고 의도적으로 노력합니다. 그리고 그 결과로 나는 정신적 투쟁 속에 숨어 있고 파묻혀 있고 갇힌 놀라운 사람들을 발견했습니다. 사실, 나는 사람들이 단순히 다른 사람들과 다시 교제하는 것만으로도 몇 달 만에 거의 정신을 잃을 뻔한 상태에서 안정되고 즐거운 상태로 바뀌는 것을 보았습니다. 이것이 바로 성경이 우리의 연합을 격려하는 이유입니다.

> 모이기를 폐하는 어떤 사람들의 습관과 같이 하지 말고 오직 권하여 그 날이 가까움을 볼수록 더욱 그리하자(히 10:25).

그래서 당신은 당신의 친구들이라고 부를 경건한 사람들을 찾는 데 딜레마에 빠질 수 있습니다. 이것은 참으로 어려운 일입니다. 다른 사람들과 교제하기 위해서는 거절과 조롱의 고통을 경험해야 한다는 것은 진실입니다. 정신적 고통을 이해하지 못하는 사람들이 많습니다. 그들의 반응은 당신에 대한 반영이라기보다는 그들 자신에 대한 것입니다. 일부는 무해하게 농담하거나 본의 아니게 모욕적인 말을 하는 반면, 다른 일부는 노골적으로 잔인한 말을 합니다. 하지만 그때 당신은 당신이 직면하고 있는 것을 이해하거나 적어도 당신이 직면하도록 기꺼이 도와줄 사람들을 찾을 것입니다. 또한, 우리를 매우 사랑하는 사람들도 우리에게 상처를 줄 수 있다는 것을 깨닫고 은혜를 베풀고 그들의 실수를 기꺼이 용서하십시오. 기분이 불쾌해졌다고 해서 진정한 우정을 버리지 마십시오.

  신자들의 공동체에 다가가십시오. 당신의 불안감과 두려움과 고통과의 싸움에 대해 정직하게 말하십시오. 그런 다음 올바른 우정을 찾을 때까지 기꺼이 거절당하십시오. 그것은 불편해 보일 수 있지만 앞으로 나아가는 유일한 방법입니다. 당신이 자유에 대해 진지하게 생각한다면, 다른 사람들과 다시 교제하는 것이 필요합니다. 당신이 교제하는 이 사람들이 당신의 편집증과 이상한 교리나 고통에 가담하지 않도록 하십시오.

  성령님은 당신을 올바른 사람들에게로 인도하실 것입니다.

> 평안의 매는 줄로 성령이 하나 되게 하신 것을 힘써 지키라(엡 4:3).

  당신 안에 계신 성령님은 그들 안에 계신 성령님과 연결될 것입니다. 성격과 문화와 어조와 외모 때문에 갈등과 오해가 있을 수 있습니다. 그러나 당신 자신의 가장 깊은 부분은 성령님과 연합되어 있으며, 그것은 성령 충만한 다른 사람들과 연결되도록 이끌릴 당신의 부분입니다. 겉모습으로 사람들을 판단하지 마십시오.

  나는 정반대였던 신자들, 곧 서로 조금도 마음에 들지 않았던 사람들이 그들의 외적 차이를 기꺼이 극복하려고 했기 때문에 가장 친한 친구들이 된 사례를 알고 있습니다.

휴식

  휴식은 게으름이 아닙니다. 휴식은 세속적인 것이 아닙니다. 휴식은 신뢰의 증거가 될 수 있습니다. 믿기 어렵겠지만, 휴식은 영적으로 유익될 수 있습니다. 주 예수님도 휴식하셨습니다.

> 이르시되 너희는 따로 한적한 곳에 가서 잠깐 쉬어라 하시니 이는 오고 가는 사람이 많아 음식 먹을 겨를도 없음이라(막 6:31).

당신의 몸 상태는 정신적, 정서적 웰빙에 큰 영향을 미칠 수 있습니다. 고통 속에 사는 사람들은 종종 일관되지 않은 수면 패턴과 나쁜 식습관과 운동을 거의 하지 않는 생활방식이 있다고 말합니다. 정신적 고통은 본질적으로 영적인 것일 수 있지만, 열악한 몸 상태로 인해 악화할 수도 있습니다.

다시 말하지만, 당신은 딜레마에 빠질 수 있습니다. 그렇다면, 괴로워하는 마음이 어떻게 쉴 수 있습니까? 겁에 질린 사람들이 어떻게 잠을 잘 수 있겠습니까? 귀신의 영향을 받은 악몽을 꾸는 사람들이 어떻게 편안한 잠을 고대할 수 있습니까? 그들이 환청을 듣거나 거슬리는 생각을 통제할 수 없을 때 어떻게 휴식을 취할 수 있습니까?

어려워 보일 수 있지만, 당신은 휴식의 순간을 찾기 위해 최선을 다해야 합니다. 처음에는 이것이 어려울 것입니다. 그러나 당신에게 주어진 성경의 열쇠를 실천함에 따라 당신은 평화에 점점 더 가까워지는 자신을 발견하게 될 것입니다. 그러니 처음에는 할 수 있는 만큼만 하십시오. 전자제품들을 따로 보관하십시오. 적절한 취침시간을 정하십시오. 너무 많은 일이나 책임을 떠맡지 마십시오. 더 많은 휴식을 취하기 위해 실질적인 조치를 취하십시오. 휴식을 취하는 것에 대해 죄책감을 느끼지 말고 휴식을 취하는 동안 일어날 수 있는 일에 대해 걱정하지 마십시오. 하나님을 신뢰하십시오.

나는 잠을 말하는 것이지만, 또한 기도와 예배와 말씀 읽기를 통해 주님의 임재 안에서 휴식하는 것도 말하는 것입니다. 예를 들어, 기름 부음 받은 기독교 음악을 틀고 그냥 쉬십시오.

> 하나님께서 부리시는 악령이 사울에게 이를 때에 다윗이 수금을 들고 와서

손으로 탄즉 사울이 상쾌하여 낫고 악령이 그에게서 떠나더라(삼상 16:23).

주님 안에서 휴식을 취하면 마음이 진정됩니다. 사울은 악령에게 괴롭힘을 당했지만, 휴식을 취하면서 기름 부음 받은 음악을 들으며 평안을 찾았습니다.

휴식을 취하는 동안 긍정적인 측면에서 방해가 되는 생각들을 피하십시오. 나는 하나님이 그들에게 임의의 메시지를 보내신다고 스스로 확신함으로써 그들 자신의 휴식 시간을 방해하는 신자들을 알고 있습니다. 예를 들어, 어떤 사람들은 "지금 당장 일어나서 기도해라! 서둘러라!" 하고 성령님이 그들에게 말씀하셨다고 오해합니다. 이처럼 겉보기에 긍정적인 것처럼 보이는 산만함이 발생하여 휴식을 방해할 수 있습니다. 성령님은 당신이 휴식을 취하는 것을 개의치 않으십니다. 성령님은 당신의 침입적 생각이나 고통이 당신을 압박하는 것처럼 당신을 압박하시지 않습니다. 따라서 긍정적인 침입적 생각조차도 당신의 휴식을 방해할 수 있다는 사실을 인식하십시오.

이것이 침투적 생각의 본질입니다. 침입적 생각이 항상 부정적인 것은 아닙니다. 우리는 침입적 생각에 너무 괴로워하기 때문에 부정적인 침입적 생각에만 집중하게 되는 것입니다. 그래서 우리는 휴식을 방해하는 겉보기에 긍정적인 침입적 생각을 포착하지 못합니다.

그냥 휴식하십시오. 휴식하는 동안 모든 것을 파악하려고 노력하지 마십시오. 너무 깊어지려고 하지 마십시오. 휴식을 취할 때 부정적인 것이든 긍정적인 것이든 당신의 마음을 스치는 모든 생각에 집착하는 것을 멈추십시오. 주님의 임재를 받아들이십시오.

당신의 몸을 돌보면 마음이 발전하기 시작할 것입니다.

듣고 보는 것을 신중하게 선택하라

만약 당신이 폭력적이고 변태적이거나 문제가 되는 것을 보거나 듣는다면, 어떻게 마음의 평화를 기대할 수 있습니까? 당신의 마음에 불안한 흔적을 남기는 영화와 노래가 머물러 있을 것입니다. 그것들을 끄십시오. 사역자들이 당신을 편집증에 빠뜨리고 혼란스럽게 하고 귀신의 힘에 집착하게 만드는 기괴한 영적 전쟁과 귀신축출에 관해 가르칠 것입니다. 그런 종류의 가르침을 듣지 마십시오. 당신은 마음에 불경한 생각을 일으키는 대화를 할 수도 있습니다. 그런 대화를 그만두십시오.

당신은 마음과 감정이 매일 소비하는 것들에 의해 어떻게 영향을 받는지 알면 놀랄 것입니다. 당신이 경계해야 할 이유가 바로 이것입니다. 침입적 생각과 악몽과 환청, 심지어 환각은 우리가 마음에 허용하는 것에 영양분을 공급할 때 더 많은 힘과 현실감을 얻습니다. 당신이 정신적 고통을 주는 것을 중단하면, 그것이 완전히 사라지는 데는 시간이 걸릴 수 있지만 약해지기 시작합니다. 당신에게 고통을 강화하기 위해 사용되는 정욕을 굶주리게 하십시오. 굶주리게 하는 것은 과정입니다.

> 오직 주 예수 그리스도로 옷 입고 정욕을 위하여 육신의 일을 도모하지 말라 (롬 13:14).

그 대신 성령님이 당신의 마음을 진리로 채우시도록 하십시오. 그 결과로 평화가 가장 먼저 찾아옵니다.

> 하나님의 나라는 먹는 것과 마시는 것이 아니요 오직 성령 안에 있는 의와 평강과 희락이라(롬 14:17).

Chapter 15
참소의 견고한 진

당신은 마음의 평안을 누리며 하루를 보내다가 단지 죄를 기억하는 것만으로도 정신적으로 감정적으로 쇠약해진 적이 있습니까? 어쩌면 당신은 끊임없이 고통받고 있을 것입니다. 당신의 많은 실수로 인해, 또는 아마도 당신이 저지른 한 가지 죄 때문에 당신 자신을 용서할 수 없을 수도 있습니다.

많은 신자가 과거에 대한 부끄러움으로 가득 차 있거나 하나님의 용서의 기쁨을 느끼기 시작하면 갑자기 과거의 죄가 그들에게 돌아올까 봐 두려워서 그리스도 안에서의 삶을 즐길 수 없습니다. 일부는 자신의 과거가 자신을 파괴하기 위해 돌아올 것이라는 생각이나 자신이 한 일에서 완전히 자유로울 자격이 없다는 생각을 넘어설 수 없습니다. 많은 사람은 죄를 회개하고 하나님께 용서를 구했지만, 여전히 과거로 자신을 정의하거나 실수에 대한 기억을 완전히 사라지게 하지 않습니다. 우리는 확실히 과거의 실수로부터 배울 수 있지만, 그리스도 안에서 새롭게 된 사람들은 과거의 실수에 연연해서는 안 됩니다. 하나님이 그것을 그분의 생각에서 지우셨다면 우리도 그렇게 해야 합니다.

> 나 곧 나는 나를 위하여 네 허물을 도말하는 자니 네 죄를 기억하지 아니하리라(사 43:25).

> 아버지가 자식을 긍휼히 여김 같이 여호와께서는 자기를 경외하는 자를 긍휼히 여기시나니(시 103:12).

성경은 원수를 "고소하는 자"라고 부릅니다.

> 내가 또 들으니 하늘에 큰 음성이 있어 이르되 이제 우리 하나님의 구원과 능력과 나라와 또 그의 그리스도의 권세가 나타났으니 우리 형제들을 참소하던 자 곧 우리 하나님 앞에서 밤낮 '참소하던 자'가 쫓겨났고(계 12:10).

사탄은 참소하는 자이지만, 그리스도는 대언자이십니다.

> 나의 자녀들아 내가 이것을 너희에게 씀은 너희로 죄를 범하지 않게 하려 함이라. 만일 누가 죄를 범하여도 아버지 앞에서 우리에게 대언자가 있으니 곧 의로우신 예수 그리스도시라(요일 2:1).

하나님은 당신이 과거에 지은 죄를 생각나게 하시는 분이 아닙니다. 사탄이 바로 그 일을 하는 존재입니다. 우리의 흠을 찾아내려는 원수의 거짓말은 참소의 견고한 진이 세워지는 기초적인 근거입니다.

- "네 과거가 네 삶을 파괴하기 위해 다시 오고 있다."
- "네가 평안을 누리고 그리스도 안에서 삶을 즐기기 시작하는 순간 모든 것이 무너질 것이다."
- "너는 과거의 잘못 때문에 하나님의 선하심을 너무 기뻐해서는 안 된다."
- "그래, 너는 용서받았지만, 이 실수는 적어도 항상 네 일부일 것이다."
- "너는 네가 죄를 지었을 때 자신이 죄를 저지른다는 것을 남들보다 더 잘 알았기 때문에 하나님은 다른 사람들을 용서하신 것처럼 이 죄를 용서하

시지는 않을 것이다."
- "너는 너무 많이 용서를 구했다!"

이것들은 모두 원수의 참소하는 거짓말입니다. 참소의 견고한 진은 신자가 자기의 잘못을 버릴 수 없게 합니다. 이 때문에 그들은 불필요한 고통을 겪고 무거운 감정적 짐을 짊어집니다.

리마인더

참소의 견고한 진과 싸울 때 이 기본을 적용하는 것을 잊지 마십시오.

기만과 열린 문 처리하기
- 하나님의 갑옷을 입으십시오. (2장)
- 진리의 영을 의지하십시오. (4장)
- 열린 문을 닫으십시오. (5장)
- 하나님의 말씀, 성령님의 음성, 건전한 교사들을 통해 견고한 진을 식별하십시오. (6장)

귀신들을 처리하기 (7장)
- 하나님의 권위를 아십시오.
- 하나님의 권위에 일치시키십시오.
- 명령하십시오.
- 믿음을 증가시키기 위해 금식하고 기도하십시오.

정신적, 감정적 문제 처리하기 (8장)
- 기본을 지키십시오.
- 진리를 믿기로 선택하십시오.
- 강화하는 거짓말에 맞서 싸우십시오.
- 마음을 새롭게 하십시오.

죄책감의 역할

물론 약간의 죄책감은 좋은 것입니다. 우리는 부끄러운 일을 할 때 부끄러움을 느끼고, 죄를 지을 때 죄책감을 느껴야 합니다.

> 하나님의 뜻대로 하는 근심은 후회할 것이 없는 구원에 이르게 하는 회개를 이루는 것이요 세상 근심은 사망을 이루는 것이니라(고후 7:10).

우리는 우리의 유감스러운 행동을 뉘우쳐야 합니다. 고통이 몸에 하는 일을 양심은 마음에 합니다. 우리는 하나님의 선물인 양심으로 거룩함의 기준을 어긴 때를 압니다. 죄책감은 무언가 잘못되었음을 알려줍니다. 죄책감이 그 목적을 달성하게 하십시오. 즉, 죄책감이 당신이 정말 잘못한 일을 했음을 드러내도록 허용하십시오. 그런 다음 회개하고 계속하십시오.

정죄 vs. 죄를 깨닫게 함

여기에서 우리는 정죄와 죄를 깨닫게 함의 차이를 인식해야 합니다. 정죄는 하나님에게서 나온 것이 아닙니다. 유죄판결은 하나님에게서 나온 것입니다. 정죄는 당신이 실수(mistake)인 것을 알려줍니다. 죄를 깨닫게 함은 당신이 실수를 저질렀음을 알려줍니다. 정죄는 부끄러움과 두려움으로 당신을 하나님에게서 멀어지게 합니다. 죄를 깨닫게 함은 회개와 겸손으로 당신을 하나님께로 인도합니다.

우리가 의의 기준에 이르지 못할 때 성령님은 우리에게 다음과 같은 사실을 깨닫게 하십니다.

> 그가 와서 죄에 대하여, 의에 대하여, 심판에 대하여 세상을 책망하시리라(요 16:8).

그러나 용서받고 문제를 처리한 후에는 계속 진행해야 합니다.

> 그러므로 이제 그리스도 예수 안에 있는 자에게는 결코 정죄함이 없나니(롬 8:1).

나는 때때로 하나님과의 대화가 다음과 같이 진행되는 것을 상상합니다.

"하나님, 죄송합니다. 용서해주세요. 회개합니다!"
주님은 은혜롭게 대답하십니다.
"너를 용서한다. 가서 더는 죄를 짓지 마라."
그런 다음 우리는 그것을 다시 꺼냅니다.
"주님, 정말 죄송합니다. 제가 그렇게 했다는 게 믿기지 않습니다. 정말 너무 끔찍합니다. 저를 용서해주세요!"
죄를 잊기로 선택하신 주님은 이렇게 물으십니다.
"무엇을 용서해달라고?"

신자는 내가 '강박적이고 상습적인 고백'(Obsessive-Compulsive Confession)이라고 부르는 것에 휩싸이게 됩니다. 이것은 영리한 말장난이 아닙니다. 나는 심각하게 이 용어를 사용하고 있습니다. 어떤 그리스도인들은 자기의 손을 깨끗이 씻었는데도 계속 손을 씻는 세균 혐오자처럼, 자신이 이미 용서받았음에도 계속해서 고백합니다.

우리는 복음을 믿거나 믿지 않거나 둘 중 하나입니다. 만약 우리가 복음을 믿는다면 하나님의 용서가 우리에게도 적용된다는 것을 압니다. 그리고 하나님의 용서는 더 잘 아는 사람들에게도 적용됩니다.

자기 처벌

용서받은 죄에 대해 양심의 가책을 느끼는 것은 미덕처럼 여겨지기 때문에 죄책감을 훌훌 털어버리기는 어려울 수 있습니다. 일부 그리스도인은 자신이 어느 정도만 용서받았고 자기의 잘못에 대한 대가로 적어도 어느 정도의 죄책감을 짊어져야 한다는 거짓말을 믿습니다. 많은 사람이 등을 채찍질하는 것처럼 자기의 죄 많은 과거에 대한 기억과 고통으로 감정적으로나 정신적으로 계속해서 자신을 공격합니다. 그들은 자기의 과거를 부분적으로 극복하도록 허용하지만, 하나님의 선하심을 기뻐할 자격이 없다는 조용한 믿음에 집착합니다.

> 우슬초로 나를 정결하게 하소서. 내가 정하리이다. 나의 죄를 씻어 주소서 내가 눈보다 희리이다. 내게 즐겁고 기쁜 소리를 들려 주시사 주께서 꺾으신 뼈들도 즐거워하게 하소서(시 51:7-8).

많은 그리스도인은 빚을 졌다고 생각하는 죄에 대해 여전히 자신을 벌하고 있기에 그 기쁨을 받아들이기를 거부합니다. 예를 들어, 많은 목회자는 하나님이나 사람들이 그들을 용서하지 않았기 때문이 아니라 그들이 자신을 용서하지 않았고 여전히 자신을 "타락한" 사람으로 여기기 때문에 죄악된 실수에서 완전히 회복하지 못합니다. 그들은 자기의 수치심을 투사하고 다른 사람들이 자신에 대해 낮은 평가를 한다고 가정합니다.

많은 신자는 그저 자기의 죄를 떠나가게 할 수 없습니다. 그들은 몇 주 또는 며칠 동안 승리를 거둔 다음 다시 실수에 대해 초조해합니다. 그들은 과거가 돌아오는 것에 대해 편집증적으로 삽니다. 그들의 죄는 항상 그들의 마음에 있습니다. 그들은 하나님의 축복을 누릴 수 없습니다. 그들은 자신이 너무 좋은 것을 허용하지 않습니다. 그들은 성취할 자격이 없다고 믿기 때문에 성취를 거부합니다. 그들은 과거에 대해 자신을 벌하고 있기에 축복을 거부합니다.

> 하나님이여 주의 인자를 따라 내게 은혜를 베푸시며 주의 많은 긍휼을 따라 내 죄악을 지워 주소서. 나의 죄악을 말갛게 씻으시며 나의 죄를 깨끗이 제하소서. 무릇 나는 내 죄과를 아오니 내 죄가 항상 내 앞에 있나이다(시 51:1-3).

당신이 그런 사람이면, 지금은 당신이 거짓말에 맞서야 할 때입니다. 하나님은 죄를 용서하십니다. 하나님은 거짓말쟁이들과 살인자들과 간음자들과 최악의 죄인들을 용서하십니다. 그분의 빛을 숨길 수 있는 어둠은 없습니다. 당신은 그분의 손길을 떠날 수 없습니다. 당신이 얼마나 멀리 갔든지, 진정한 회개의 순간은 당신을 집으로 데려다 줄 수 있습니다.

단번에 자유롭게 되다

당신은 용서의 기쁨 속에서 당신의 삶을 시작할 수 있습니다. 어깨너머로 보고 심판의 날이 오는지 궁금해하는 것을 멈출 수 있습니다. 죄책감이나 무가치하다는 느낌 없이 주님의 기쁨 안에서 살 수 있습니다.

> 주의 얼굴을 내 죄에서 돌이키시고 내 모든 죄악을 지워 주소서. 하나님이여 내 속에 정한 마음을 창조하시고 내 안에 정직한 영을 새롭게 하소서(시 51:9-10).

허물의 사함을 받고 자신의 죄가 가려진 자는 복이 있도다. 마음에 간사함이 없고 여호와께 정죄를 당하지 아니하는 자는 복이 있도다. 내가 입을 열지 아니할 때에 종일 신음하므로 내 뼈가 쇠하였도다. 주의 손이 주야로 나를 누르시오니 내 진액이 빠져서 여름 가뭄에 마름 같이 되었나이다.(셀라) 내가 이르기를 내 허물을 여호와께 자복하리라 하고 주께 내 죄를 아뢰고 내 죄악을 숨기지 아니하였더니 곧 주께서 내 죄악을 사하셨나이다(셀라) (시 32:1-5).

그가 네 모든 죄악을 사하시며 네 모든 병을 고치시며... 우리의 죄를 따라 우리를 처벌하지는 아니하시며 우리의 죄악을 따라 우리에게 그대로 갚지는 아니하셨으니(103:3,10).

성령님이 증언하시다

이것이 바로 십자가의 기쁨이요 아름다움입니다. 그리스도는 하나님의 진노를 흡수하시고 당신에게 죄 없는 완전함의 은택을 남겨 주셨습니다. 이것을 당신에게 증언하시는 분은 성령님이십니다.

그가 거룩하게 된 자들을 한 번의 제사로 영원히 온전하게 하셨느니라. 또한 성령이 우리에게 증언하시되, 주께서 이르시되 그 날 후로는 그들과 맺을 언약이 이것이라 하시고 내 법을 그들의 마음에 두고 그들의 생각에 기록하리라 하신 후에(히 10:14-16).

원수가 당신의 과거를 보도록 압력을 가할 때, 십자가를 볼 수 있을 만큼 충분히 뒤를 돌아보십시오. 원수가 당신의 죄악된 실수를 생각나게 할 때, 성령님은 성경에서 당신을 하나님 보시기에 완전하게 만든 단 하나의 제물에 대해 증언하십니다.

참소자(accuser)가 아닌 보혜사(Advocate)의 말에 귀를 기울이십시오. 마귀는 거짓말쟁이이고 성령님은 항상 진리를 말씀하십니다.

Chapter 16
우울증의 견고한 진

기만은 우울증을 가져온다

우울증은 오래 지속되는 슬픔, 육체적 피로, 정신적 괴로움 또는 무관심, 정서적 민감성 또는 무감각, 냉소주의 및 부정, 절망과 공허함으로 나타날 수 있습니다. 어떤 사람들은 한 번에 몇 달 동안, 한 번에 몇 년 동안, 심지어 인생의 여러 시섬에서 우울증의 무게에 눌린 채 살아갑니다. 대다수의 경우 우울증은 당신에게 공허함, 흥미 없음, 피곤함 또는 일반적으로 삶과 단절된 느낌을 남길 수 있습니다.

궁극적으로, 우울증은 기만의 결과입니다. 우리가 믿는 거짓말은 우리 영혼에 무게가 됩니다. 우울증의 핵심이 될 수 있는 거짓말은 많습니다.

"너는 사랑받지 못하고 원치 않는 사람이야."
"너는 가치도 목적도 없어."
"인생이 나아질 가망이 없어."
"아무것도 너를 위해 잘 풀리지 않을 거야."
"너는 학대받아 마땅해."

"너는 혼돈과 비극을 끌어들이고 있어."

우울증의 뿌리를 형성할 수 있는 거짓말은 수천 가지가 있습니다. 우리가 믿는 거짓말은 우리가 느끼는 감정이 되고 우리가 생각하는 생각이 됩니다. 그러한 생각과 감정은 우울증의 정신적, 정서적 패턴과 견고한 진을 형성합니다. 당신이 거짓말을 받아들이면, 그것은 당신에 관한 모든 것에 영향을 미치기 시작합니다.

물론 이것은 당신이 속았기 때문에 슬퍼한다는 의미는 아닙니다. 예수님도 우셨습니다.

> 예수께서 눈물을 흘리시더라(요 11:35).

그러므로 어려움과 마음의 고통을 경험하는 모든 사람이 우울증에 걸리는 것은 아닙니다. 그러나 원수는 그가 당신에게 말하는 것을 당신이 믿도록 설득하려고 어려움과 마음의 고통을 사용할 수 있습니다. 우리는 모두 상실과 비극과 가슴 아픈 일을 겪게 되지만, 이에 어떻게 대응하느냐가 핵심입니다. 우리는 모두 슬픔의 계절을 경험하겠지만, 우리의 영적 삶의 상태는 슬픔의 계절에 우리가 기만에 빠지느냐의 여부에 달려 있습니다.

슬픔의 순간이나 계절과 우울증의 견고한 진 사이의 차이는 기만입니다. 우리가 원수의 거짓말을 믿기로 선택했을 때만 자연스럽게 발생하는 슬픔의 반응이 본격적인 우울증의 견고한 진으로 변할 수 있습니다.

물론 일부 만성 우울증에는 정신 건강 측면도 있지만, 정신 건강 문제가 있는 사람도 진리를 받아들인다면 승리하며 살 수 있습니다. 임상적으로 말하자면, 당신은 우울증을 겪고 있을 수 있습니다. 영적으로 말하자면, 우울증은 당신을 장악할 필요가 없습니다.

보증의 힘

보증의 힘을 생각해보십시오. 주요 정치인이 거의 알려지지 않은 유망한 후보를 지지하면, 무명의 정치인이 선거에서 승리하기에 충분한 표를 얻을 수 있습니다. 무명의 작가가 메가베스트셀러 작가의 추천사를 받으면, 그 작가는 성공할 수 있습니다. 유명 운동선수가 의류 브랜드를 홍보하면, 해당 의류 브랜드가 매출을 높일 수 있습니다. 보증은 신뢰성과 신빙성을 제공합니다.

같은 방식으로 원수는 자기의 거짓말을 더 그럴듯하게 만들기 위해 당신의 감정과 부정적인 상황을 이용할 것입니다. 원수는 또한 자기의 거짓말을 지지하기 위해 당신의 성장과정, 학대, 배신, 비극, 상실, 실망, 심지어 트라우마를 사용할 수 있습니다.

예를 들어, 원수는 당신에게 "너는 가치가 없어."라고 말할 수 있습니다. 당신이 트라우마를 경험했다면 원수는 그 트라우마를 당신의 가치에 반하는 증거로 사용할 수 있습니다. 그는 "너는 하나님이나 누군가에게 정말로 가치가 있다면 누군가 그 트라우마가 발생하는 것을 막았을 것이다."라고 말할 수 있습니다.

이것은 원수가 자기의 기만적인 논점을 지지하기 위해 당신의 감정이나 부정적인 상황을 어떻게 사용할 수 있는지를 보여주는 한 가지 예일 뿐입니다.

또한 기존의 사고방식도 원수의 거짓말을 지지할 수 있다는 점을 고려하십시오. 당신이 시련이나 실망에 직면했을 때 이미 존재하는 부정적인 사고방식은 최악의 시나리오에서 그 시련과 실망에 대해 생각하게 만들 수 있습니다. 기존의 견고한 진은 나쁜 상황을 최악의 상황으로 보게 만들 수 있습니다. 우울증의 견고한 진은 추가적인 우울증의 견고한 진을 형성하는 데 도움이 됩니다. 그렇기에 이 견고한 진을 무너뜨리기가 매우 어려울 수 있습니다.

귀신들과 육신은 우리의 슬픔의 순간을 포착하여 기만의 씨앗을 심을 수 있습니다. 그들은 우리의 감정의 힘과 부정적인 상황의 설득을 이용하여 비성경적인 방식으로 생각하게 만듭니다. 당신은 혼자라고 느낄 때 하나님께 버림받았다고 믿기가 더 쉽습니다. 당신이 어려움에 직면했을 때 당신에게 어떤 좋은 일도 일어나지 않는다고 믿는 것은 훨씬 더 쉽습니다. 그러므로 삶의 환난은 특히 우리가 개인적인 비극에 영적인 방식으로 대응하지 않을 때 우울증이 뿌리를 내릴 기회를 제공합니다.

리마인더

우울증의 견고한 진과 싸울 때 이 기본을 적용하는 것을 잊지 마십시오.

기만과 열린 문 처리하기
- 하나님의 갑옷을 입으십시오. (2장)
- 진리의 영을 의지하십시오. (4장)
- 열린 문을 닫으십시오. (5장)
- 하나님의 말씀, 성령님의 음성, 건전한 교사들을 통해 견고한 진을 식별하십시오. (6장)

귀신들을 처리하기 (7장)
- 하나님의 권위를 아십시오.
- 하나님의 권위에 일치시키십시오.
- 명령하십시오.
- 믿음을 증가시키기 위해 금식하고 기도하십시오.

정신적, 감정적 문제 처리하기 (8장)
- 기본을 지키십시오.

- 진리를 믿기로 선택하십시오.
- 강조하는 거짓말에 맞서 싸우십시오.
- 마음을 새롭게 하십시오.

우울증에서 벗어나기

1. 준비하라.

사람들은 당신을 모욕하고 배반할 것입니다. 인생은 당신의 길에 비극과 시련을 던질 것입니다. 우리는 모두 상실과 실망을 경험할 것입니다. 하나님이 우리에게 영원의 이쪽에서 완벽하게 이상적인 환경을 약속하신 적이 없다는 사실을 받아들이십시오. 사도 바울도 반가운 상황과 반갑지 않은 상황을 모두 경험했습니다.

> 내가 궁핍하므로 말하는 것이 아니니라. 어떠한 형편에든지 나는 자족하기를 배웠노니 나는 비천에 처할 줄도 알고 풍부에 처할 줄도 알아 모든 일 곧 배부름과 배고픔과 풍부와 궁핍에도 처할 줄 아는 일체의 비결을 배웠노라(빌 4:11-12).

우울증의 견고한 진이 자리를 차지하는 것을 방지하려면 인생의 부정적인 경험을 어떻게 인식할지 미리 결정해야 합니다.

> 내 형제들아 너희가 여러 가지 시험을 당하거든 온전히 기쁘게 여기라. 이는 너희 믿음의 시련이 인내를 만들어 내는 줄 너희가 앎이라. 인내를 온전히 이루라. 이는 너희로 온전하고 구비하여 조금도 부족함이 없게 하려 함이라 (약 1:2-4).

문제가 생기기 전에 "나는 항상 이런 일이 일어난다. 이것은 결코 나아지지 않을 거야. 하나님이 나를 버렸어."라는 거짓말에 속아 넘어가지 않겠다는 약속을 하십시오.

재난이 닥치기 전에 말씀을 알아 폭풍 전에 당신의 기초가 제자리에 있도록 하십시오. 상실과 배신 또는 부정적인 상황에 직면하기 전에 영적으로 준비하십시오. 삶의 부정적인 사건 때문에 당신에 대한 원수의 거짓말이나 당신에 대한 하나님의 사랑에 관한 거짓말을 받아들이지 않겠다고 스스로 결정하십시오. 이것은 당신이 슬픔의 감정을 경험하지 않는다는 의미가 아니라 육신이나 마귀가 당신의 시련을 기회로 삼아 우울증의 견고한 진의 기반을 구축하도록 허용하지 않는다는 의미입니다.

2. 몸 관리

이것은 영적으로 들리지 않을 수도 있지만, 당신이 우울증과의 싸움에서 승리하려면 당신의 몸을 돌봐야 합니다. 수면 패턴과 식단과 운동 습관 및 전반적인 신체 건강이 당신의 기분에 영향을 줄 수 있습니다. 이것은 다른 만성 질환과 싸우고 있는 사람들이 우울증을 극복할 수 없다는 것을 의미하지는 않습니다. 이것은 우리가 성령님의 전을 돌보기 위해 우리가 할 수 있는 일을 해야 한다는 것을 의미합니다.

사람들이 단순하게 들리는 우울증 치료법을 알려줄 때 실망스러울 수 있다는 것을 나는 알고 있습니다. 우울증을 극복하는 것은 일부 사람들이 무심코 제안하는 것처럼 "햇빛을 더 많이 쬐는 것", "운동하는 것" 또는 "더 많이 외출하는 것"의 문제가 아닙니다. 그런데도 우리는 몸을 돌보는 것이 우울증과의 전쟁에서 승리하는 핵심 요소임을 인정해야 합니다.

예언자 엘리야를 생각해 보십시오. 엘리야는 이세벨의 거짓 예언자들과의 초자연적인 대결에서 승리한 후 목숨을 잃을까 두려워 도망쳤습니다. 엘리야는 아마도 지치고 피곤했을 것이며, 주님을 위해 하고 있던 일 때문에 감정적으로 기진맥진했을 것입니다. 이 시점에서 이세벨은 그를 죽이겠다고 위협했습니다. 이 강력한 예언자는 무엇을 했습니까? 하늘에서 불을 내리던 사람은 악녀의 위협에 어떻게 대응했습니까? 그는 무서워했습니다.

> 그가 이 형편을 보고 일어나 자기의 생명을 위해 도망하여 유다에 속한 브엘세바에 이르러 자기의 사환을 그곳에 머물게 하고, 자기 자신은 광야로 들어가 하룻길쯤 가서 한 로뎀 나무 아래에 앉아서 자기가 죽기를 원하여 이르되 여호와여 넉넉하오니 지금 내 생명을 거두시옵소서. 나는 내 조상들보다 낫지 못하니이다 하고, 로뎀 나무 아래에 누워 자더니 천사가 그를 어루만지며 그에게 이르되 일어나서 먹으라 하는지라. 본즉 머리맡에 숯불에 구운 떡과 한 병 물이 있더라. 이에 먹고 마시고 다시 누웠더니, 여호와의 천사가 또 다시 와서 어루만지며 이르되 일어나 먹으라. 네가 갈 길을 다 가지 못할까 하노라 하는지라. 이에 일어나 먹고 마시고 그 음식물의 힘을 의지하여 사십 주 사십 야를 가서 하나님의 산 호렙에 이르니라(왕상 19:3-8).

엘리야는 죽고 싶을 정도로 우울했습니다. 그는 자신이 조상들보다 낫지 않다는 거짓말을 믿었습니다. 그는 자신을 불쌍히 여겼습니다. 이에 대한 응답으로 하나님은 선지자가 귀신에게 소유되었다고 말씀하시지 않았습니다. 하나님은 엘리야에게 귀신을 쫓아내라고 말씀하시지 않았습니다. 이 특정한 경우에 선지자에게 필요한 것은 무엇이었습니까? 진리와 낮잠과 약간의 음식이었습니다. 그는 자기의 몸을 돌보기 위해 휴식이 필요했습니다.

3. 진리를 믿어라.

나는 이미 8장에서 이 열쇠를 다루었지만, 특히 우울증과의 싸움에서 진리를 믿는 것이 어떤 것인지 보여줄 필요가 있다고 생각합니다.

시편 기자는 낙심하고 마음이 슬픔으로 가득 찼을 때 자기의 생각을 바꾸기로 결심했습니다.

> 내 영혼아 네가 어찌하여 낙심하며 어찌하여 내 속에서 불안해 하는가? 너는 하나님께 소망을 두라. 그가 나타나 도우심으로 말미암아 내 하나님을 여전히 찬송하리로다(시 43:5).

우울증은 때때로 우리가 설명할 수 없는 감정이나 원인을 확인할 수 없는 무게처럼 보일 수 있지만, 사실 기만이 우울증의 원인임을 기억해야 합니다. 당신은 거짓말을 즉시 식별하지 못하거나 출처를 지적하지 못할 수도 있지만, 기만은 숨겨져 있어도 우울증의 뿌리입니다. 시련은 슬픔의 감정을 유발할 수 있지만, 기만만이 우울증의 견고한 진을 형성할 수 있습니다.

실제로 당신의 삶에서 우울증의 견고한 진에 기여할 수 있다고 믿는 몇 가지 거짓말이 있을 수 있습니다.

6장에서 이러한 거짓말을 식별하는 방법을 보여주었습니다. 또한 8장에서는 진리를 선택한 다음 마음을 새롭게 한다는 것이 무엇을 의미하는지에 관해 썼습니다. 여기에 내가 다시 다루고 싶은 역학이 있습니다. 그것은 당신이 강화하는 거짓말에 저항하는 것입니다.

우울증보다 더 효과적인 강화하는 거짓말이 있는 견고한 진은 없을 것입니다. 우울증은 종종 냉소주의를 낳고, 냉소주의는 소망을 거부합니다. 냉소주의는 이렇게 말합니다.

- "너는 이미 시도해 봤구나. 효과가 없네."
- "네 문제는 더 복잡한 것이야."
- "이게 효과가 있더라도, 너는 다시 우울해질 거야."

당신이 우울증이라는 일차적 거짓말에 효과적으로 저항하려면, 주의를 산만하게 하고 시도조차 하지 못하게 하는 이차적 거짓말에도 저항해야 합니다. 일관되게 진리를 믿고 행하는 것이 참으로 자유의 열쇠입니다. 견고한 진의 약점을 공격하는 데 방해가 되는 좌절이나 지연을 허용하지 마십시오. 원수가 견고한 진을 무너뜨리는 것을 막을 수 있는 유일한 방법은 당신으로 그것을 무너뜨릴 수 없다고 믿게 만드는 것입니다.

성령의 기쁨

나는 한 남자가 자기 딸의 장례식에서 연단에 서서 이렇게 말하는 것을 보았습니다.

"하나님 아버지, 우리는 우리에 관한 당신의 뜻을 찬양합니다."

그가 전한 추도연설은 아름답고 사려 깊었지만, 나를 놀라게 한 것은 그가 그 추도연설을 하는 동안 보인 기쁨이었습니다. 그는 노래했습니다. 그는 춤을 추었습니다. 그는 하나님을 찬양했습니다. 딸의 관 앞에 서 있는 동안 계속 그렇게 했습니다. 당시 나에게는 자녀가 없었지만, 아빠가 된 지금 그때를 돌이켜보면 내가 목격한 것에 더욱 놀라지 않을 수가 없습니다.

그 남자에게 딸의 장례식에서 노래할 힘을 준 것은 무엇이었을까요? 사노 바울이 자신의 박해를 기념하게 된 것은 무엇 때문이었을까요? 초대교회가 그리스도를 믿는 신앙 때문에 순교당했을 때 기뻐했던 것이 무엇 때문이었을까요? 그것은 성령님의 초자연적인 기쁨이었습니다. 내가 당신에게 "다른 사람들이 더 나쁘다"라고 말하는 것으로 생각하지 않도록 명확하게 말하겠습니다. 나는 다른 사람들이 당신보다 더 나쁜 상황을 겪었다고 해서 당신이 슬퍼해서는 안 된다고 말하는 것이 아닙니다. 나는 당신이 그들이 겪은 것을 겪었기 때문에 최악의 상황에서도 기뻐할 수 있다는 것을 말하고 있습니다.

> 또 너희는 많은 환난 가운데서 성령의 기쁨으로 말씀을 받아 우리와 주를 본받은 자가 되었으니(살전 1:6).

제자들은 기쁨과 성령이 충만하니라(행 13:52).

성령님이 주시는 기쁨은 초자연적입니다. 당신은 "세상은 행복을 주지만, 성령님은 기쁨을 주십니다."라는 말을 들어보았을 것입니다. 사실 행복과 기쁨이라는 단어는 동의어입니다. 차이점이 있다면, 신자는 성령님으로부터 기쁨을 얻고, 불신자는 이 세상의 것들로부터 기쁨을 얻는다는 것입니다. 어떤 것도 그 근원보다 오래 갈 수 없습니다. 세상적 행복과 경건한 행복에는 다른 점이 있습니다. 하나는 사라지고 다른 하나는 사라지지 않습니다. 세상의 기쁨의 근원은 일시적입니다. 우리 기쁨의 근원은 영원합니다.

우리는 초자연적인 존재이고, 천국 시민이고, 하나님의 자녀입니다. 당신의 외부에는 혼돈이 있을 수 있지만, 내부에서는 성령님의 기쁨에 다가갈 수 있습니다. 진리를 믿고, 진리 안에 살고, 진리에 집중하고, 의심할 이유가 있을 때도 진리를 주장함으로써 그 기쁨에 접근할 수 있습니다.

우리는 하늘의 존재입니다. 우리는 빛에 속합니다. 우리는 다른 영역에 속해 있습니다. 그 영역은 순전히 초자연적입니다. 이 기쁨은 성령님의 기쁨입니다. 당신이 성령님 안에서 진정으로 누구인지 기억하십시오.

Chapter 17

산만함, 모욕, 혼란의 견고한 진들

자유에 대한 모든 기본 열쇠는 이 책에서 언급된 모든 견고한 진에 적용될 수 있습니다. 내가 말한 몇 가지 열쇠를 적용하는 것이 특정한 견고한 진들과 그 외의 견고한 진들을 극복하는 데 도움이 될 수 있습니다. 모든 영적 진리와 성경적 전술은 잠재적으로 모든 견고한 진에 어느 정도 영향을 미칠 수 있습니다.

당신은 이제 자유의 필수 요소를 갖추었기 때문에, 니는 이 장을 사용하여 그 외의 견고한 진들을 간략하게 설명하고자 합니다. 나는 당신에게 그것들의 증상과 원인, 그리고 그것들을 무너뜨리는 데 사용할 수 있는 해결책이나 진리를 보여주겠습니다. 다음은 이 장에서 다루는 견고한 진들입니다.

- 산만함의 견고한 진
- 모욕의 견고한 진
- 혼란의 견고한 진

산만함의 견고한 진

원수가 불순종으로 당신을 파멸시킬 수 없다면, 그는 주의를 산만하게 하여 당신을 지연시키려고 할 것입니다. 산만함의 견고한 진은 신성하거나 영적인 것이 직접적이거나 세속적인 것만큼 가치 있거나 흥미롭지 않다는 거짓말에 근거합니다. 이 세상의 것이 하늘의 것보다 더 만족스러울 것이라는 말은 근원적인 거짓말입니다. 이 거짓말을 믿으면 교회 출석, 기도, 말씀 읽기와 듣기, 예배와 같은 것에 무관심하게 됩니다. 이것은 신자로 하나님의 것보다 돈과 직업과 오락과 같은 것을 우선시하게 만듭니다.

이 견고한 진을 특히 기만적으로 만드는 것은 그것이 당신의 삶에서 영적 활동들을 완전히 제거하지 않는다는 사실입니다. 이것은 당신의 영적 활동들을 최소화할 뿐입니다. 하루에 10분씩 기도하는 성도는 "적어도 나는 뭔가를 하고 있어."라고 핑계를 대면서 내키지 않는 기도에 안주할 수도 있습니다.

이 견고한 진에 사로잡혀 있는 신자는 일반적으로 스마트폰 소셜 미디어 검색 또는 영원한 것보다 오락을 찾는 데 너무 많은 시간을 보냅니다. 그들은 죄 가운데 있지는 않지만, 주님과 더 깊은 관계에 있지도 않습니다.

> 위의 것을 생각하고 땅의 것을 생각하지 말라(골 3:2).

당신이 영원한 것보다 눈앞에 있는 것이 더 관심을 가질 가치가 있다거나 이 땅의 것이 천국의 것보다 더 흥미롭다는 거짓말을 믿기 시작하면, 현 상태에 만족하며 삶을 살아갑니다.

성령님은 하나님의 깊은 것을 우리에게 계시하심으로써 이 기만에 맞서십니다.

> 오직 하나님이 성령으로 이것을 우리에게 보이셨으니 성령은 모든 것 곧 하나님의 깊은 것까지도 통달하시느니라. 사람의 일을 사람의 속에 있는 영 외에 누가 알리요. 이와 같이 하나님의 일도 하나님의 영 외에는 아무도 알지 못하느니라. 우리가 세상의 영을 받지 아니하고 오직 하나님으로부터 온 영을

받았으니 이는 우리로 하여금 하나님께서 우리에게 은혜로 주신 것들을 알게
하려 하심이라(고전 2:10-12).

성령님은 우리에게 하나님의 더 깊은 실재를 보여주십니다. 하나님을 아는 것은 교과서를 공부하는 것과는 다릅니다. 하나님을 아는 것은 광속으로 우주를 여행하는 것과 같고, 높은 곳에서 깊은 곳으로 뛰어드는 것과 같고, 진귀한 보물을 발견하는 것과 같습니다.

모든 성도 중에 지극히 작은 자보다 더 작은 나에게 이 은혜를 주신 것은 측량할 수 없는 그리스도의 풍성함을 이방인에게 전하게 하시고(엡 3:8).

나는 '측량할 수 없는 그리스도의 풍성함'을 사랑합니다! 성령님은 하나님이 추구하시는 영광스러운 모험에 우리의 주의를 환기시키십니다. 시간과 영원이 그분의 손안에 있습니다. 신비들 위에 신비들이 그분의 본성과 마음에서 발견되기를 기다리고 있습니다. 생명의 근원 자체는 성령님으로 말미암아 알려질 수 있습니다. 그리고 우리는 이것을 TV쇼 시청과 맞바꾸고 있습니까? '좋아요' 및 '공유하기'와 맞바꿈으로써 이것을 무시하고 있습니까?

성령님이 당신의 생각과 마음을 사로잡으시고, 상상력을 밝혀주시고, 다채롭고 활기차고 영광스럽고 전능하신 하나님의 깊은 곳으로 당신을 이끄심으로써 산만함의 견고한 진을 깨뜨리도록 하십시오.

모욕의 견고한 진

모욕의 견고한 진은 그리스도인에게 메마른 기도 생활, 열정 없는 예배 자세, 하나님이 성경을 통해 말씀하시는 것을 온전히 받을 수 없는 마음을 갖게 합니다. 당신이 모욕을 기억하며 산다면, 자신이 이 견고한 진 아래 있다는 것을 압니다. 그리고 그 모욕에 대한 기억은 당신을 더 쉽게 화나게 만듭니다. 이미 마

음이 상한 그리스도인들은 다시 마음이 상하기 가장 쉽습니다. 모욕은 당신에게 날카로운 말투와 변덕스러운 태도와 냉소적인 시각을 제공합니다. 이것은 빈정거림과 수동적이면서 공격적인 발언과 미묘한 인신공격이 포함된 농담과 심지어 지나치게 비판적인 마음으로 나타날 수 있습니다. 사람들은 공격적인 사람 근처에 있을 때 달걀 껍질 위를 걷고 있는 것처럼 느낍니다. 모욕을 당한 사람들은 종종 주변에 긴장하고 불확실한 분위기를 조성합니다.

바울은 교회에 상당한 혼란과 고통을 안겨준 한 남자에 대해 썼을 때 용서에 관해 언급했습니다. 그는 원수의 책략을 피하려면 가해자를 용서해야 한다는 점을 분명히 했습니다.

> 근심하게 한 자가 있었을지라도 나를 근심하게 한 것이 아니요 어느 정도 너희 모두를 근심하게 한 것이니 어느 정도라 함은 내가 너무 지나치게 말하지 아니하려 함이라. 이러한 사람은 많은 사람에게서 벌 받는 것이 마땅하도다. 그런즉 너희는 차라리 그를 용서하고 위로할 것이니 그가 너무 많은 근심에 잠길까 두려워하노라. 그러므로 너희를 권하노니 사랑을 그들에게 나타내라. 너희가 범사에 순종하는지 그 증거를 알고자 하여 내가 이것을 너희에게 썼노라. 너희가 무슨 일에든지 누구를 용서하면 나도 그리하고 내가 만일 용서한 일이 있으면 용서한 그것은 너희를 위하여 그리스도 앞에서 한 것이니, 이는 우리로 사탄에게 속지 않게 하려 함이라. 우리는 그 계책을 알지 못하는 바가 아니로라(고후 2:5-11).

신자들인 우리는 우리 자신에 대해 죽었습니다. 당신은 죽은 남자를 화나게 할 수 없습니다. 죽은 여자를 화나게 할 수는 없습니다. 당신과 나는 더는 살지 않습니다. 그리스도가 우리 안에 사십니다.

> 내가 그리스도와 함께 십자가에 못 박혔나니 그런즉 이제는 내가 사는 것이 아니요 오직 내 안에 그리스도께서 사시는 것이라. 이제 내가 육체 가운데 사

는 것은 나를 사랑하사 나를 위하여 자기 자신을 버리신 하나님의 아들을 믿
는 믿음 안에서 사는 것이라(갈 2:20).

모욕의 기초는 우리가 용서하지 않을 권리가 있다는 거짓말에 근거합니다. 하나님이 우리를 용서하신 것처럼 우리도 용서해야 한다는 것은 진리입니다.

서로 친절하게 하며 불쌍히 여기며 서로 용서하기를 하나님이 그리스도 안에
서 너희를 용서하심과 같이 하라(엡 4:32).

우리는 하나님의 빛과 사랑의 존재입니다. 우리의 용서하는 능력은 세상을 놀라게 하고 가장 지독한 모욕자들의 마음을 녹여야 합니다.

물론 이것은 우리가 어떤 종류의 학대도 용납한다는 의미는 아닙니다. 이것은 단지 하나님이 우리를 용서하신 것처럼 우리가 다른 사람들을 용서하는 것을 실천한다는 것을 의미합니다. 하나님은 우리의 죄에 따라 우리를 벌하십니까? 하나님은 우리의 죄를 기억하고 계십니까? 하나님은 우리 과거의 잘못에 대해 계속해서 우리를 비난하십니까? 아닙니다.

어떤 사람은 "하지만 제가 어떻게 용서합니까? 노력했지만 여전히 분노와 상처를 느낍니다."라고 말할지도 모릅니다. 용서는 감정이 아닙니다. 용서는 사람을 놓아주는 선택입니다. 당신은 그 사람의 잘못을 마음에서 지우기로 선택함으로써 그를 놓아줍니다. 이것은 그들이 당신을 해친다는 것을 부정하는 것이 아닙니다. 이것은 그들에게 대항할 권리를 스스로 부인하는 것입니다.

평안의 매는 줄로 성령이 하나 되게 하신 것을 힘써 지키라(엡 4:3).

용서는 당신의 마음에 모욕을 품고 있는 것이 옳다는 거짓말을 거부할 때 시작됩니다. 나는 이것이 대중적이지 않다는 것을 알고 있습니다. 교회도 어느 정

도는 이에 관한 입장을 완화하기 시작했습니다. 그런데도 성경적으로 말하면, 우리는 결코 모욕을 품고 있을 권리가 없습니다.

> 그 때에 베드로가 나아와 이르되 주여 형제가 내게 죄를 범하면 몇 번이나 용서하여 주리이까? 일곱 번까지 하오리이까? 예수께서 이르시되 네게 이르노니 일곱 번뿐 아니라 일곱 번을 일흔 번까지라도 할지니라. 그러므로 천국은 그 종들과 결산하려 하던 어떤 임금과 같으니, 결산할 때에 만 달란트 빚진 자 하나를 데려오매, 갚을 것이 없는지라. 주인이 명하여 그 몸과 아내와 자식들과 모든 소유를 다 팔아 갚게 하라 하니, 그 종이 엎드려 절하며 이르되 내게 참으소서. 다 갚으리이다 하거늘, 그 종의 주인이 불쌍히 여겨 놓아 보내며 그 빚을 탕감하여 주었더니, 그 종이 나가서 자기에게 백 데나리온 빚진 동료 한 사람을 만나 붙들어 목을 잡고 이르되 빚을 갚으라 하매, 그 동료가 엎드려 간구하여 이르되 나에게 참아 주소서 갚으리이다 하되, 허락하지 아니하고 이에 가서 그가 빚을 갚도록 옥에 가두거늘, 그 동료들이 그것을 보고 몹시 딱하게 여겨 주인에게 가서 그 일을 다 알리니, 이에 주인이 그를 불러다가 말하되 악한 종아 네가 빌기에 내가 네 빚을 전부 탕감하여 주었거늘, 내가 너를 불쌍히 여김과 같이 너도 네 동료를 불쌍히 여김이 마땅하지 아니하냐? 하고, 주인이 노하여 그 빚을 다 갚도록 그를 옥졸들에게 넘기니라. 너희가 각각 마음으로부터 형제를 용서하지 아니하면 나의 하늘 아버지께서도 너희에게 이와 같이 하시리라(마 18:21-35).

용서는 한 번으로 끝나는 것이 아닙니다. 우리가 단순히 다른 사람의 잘못을 용서하는 것뿐만 아니라 그 잘못을 기억하지 않는 것이 중요합니다. 우리는 우리가 어떻게 상처받았는지 기억할 때마다 용서해야 합니다. 당신이 분노를 포기할 때마다, 복수를 상상하는 것을 멈출 때마다, 가해자에 대한 증거를 모으기를 그만둘 때마다 이것은 더 쉬워집니다. 당신이 옳을 수 있습니다. 그들은 틀렸을 수 있습니다. 당신은 그들이 당신을 화나게 하고도 도망가는 것 같아 괴로울 수 있습니다. 하지만 당신은 우리에게는 기분 상할 권리가 없다는 사실을 받아들여야 합니다.

당신은 용서할 수 없을 수도 있지만, 하나님은 하실 수 있습니다. 용서는 성령님의 초자연적인 역사입니다. 오직 그분만이 당신을 하나님이 용서하신 것처럼 용서할 수 있도록 당신을 변화시킬 수 있습니다. 하나님께 여쭈어 보고 하나님의 용서하시는 본성과 일치하는 진리에 마음을 쏟기로 선택하십시오. 하나님이 용서하시는 것처럼 용서하려면 그분의 영이 필요합니다.

가해자를 위해 기도하십시오. 가해자를 말로 축복하십시오. 분노를 거부하십시오. 이것을 반복적으로 해야 할 수도 있지만, 자유로워지고 싶다면 용서에 전념해야 합니다. 당신에게 원한을 품을 권리가 있다는 거짓말을 거부하고 당신에게 상처를 준 사람을 계속해서 축복한 다음 기도를 통해 그들을 주님께 풀어놓으십시오. 하나님이 당신의 빚을 어떻게 탕감해 주셨는지 기억하고 그처럼 하십시오.

혼란의 견고한 진

많은 신자가 자기의 소명과 삶과 믿음에 대해 혼란에 빠졌다는 것을 느낍니다. 그들은 수많은 곳에서 수많은 메시지를 들으면서 자신들이 어디에서 확실성과 견고한 근거를 찾을 수 있는지 궁금해하기 시작합니다. 너무나 많은 그리스도인이 어디로 가야 할지, 무엇을 해야 할지 모르는 이 장소, 즉 "중간"에 낀 영적 상황 속에서 당혹감으로 마비됩니다.

혼란의 원인은 무엇입니까?

혼란은 당신이 진리를 부정할 수 없지만 당신이 받아들인 거짓말을 부정하지 않을 때 발생하는 갈등입니다. 혼란은 당신이 동시에 거짓과 진리에 매달릴 때 옵니다. 만약 당신이 혼란을 없애고 싶다면, 이 갈등을 해결해야 합니다. 이 갈등을 해결하려면 거짓말에 집착하는 것을 멈춰야 합니다. 즉시 식별할 수 없을지라도 기만은 모든 혼란 뒤에 숨어 있습니다. 기만은 모든 혼란의 근원입니다.

예를 들어, 결혼할 여자를 구하는 남자가 있다고 가정합시다. 절망에 빠진 그는 비신자와 데이트를 시작합니다. 그가 믿는 거짓말은 그리스도인이 비신자와 데이트할 수 있다는 것입니다. 그러나 그는 자신을 불편하게 하거나 자신의 열정과 충돌할 수 없는 마음속 깊은 곳 어딘가에 그 거짓말을 묻어버립니다. 그는 이 여성과 몇 주 동안 데이트를 한 후 큰 갈등이 발생합니다. 그래서 그는 마침내 자기의 이성관계에 대해 기도하기 시작합니다. 그의 잠재의식 속에는 그가 묻어둔 진리, 즉 그가 그녀와 사귀어서는 안 된다는 진리가 억압되어 있습니다.

그런 다음 그가 기도할 때 그의 열정이 그와 싸우기 시작합니다. 이제 그는 갈팡질팡합니다.

"나는 그녀와 계속 사귀어야 한다. 나는 그녀와 더는 사귀지 말아야 한다."

그는 심지어 하나님께 그의 엉망인 상태를 축복해 달라고 기도할 수도 있습니다. 이제 그는 혼란스러워합니다. 그의 한 부분은 자신이 "잘 해결해야 한다."라고 생각합니다. 그의 또 다른 부분은 "이 관계를 끝내야 해."라고 느낍니다. 그러나 그가 자신에게 한 거짓말을 인정하기 전까지는 그는 여전히 혼란스러울 것입니다.

또 다른 예로, 한 여성이 하나님을 위해 무엇을 해야 하는지에 대해 기도하고 있다고 가정해봅시다. 그녀는 하나님이 지시하지 않은 일을 하면 가혹한 심판을 받을 것이라는 두려움에 근거한 거짓말을 믿습니다. 그래서 그녀는 하나님 나라의 발전을 위해 자기의 재능과 능력을 사용하는 대신에 하나님을 위해 무엇을 해야 하는지에 대한 매우 명확하고 구체적인 지시를 기다리고 있습니다. 그녀는 성경이 이미 거룩한 삶, 전도, 교회에서의 봉사, 말씀 연구, 예배, 기도 등과 같은 일반적인 명령을 제시하고 있다는 사실을 모르고 있습니다.

그녀는 하늘이 갈라지고 그녀를 가르쳐줄 음성을 기다리고 있습니다. 그녀는 또한 하나님이 점진적으로 그분의 뜻을 계시하신다는 사실을 깨닫지 못합니다. 그분은 우리가 행할 때 길을 인도하십니다. 그래서 그녀는 무엇을 합니까? 그녀는 아무것도 하지 않습니다. 그녀는 하나님이 매일 그녀를 위한 단계별 설명서를 주시기를 기다리고 있습니다. 그런 일이 일어나지 않으면 그녀는 혼란스러워합니다.

"제가 하나님을 위해 무엇을 해야 합니까? 저는 저의 소명을 모릅니다! 저는 그분이 그것을 드러내시기를 기다리고 있습니다."

그녀는 낙담하고, 무시당한 것처럼 느끼고, 좌절감을 느끼고, 무엇을 해야 할지 매우 혼란스러워합니다. 그녀가 매우 명확한 지시를 기다려야 한다는 거짓말을 믿지 않으면, 이 모든 것이 해결될 것입니다. 말씀대로 살며 하나님이 주신 일을 해야 한다는 진리를 깨달으면 혼돈에서 벗어납니다. 그리고 그녀가 무언가를 하기 시작하면 하나님은 그녀의 다음 단계를 분명하게 알려주십니다.

우리는 인간관계와 소명과 교리 및 삶의 다른 많은 측면에 대해 혼란스러울 수 있습니다. 당신이 혼란 속에 있다면, 그것은 하나님이 당신을 거기에 두셔서 그런 것이 아닙니다.

> 하나님은 무질서의 하나님이 아니시요 오직 화평의 하나님이시니라. 모든 성도가 교회에서 함과 같이(고전 14:33).

앞으로 나아갈 명확한 길이 보이지 않거나 무엇을 믿어야 할지, 누구를 믿어야 할지, 어디로 가야 할지 확신이 서지 않는 것이 혼란입니다. 이것이 바로 우리에게 존귀하신 성령님이 필요한 이유입니다. 성령님은 성경을 통해 분명하게 말씀하십니다. 성경은 "하나님의 감동"과 그분의 영으로 된 것입니다.

모든 성경은 하나님의 감동으로 된 것으로 교훈과 책망과 바르게 함과 의로 교육하기에 유익하니 이는 하나님의 사람으로 온전하게 하며 모든 선한 일을 행할 능력을 갖추게 하려 함이라(딤후 3:16-17).

당신이 혼란 가운데 있다면, 성경을 살펴보십시오. 거기에서 당신은 성령님의 지시를 발견할 것입니다. 성경이 분명하게 말씀하는 것을 행하십시오. 그러면 성령님이 당신의 삶에 대한 구체적인 지침을 알려주실 것입니다. 당신이 말씀에 기록된 것에 순종하면, 당신의 마음에 성령님이 속삭이시는 것을 더 쉽게 들을 수 있습니다.

나가는 말

자유를 유지하라

당신은 승리 속에서 살도록 창조되었습니다. 이 승리를 붙잡고 진리를 위한 전쟁에서 승리하려면 하나님의 전신갑주를 입어야 하며 존귀하신 성령님의 능력을 의지해야 합니다. 그분은 당신이 영적 약점들을 강화하고 견고한 진을 식별한 다음 그것을 무너뜨리실 것입니다.

첫째로, 당신은 하나님의 권위를 알고 하나님의 권위에 자신을 맞춘 다음 하나님의 명령을 행함으로 견고한 진의 귀신적인 측면을 처리해야 합니다. 그래도 귀신이 입을 다물지 않는다면, 금식하고 기도해야 합니다. 기도와 금식은 타협과 의심을 없애고 하나님의 권위와 일치하도록 도와줄 것입니다. 그래도 안 되는 것 같다면, 당신은 지금 사탄이 아니라 자아를 다루고 있는 것입니다. 당신이 신성한 권위를 행사한 후에는 귀신들이 영향력을 유지할 수 없으므로 남아 있는 영향력은 육신의 본성입니다.

그러는 동안 당신은 그리스도인의 훈련의 기본인 매일의 기도, 말씀 읽기, 성결, 하나님께 대한 순종을 실천해야 합니다. 이러한 생활은 당신이 진리를 믿고, 강화하는 거짓말과 싸우고, 마음을 새롭게 하기로 선택하는 데 필요한 적절한 기반을 제공할 것입니다.

하나님이 즉시 처리하시지 않는 것이 무엇이든, 그분은 당신이 점진적으로 처리하도록 도와주실 것입니다. 지금은 당신이 내가 성경에서 보여준 진리를 적용하는 데 전념해야 할 때입니다. 당신은 속박의 순환으로 되돌려 놓을 종교적 교리를 받아들이고 빠른 해결책을 찾고 싶은 유혹을 받을 수도 있습니다.

> 우리가 선을 행하되 낙심하지 말지니 포기하지 아니하면 때가 이르매 거두리라(갈 6:9).

당신은 당신이 아는 자유로 인도하는 것을 계속해야 합니다. 다른 이유가 없다면, 이것이 바로 대다수 신자가 자유로울 수 없는 이유입니다. 그들은 단순히 하나님의 과정에 대해 헌신하지 않으려고 피해 다닙니다. 예, 하나님은 즉시 무엇이든 하실 수 있습니다. 그러나 어느 시점에서 당신은 자아의 문제를 처리하는 데 헌신할 필요가 있습니다.

육신의 문제들이 다시 일어날 때(그것들은 매우 확실하게 다시 일어날 것입니다), 구출과 자유에 대한 성경적 방법을 적용하십시오. 많은 그리스도인이 어려움에 직면하거나 이전에 다루었던 문제를 처리해야 할 때 당황합니다. 그러므로 사탄의 속박에서 벗어나는 싸움을 자아와의 싸움과 혼동하지 마십시오. 당신이 싸우고 있다고 해서 당신이 속박당하고 있다는 의미는 아닙니다. 진리를 믿지 않으면 다시 결박될 수 있습니다. 그리고 당신은 승리를 계속하는 데 필요한 모든 것을 받았습니다. 그것이 진리입니다.

많은 신자가 단순히 하나님의 과정을 참지 못하기 때문에 수십 년의 속박에 갇히게 됩니다. 진전이 있기 전에 포기합니다. 포기하는 것은 하나님의 방법이 통한다는 것을 믿지 않는다는 증거입니다. 의심할 여지없이, 당신이 자유를 향한 하나님의 방법이 역사할 것으로 믿는다면, 시간이 얼마나 걸리더라도 그 과정에 머물 것입니다. 지금 결심하십시오. 당신은 자유로워질 것입니다. 당신은 포기하지 않을 것입니다.

성령님은 당신이 그 과정을 인내하도록 하십니다. 그분이 당신에게 주시는 인내를 사용하십시오.

> 오직 성령의 열매는 사랑과 희락과 화평과 오래 참음과 자비와 양선과 충성과 온유와 절제니 이 같은 것을 금지할 법이 없느니라(갈 5:22-23).

당신은 지연이나 좌절에 상관없이 말씀에 따라 살고 성령님의 과정에 충실함으로써 자유를 유지합니다. 계속하십시오. 당신은 며칠, 몇 주, 몇 달에 걸쳐 약간의 진전이 있음을 알게 될 것입니다. 그러다 어느새 어디서 시작했는지 돌아보며 "나는 자유야. 나는 진정으로 자유야!"라고 말하게 될 것입니다.

성령님은 거짓말을 드러내시고 진리를 생각나게 하십니다. 그분은 즉시 마귀의 권세를 깨뜨리시고 당신이 자아를 극복하도록 돕기 위해 당신 안에서 점진적으로 권능으로 역사하십니다. 그분은 당신을 자유롭게 되도록 부르시고, 당신을 자유롭게 하시고, 당신이 자유를 유지하도록 도우십니다. 참으로 성령님은 속박을 풀어주시는 분이시며 당신 안에 영원히 사십니다.

견고한 진을 무너뜨리는 성령님

발행일	1판 1쇄 2024년 07월 31일
지은이	데이비드 D. 헤르난데즈
옮긴이	임은묵
펴낸이	이환호
디자인	민상기
펴낸곳	도서출판 예찬사
등 록	1979. 1. 16 제 2018-000103
주 소	경기도 고양시 덕양구 중앙로 557번길 8-9. 엠앤지프라자 407-2호
전 화	02-798-0147-8
팩시밀리	031-979-0145
블러그	blog.naver.com/yechansa
전자우편	octo0691@naver.com
ISBN	978-89-7439-516-2 03230

Copyright Ⓒ도서출판 예찬사2014〈Printed in Korea〉

*저자와 협약하여 인지를 생략합니다.
좋은 책은 좋은 사람을 만듭니다.
예찬사는 기독교 출판 실천윤리강령을 준수합니다.